काशीनाथ सिंह

काशीनाथ सिंह का जन्म 1 जनवरी, 1937 को बनारस, उत्तर प्रदेश के जीयनपुर गाँव में हुआ। उनकी आरम्भिक शिक्षा गाँव के पास के विद्यालयों में हुई। काशी हिन्दू विश्वविद्यालय से हिन्दी में एम.ए. (1959) और पी-एच.डी. (1963) किया। इसी विश्वविद्यालय के हिन्दी विभाग में प्रोफेसर एवं विभागाध्यक्ष रहे।

उनकी प्रकाशित कृतियाँ हैं—*लोग बिस्तरों पर, सुबह का डर, आदमीनामा, नई तारीख़, सदी का सबसे बड़ा आदमी, कल की फटेहाल कहानियाँ, कहानी उपखान, पत्ता-पत्ता बूटा-बूटा, प्रतिनिधि कहानियाँ, दस प्रतिनिधि कहानियाँ* (कहानी-संग्रह); *काशी का अस्सी, अपना मोर्चा, रेहन पर रग्घू, महुआचरित, उपसंहार* (उपन्यास); *घोआस* (नाटक); *हिन्दी में संयुक्त क्रियाएँ* (शोध); *आलोचना भी रचना है* (समीक्षा); *याद हो कि न याद हो, आछे दिन पाछे गए, घर का जोगी जोगड़ा* (संस्मरण); *गपोड़ी से गपशप, बातें हैं बातों का क्या, हंसा करो पुरातन बात* (साक्षात्कार)।

अपना मोर्चा उपन्यास का जापानी एवं कोरियाई भाषाओं में अनुवाद। जापानी में कहानियों का अनूदित संग्रह। कई कहानियों का भारतीय और अन्य विदेशी भाषाओं में अनुवाद। उपन्यास और कहानियों की रंग-प्रस्तुतियाँ। तीसरी दुनिया के लेखकों-संस्कृतिकर्मियों के सम्मेलन के सिलसिले में जापान-यात्रा (नवम्बर, 1981)।

उन्हें *भारत भारती पुरस्कार, कैफ़ी आज़मी अवार्ड, कथा सम्मान, समुच्चय सम्मान, शरद जोशी सम्मान, साहित्य भूषण सम्मान, रचना समग्र पुरस्कार* और *रेहन पर रग्घू* उपन्यास के लिए *साहित्य अकादेमी पुरस्कार* से पुरस्कृत किया गया है।

सम्प्रति : बनारस में रहकर स्वतंत्र लेखन।

काशी का अस्सी

काशीनाथ सिंह

राजकमल पेपरबैक्स

पहला पुस्तकालय संस्करण
राजकमल प्रकाशन प्राइवेट लिमिटेड द्वारा
2002 में प्रकाशित

राजकमल पेपरबैक्स में
पहला संस्करण : 2006
तेइसवाँ संस्करण : 2026

राजकमल पेपरबैक्स : उत्कृष्ट साहित्य के जनसुलभ संस्करण

राजकमल प्रकाशन प्रा.लि.
1-बी, नेताजी सुभाष मार्ग, दरियागंज
नई दिल्ली-110 002
द्वारा प्रकाशित

शाखाएँ : अशोक राजपथ, साइंस कॉलेज के सामने, पटना-800 006
पहली मंजिल, दरबारी बिल्डिंग, महात्मा गांधी मार्ग, प्रयागराज-211 001
1, अनमोल सोराबजी सन्तुक लेन, धोबी तलाव, मरीन लाइंस, मुम्बई-400 002

वेबसाइट : www.rajkamalprakashan.com
ई-मेल : info@rajkamalprakashan.com

विकास कंप्यूटर एंड प्रिंटर्स
ट्रॉनिका सिटी-201 102
द्वारा मुद्रित

मूल्य : ₹299

KASHI KA ASSI
Novel by Kashinath Singh

ISBN : 978-81-267-1146-8

'हंस'-सम्पादक राजेन्द्र यादव के लिए
जिन्होंने जाने कितनों-कितनों और
कैसों-कैसों के बोल सहे मेरी ख़ातिर

शहर बनारस के दक्खिनी छोर पर गंगा किनारे बसा ऐतिहासिक मुहल्ला अस्सी। अस्सी चौराहे पर भीड़-भाड़वाली चाय की एक दुकान। इस दुकान में रात-दिन बहसों में उलझते, लड़ते-झगड़ते गाली-गलौज करते कुछ स्वनामधन्य अखाड़िए बैठकबाज। न कभी उनकी बहसें खत्म होती हैं, न सुबह-शाम। जिन्हें आना हो आएँ, जाना हो जाएँ। इसी मुहल्ले और दुकान का 'लाइव शो' है यह कृति—उपन्यास का उपन्यास और कथाएँ की कथाएँ। ख़ासा चर्चित, विवादित और बदनाम। लेकिन बदनाम सिर्फ अभिजनों में, आम जनों में नहीं ! आम जन और आम पाठक ही इस उपन्यास के जन्म की जमीन रहे हैं !

अनुक्रम

देख तमाशा लकड़ी का 11
सन्तों घर में झगरा भारी 33
सन्तों, असन्तों और घोंघाबसन्तों का अस्सी 74
पांड़े कौन कुमति तोहें लागी 116
कौन ठगवा नगरिया लूटल हो 133

देख तमाशा लकड़ी का

मित्रो, यह संस्मरण वयस्कों के लिए है, बच्चों और बूढ़ों के लिए नहीं; और उनके लिए भी नहीं जो यह नहीं जानते कि अस्सी और भाषा के बीच ननद-भौजाई और साली-बहनोई का रिश्ता है ! जो भाषा में गन्दगी, गाली, अश्लीलता और जाने क्या-क्या देखते हैं और जिन्हें हमारे मुहल्ले के भाषाविद् 'परम' (चूतिया का पर्याय) कहते हैं, वे भी कृपया इसे पढ़कर अपना दिल न दुखाएँ–

तो, सबसे पहले इस मुहल्ले का मुख्तसर-सा बायोडॉटा--कमर में गमछा, कन्धे पर लँगोट और बदन पर जनेऊ–यह 'यूनिफॉर्म' है अस्सी का !

हालाँकि बम्बई-दिल्ली के चलते कपड़े-लत्ते की दुनिया में काफी प्रदूषण आ गया है। पैंट-शर्ट, जीन्स, सफारी और भी जाने कैसी-कैसी हाई-फाई पोशाकें पहनने लगे हैं लोग ! लेकिन तब, जब कहीं नौकरी या जजमानी पर मुहल्ले के बाहर जाना हो ! वरना प्रदूषण ने जनेऊ या लँगोट का चाहे जो बिगाड़ा हो, गमछा अपनी जगह अडिग है !

'हर हर महादेव' के साथ 'भोंसड़ी के' नारा इसका सार्वजनिक अभिवादन है ! चाहे होली का कवि-सम्मेलन हो, चाहे कर्फ्यू खुलने के बाद पी.ए.सी. और एस.एस.पी. की गाड़ी, चाहे कोई मन्त्री हो, चाहे गधे को दौड़ाता नंग-धड़ंग बच्चा–यहाँ तक कि जॉर्ज बुश या मार्गरेट थैचर या गोर्बाचोव चाहे जो आ जाए (काशी नरेश को छोड़कर)–सबके लिए 'हर हर महादेव' के साथ 'भोंसड़ी के' का जय-जयकार !

फर्क इतना ही है कि पहला बन्द बोलना पड़ता है–जरा जोर लगाकर; और दूसरा बिना बोले अपने आप कंठ से फूट पड़ता है।

जमाने को लौड़े पर रखकर मस्ती से घूमने की मुद्रा 'आइडेंटिटी कॉर्ड' है इसका !

नमूना पेश है–

खड़ाऊँ पहनकर पाँव लटकाए पान की दुकान पर बैठे तन्नी गुरू से एक आदमी बोला–'किस दुनिया में हो गुरू ! अमरीका रोज-रोज आदमी को चन्द्रमा पर भेज रहा है और तुम घंटे-भर से पान घुला रहे हो ?''

मोरी में 'पच्' से पान की पीक थूककर गुरू बोले–'देखौ ! एक बात नोट कर लो ! चन्द्रमा हो या सूरज–भोंसड़ी के जिसको गरज होगी, खुदै यहाँ आएगा। तन्नी गुरू

टस-से-मस नहीं होंगे हियाँ से ! समझे कुछ ?'

'जो मजा बनारस में; न पेरिस में, न फारस में'—इश्तहार है इसका।

यह इश्तहार दीवारों पर नहीं, लोगों की आँखों में और ललाटों पर लिखा रहता है !

'गुरू' यहाँ की नागरिकता का 'सरनेम' है।

न कोई सिंह, न पांड़े, न जादो, न राम ! सब गुरू ! जो पैदा भया, वह भी गुरू, जो मरा, वह भी गुरू !

वर्गहीन समाज का सबसे बड़ा जनतन्त्र है यह :

गिरिजेश राय (भाकपा), नारायण मिश्र (भाजपा), अम्बिका सिंह (कभी कांग्रेस, अभी जद) तीनों की दोस्ती पिछले तीस सालों से कायम है और आनेवाली कई पीढ़ियों तक इसके बने रहने के आसार हैं ! किसी मकान पर कब्जा दिलाना हो, कब्जा छुड़ाना हो, किसी को फँसाना हो या जमानत करानी हो—तीनों में कभी मतभेद नहीं होता ! वे उसे मंच के लिए छोड़ रखते हैं...अस्सी के मुहावरे में अगर तीनों नहीं, तो कम-से-कम दो—एक ही गाँड़ हगते हैं।

अन्त में, एक बात और। भारतीय भूगोल की एक भयानक भूल ठीक कर लें। अस्सी बनारस का मुहल्ला नहीं है। अस्सी 'अष्टाध्यायी' है और बनारस उसका 'भाष्य' ! पिछले तीस-पैंतीस वर्षों से 'पूँजीवाद' के पगलाए अमरीकी यहाँ आते हैं और चाहते हैं कि दुनिया इसकी 'टीका' हो जाए...मगर चाहने से क्या होता है ?

अगर चाहने से होता तो पिछले खाड़ी-युद्ध के दिनों में अस्सी चाहता था कि अमरीका का 'व्हाइट हाउस' इस मुहल्ले का 'सुलभ शौचालय' हो जाए ताकि उसे 'दिव्य निपटान' के लिए 'बहरी अलंग' अर्थात् गंगा पार न जाना पड़े...मगर चाहने से क्या होता है ?

इति प्रस्तावना।

तो मित्रो, यही अस्सी मेरा बोधगया है और अस्सीघाट पर गंगा के किनारे खड़ा वह पीपल का दरख्त बोधिवृक्ष, जिसके नीचे मुझे निर्वाण प्राप्त हुआ था !

अन्तर्कथा यह है कि सन् '53 में मैं गाँव से बनारस आया था। मँझले भैया रामजी सिंह के साथ। आगे की पढ़ाई के लिए। उन्हें बी.ए. में प्राइवेट पढ़ना था घर की खेती-बारी सँभालते हुए। और मुझे इंटर में। वे बेहद सख्त गार्जियन थे—कुछ-कुछ प्रेमचन्द के 'बड़े भाई साहब' की तरह ! इस बात का मुझे भी आश्चर्य होता था और उन्हें भी कि अपने अध्यापकों से अधिक ज्ञान के बावजूद, अपने ही मित्रों को

पढ़ा-पढ़ाकर पास कराने के बावजूद वे खुद फेल कैसे हो जाते हैं ?

उन्होंने एक बार अपने पास चेले को पकड़ा। रिजल्ट आया ही आया था। उन्होंने पूछा—'बे लालजी ! हम तुझे पढ़ाए, जो-जो नहीं आता था तुझे, सब बताए, लिखाए, रटाए; तू पास हो गया, हम कइसे फैल हो गए ?' लालजी बोले—'गुरू, ऐसा है कि आप जो पढ़ाए, वह तो हम पढ़े ही। बाकी आपकी चोरी-चोरी भी कुछ पढ़े थे।'

उन्हें उसके उत्तर से सन्तोष नहीं हुआ। मुझसे पूछा—'अन्दाजा लगाओ तो जरा ! क्या बात हो सकती है ?' इसमें अन्दाजा लगाने जैसी कोई बात नहीं थी लेकिन मैं अन्दाजा लगाने लगा और नहीं लगा पाया। कारण, कि भैया के शब्दकोश में व्याकरण के लिए कोई जगह नहीं थी ! 'ने', 'में', 'का', 'के', 'पर', 'से' आदि को वे फालतू और बेमतलब का समझते थे ! सीधे-सादे वाक्य में अड़ंगेबाजी के सिवा और कोई काम नहीं नजर आता था इनको।...लेकिन यह बताता तो लात खाता !

बहरहाल, बात 'निर्वाण' की।

एक दिन भैया ने कहा—'तुम्हारी अंग्रेजी कमजोर है। वह बातचीत लायक होनी चाहिए। कोई तुमसे अंग्रेजी में कुछ पूछे और तुम उजबक की तरह टुकुर-टुकुर ताकने लगो, यह अच्छा नहीं। तुम अस्सी के चुडुक्कों के साथ खेलना छोड़ो और चलो, अंग्रेजी बोलने का अभ्यास करो।'

भैया मुझे इसी पीपल के पास ले आए। शाम के समय। घाट पर भीड़-भाड़ कम थी। उन्होंने मुझे एक सीढ़ी के पास बिठा दिया और कहा—'देखो ! डेली शाम को यहाँ आकर अभ्यास करो—ऐसे !'

वे पन्द्रह गज दूर खड़े हो गए—अटेंशन की मुद्रा में और पेड़ से बोले—'व्हाट इज योर नेम ?' फिर पेड़ के पास गए और सामने देखते हुए उसी मुद्रा में बोले—'सर, माई नेम इज रामजी सिंह !' फिर वहाँ से पन्द्रह गज दूर—'व्हाट इज योर फादर्स नेम ?' फिर पेड़ के पास से—'सर, माई फादर्स नेम इज श्री नागर सिंह !' इस तरह वे तब तक पीपल के पास आते-जाते रहे, जब तक पसीने-पसीने नहीं हो गए !

'हाँ, चलो अब तुम ?' वे सीढ़ी पर मेरी जगह बैठकर सुस्ताने लगे।

मित्रो ! भगवान झूठ न बुलवाएँ तो कहूँ कि अंग्रेजी बोलना तो मुझे नहीं आया, हाँ, इतना जरूर समझा कि पसीने से ज्ञान का बड़ा गहरा सम्बन्ध है !

इसीलिए जब लोग पूछते हैं कि तुम्हें इतना अधिक पसीना क्यों होता है या बूढ़े बकरे की तरह क्यों गन्धाते हो तो मैं उनकी मूर्खता पर हँसकर रह जाता हूँ। अरे भले आदमी, ज्ञानी को ज्ञानोद्रेक से पसीना नहीं आएगा तो क्या कँपकँपी छूटेगी ?

लेकिन साहब, मेरे ज्ञान की बधिया बैठा दी मुहल्ले के 'आदिवासियों' ने।

इधर 'प्रामाणिक अनुभूति' और उधर 'भोगा हुआ यथार्थ' और यथार्थ को पसीने से परहेज !

एक थे हमारे बापजान जो पैना उठाए हमें किताब-कापियों में जोते रखते

थे—'सालो, खेती तो गई सरकार के 'उसमें'। अगर यह भी नहीं करोगे तो भीख माँगोगे !' दूसरी ओर मुहल्ले के बाप थे जो अपने बच्चों का स्कूल में नाम लिखाते थे—पढ़ने के लिए नहीं, सरकार की ओर से मुफ्त बँटनेवाली 'दलिया' के लिए ! वे केवल 'रेसस पीरियड' में ही स्कूल में नजर आते।

उनका एक जीवन-दर्शन था—'जो पठितव्यम् तो मरितव्यम्, न पठितव्यम् तो मरितव्यम्, फिर दाँत कटाकट क्यों करितव्यम् ?'

पूरा मुहल्ला पीढ़ियों से इसी शैली में जीता चला आ रहा था—गाता, बजाता, झूमता, मदमाता ! किसी के पास कोई डिग्री नहीं, रोज़गार नहीं, नौकरी नहीं, व्यवसाय नहीं, काम नहीं; परलोक सिधारते समय पंडित महाराज ने पत्रा-पोथी लपेटे एक लाल बेठन खोंस दिया बेटे की काँख में—बस ! वे तख्त पर बेठन रखे हुए जनेऊ से पीठ खुजा रहे हैं और जजमान का इन्तजार कर रहे हैं !

जजमान रोज-रोज नहीं आते, ग्रह-नक्षत्र भी रोज-रोज खराब नहीं होते, मुंडन, शादी-ब्याह, जनेऊ जैसे संस्कार भी रोज-रोज नहीं होते और न रोज-रोज फत्ते गुरू के कन्धे पर कुम्हड़ा होता है। फत्ते गुरू कुम्हड़े का पूरा वजन उठाए हुए मुहल्ले-भर को सुनानेवाली ऊँची आवाज में आत्मालाप करते आ रहे हैं—'पालागी फत्ते गुरु !' 'जय हो जजमान !' 'सट्टी गए थे का गुरू ?' 'कवन भँड़ुआ सट्टी जाता है जजमान ?' 'अरे तो इतना बड़ा कोंहड़ा ? हफ्ते-भर तो चलेगा ही गुरु !' 'हफ्ते-भर तुम्हारे यहाँ चलता होगा। यहाँ तो दो जून के लिए भी कम है !'

मुहल्ला अपने दरवाजों, खिड़कियों, छतों से आँख फाड़े फत्ते गुरू का कोंहड़ा देख रहा है और उनके भाग्य से जल-भुन रहा है। सन्तोष है तो यह कि आज का दिन फत्ते गुरू का, कल का दिन किसी और गुरू का ! कौन जाने हमारा ही हो ?

कहते हैं, बुढ़ापे में तुलसी बाबा कुछ-कुछ 'पिड़काह' और चिड़चिड़े हो चले थे। मुहल्लेवालों ने उनसे जरा सी छेड़छाड़ की, पिनक गए और शाप दे डाला—'जाओ, तुम लोग मूर्ख और दरिद्र रह जाओगे !'

मित्रो, मेरा मतभेद है इससे। शान्तिप्रिय द्विवेदी को जितना तंग किया मुहल्ले ने, उससे अधिक तंग तो नहीं ही किया होगा बाबा को और अगर उन्हें शाप ही देना था जो जाते-जवाते इनके हाथ 'मानस' की पोथी क्यों पकड़ा जाते ? फिर भी ये कहते हैं, तो हम मान लेते हैं; लेकिन सरापकर भी क्या कर लिया बाबा ने ? माथे पर चन्दन की बेंदी, मुँह में पान और तोंद सहलाता हाथ ! न किसी के आगे गिड़गिड़ाना, न हाथ फैलाना। दे तो भला, न दे तो भला ! उधर मन्दिर, इधर गंगा; और घर में सिलबट्टा ! देनेवाला 'वह'; जजमान भोंसड़ी के क्या देगा ? भाँग छानी, निपटे और देवी के दर्शन के लिए चल पड़े।

चौके में कुछ नहीं, मगर जिए जा रहे हैं—ताव के साथ ! चेहरे पर कोई तनाव नहीं, कहीं कोई फिक्र नहीं और उधर से लौटे तो साथ में कभी-काल, एक जजमान—'सुन बे रजुआ, खोल केवाड़ी, आयल हौ जजमान चकाचक !'

तो साहब ! कच्ची उमर और बाला जोबन ! अपन को भा गया यह दर्शन !

काहे की है-है और काहे की खट्-खट् ! साथ तो जाना नहीं कुछ ! फिर क्यों मरे जा रहे हो चौबीस घंटे ? सारा कुछ जुटाए जा रहे हो, फिर भी किसी के चहरे पर खुशी नहीं ! यह नहीं है, तो वह नहीं है ! इसे साड़ी, तो उसे फ्रॉक, तो इसे फीस, तो उसे टिफिन, तो इसे दवा, तो उसे टॉनिक, तो इसे...कुछ करो तब भी और न करो तब भी यह दुनिया चल रही है और चलती रहेगी...

प्यारेलाल ! अपनी भी जिन्दगी जियो, दूसरों की ही नहीं !

ऐसे में ही गया था सब्जी लेने अस्सी पर ! लुंगी और जाकिट पहने हुए !

लगभग दो बजे दोपहर।

सन् '70 के जाड़ों के दिन।

सलीम की दुकान पर खड़ा हुआ ही था कि सड़क से आवाज आई--डॉक्टर !

मैंने मुड़कर देखा तो एक परिचित मित्र ! रिक्शे पर ! इससे पहले एक-दो बार की ही भेंट थी उससे।

मैं पास पहुँचा तो उसने पूछा, 'आवारगी करने का मन है डॉक्टर ?'

'क्या मतलब ?'

'कहीं चलना चाहते हो ? कलकत्ता, बम्बई, दार्जिलिंग, कालिंगपाँग, नेपाल कहीं भी !'

मैं चकित ! बोला–'रुको ! सब्जी देकर आते हैं तो बात करते हैं।'

उसने रिक्शे पर बैठे-बैठे मेरा हाथ पकड़ा–'एक बात का उत्तर दो। महीने में कितने दिन होते हैं ? तीस दिन। इनमें से कितने दिन तुम्हारे अपने दिन हैं ? 'अपने' का मतलब जिसमें माँ-बाप, भाई-बहन, बीवी, बेटा-बेटी किसी का दखल न हो। जैसे चाहो, वैसे रहो। जैसा चाहो, वैसा जियो।'

मैं सोच में पड़ गया।

'एक दिन, दो दिन, तीन दिन ?' वह उसी गम्भीरता से बोलता रहा।

मैं चुप।

'सुनो ! महीने के सत्ताइस दिन दे दो बीवी को, बाल-बच्चों को, पूरे खानदान को ! उनसे कहो कि भैया, ये रहे तुम्हारे दिन ! लेकिन ये तीन दिन मुझे दे दो। मेरी भी अपनी जिन्दगी है, उसके साथ जुल्म न करो, समझा ?'

'और सुनो ! कार्यक्रम बनाकर जीने में तो सारी जिन्दगी गँवा रहे हैं हम ! हम घर से निकलते ही कहते हैं कि सुनो, अमुक जगह जा रहे हैं और इतने बजे आएँगे। और कहीं बाहर जाना हुआ तो हफ्ते-भर के राशन-पानी, साग-सब्जी का बन्दोबस्त करके जाते हैं !...इन सबका कोई मतलब है क्या ? आवारगी करने का भी कार्यक्रम बनाया जाता है क्या ?'

'ठीक है यार ! मैं सलीम को बता तो दूँ कि सब्जी पहुँचा के घर पर बोल देगा !'

'लो, फिर वही बात ! अरे, जिन्हें खाना है, वे ले जाएँगे; चलो तुम !'

'अच्छा, चलो !' मैं भी बगल में रिक्शे पर बैठ गया—'तुम भी क्या कहोगे ?'

और साहब ! मैंने सोचा था कि शहर में ही कहीं सिनेमा वगैरह देख-दाखकर शाम नहीं तो रात तक लौट आएँगे, लेकिन पहुँच गए पंजाब मेल से सचमुच कलकत्ता, वहाँ से डायमंड हार्बर, फिर वहाँ से काकद्वीप। छककर रास्ते-भर खाया-पिया—मौज मनाई ! पसीने के बगैर जिन्दगी का मजा लिया।...वही लुंगी और जाकिट, हवाई चप्पल, जेब में दस नए पैसे। आन का आँटा, आन का घी। भोग लगावैं बाबाजी !

पाँच दिन बाद लौटे थे घर !

मौज तो बहुत आई, लेकिन लौटानी ट्रेन में ही एक दूसरा ज्ञानोदय हुआ।

जो भी तुम पर पैसा खर्च करता है, वह तुम्हारे लिए नहीं, अपने लिए। प्यारेलाल ! ट्रेन छूटनेवाली है, लपक के जरा दो टिकट तो ले आओ !...जरा उस तरफ बैठ जाओ तो थोड़ा बदन सीधा कर लें...यार, कैसे दोस्त हो ? कहीं से एक गिलास पानी नहीं पिला सकते ?...जरा वो तौलिया तो पकड़ाना, 'फ्रेश' हो लिया जाए ?...गुरू, सिगरेट तो है मगर माचिस छूट गई, डिब्बे में नजर दौड़ाओ ! कोई-न-कोई जरूर बीड़ी-सिगरेट पी रहा होगा !...अगर आप दोस्त के लिए इतना भी नहीं करेंगे तो क्या करेंगे ?

घर में ऐसा कुहराम मचा था कि न पूछिए ! कई दिनों से चूल्हा नहीं जला था और बीवी ने बेवा होने की पूरी तैयारी कर ली थी !

मुझे जल्दी ही अहसास हो गया कि माया-मोह के जंजाल में फँसा मैं—अस्सी का प्रवासी—इस दर्शन के काबिल नहीं !

अस्सी पर प्रवासियों की एक ही नस्ल थी शुरू में—लेखकों-कवियों की !

आजादी के बाद देश में जगह-जगह 'केन्द्र' खुलने शुरू हो गए थे—'मुर्गी-पालन केन्द्र', 'मत्स्य-पालन केन्द्र', 'सूअर-पालन केन्द्र', 'मगर-घड़ियाल-पालन केन्द्र'। इन कवियों-लेखकों ने भी अपना एक केन्द्र खोल लिया—केदार चायवाले की दुकान में। 'कवि-पालन केन्द्र'। कोई साइनबोर्ड नहीं था, लेकिन जनता उसे इसी रूप में जानती थी। सुबह हो या दोपहर या शाम—केदार, विजयमोहन, अक्ष्योभ्येश्वरी प्रताप, शालिग्राम, अधीर, आनन्द भैरवशाही, विद्यासागर नौटियाल, विश्वनाथ त्रिपाठी (देहलवी), श्याम तिवारी, विष्णुचन्द्र शर्मा, बाबा कारन्त—इनमें से किसी को भी समूह में या अलग-अलग यहीं पाया जाता था !

इसके मानद इंचार्ज थे समीक्षक नामवर सिंह और पर्यवेक्षक थे त्रिलोचन। ये कवि प्रायः यहीं से 'काव्य-भोज' के लिए 'तुलसी पुस्तकालय' या 'साधु वेला आश्रम' की ओर रवाना होते।

मगर हाय ! '60 शुरू होते-होते कवि भी 'फुर्र' हो गए और केन्द्र भी टूट गया !

सन् '65 के आस-पास जब धूमिल का आविर्भाव हुआ तो उसने गुरु के चरण-चिह्नों पर चलते हुए केदार चायवाले के सामने हजारी की दुकान को 'केन्द्र' बनाने की कोशिश की। हजारी के बगल में कन्हैया हलवाई की दुकान। वह कन्हैया के यहाँ

से चार आने की जलेबी लेता और चार आने का सेव-दालमोठ और हजारी की दुकान में आ बैठता। इधर-उधर से कवियाये दूसरे लोग भी आते और नागानन्द भी। कवियों की नजर अखबार या बहस पर होती, नागानन्द की जलेबी-नमकीन के दोनों पर !

ऐसे में केन्द्र क्या चलता !

मगर बाद के कई वर्षों तक—जिस प्रकार गोला दीनानाथ के इलाके में घुसते ही मसालों की गन्ध से नाक परपराने लगती है, उसी प्रकार अस्सी पर खड़े होनेवाले किसी भी आदमी के कान के पर्दे काव्य-चर्चा से फटने लगते थे। धूमिल काव्यद्रोहियों के लिए परशुराम था और उसकी जीभ फरसा !

अस्सी से धूमिल क्या गया, जैसे आँगन से बेटी विदा हो गई। घर सूना और उदास।

इधर सुनते हैं कि कोई बुढ़ऊ-बुढ़ऊ से हैं कासीनाथ—इनभर्सीटी के मास्टर जो कहानियाँ-फहानियाँ लिखते हैं और अपने दो-चार बकलोल दोस्तों के साथ 'मारवाड़ी सेवा संघ' के चौतरे पर 'राजेश ब्रदर्स' में बैठे रहते हैं ! अकसर शाम को ! "ए भाई ! ऊ तुमको किधर से लेखक-कवी बुझाता है जी ? बकरा जइसा दाढ़ी-दाढ़ा बढ़ाने से कोई लेखक-कवी थोड़े नु बनता है ? देखा नहीं था दिनकरवा को ? अरे, उहै रामधारी सिंघवा ? जब चदरा-ओदरा कन्हियाँ पर तान के खड़ा हो जाता था—छह फुटा ज्वान; तब भह्-भह् बरता रहता था। आउर ई भोंसड़ी के अखबार पर लाई-दाना फइलाय के, एक पुड़िया नून और एक पाव मिरचा बटोर के भकोसता रहता है ! कवी-लेखक अइसै होता है का ?

सच्ची कहें तो नमवर-धूमिल के बाद अस्सी का साहित्य-फाहित्य गया एल.के.डी. (लौड़ा के दक्खिन) !"

मित्रो, इमर्जेंसी के बाद और '80 के आस-पास से गजब हो गया !

भारत पर तो बेशक हमले हुए—यवनों के, शकों के, हूणों के, कुषाणों के, लेकिन अलग-अलग और बारी-बारी, मगर अस्सी पर एक ही साथ कई राज्यों और जिलों से हमले हुए—आरा, सासाराम, भोजपुर, छपरा, बलिया, गाजीपुर, आजमगढ़, जौनपुर, गोरखपुर, देवरिया जाने कहाँ-कहाँ से 'जुवा' लड़के युनिवर्सिटी में पढ़ने आए और चौराहे पर डेरा-डंडा गाड़ चले !

इनमें कई नस्लें थीं !

एक नस्ल पैदा हुई, 'फाइन आर्ट्स' के शौक से ! ये लड़के 'मारवाड़ी सेवा संघ' के चौतरे पर पेंसिल और स्केचबुक लिये बैठे रहते हैं और 'संघ' की ओर से बँटनेवाली खिचड़ी या रोटियों के इन्तजार में बैठी या लेटी गायों, कुत्तों और भिखमंगों के चित्र बनाया करते हैं !

दूसरी नस्ल 'तुलसीघाट' पर आयोजित होनेवाले 'ध्रुपद मेला' से निकली ! यह गायकों-वादकों और उनकी कला पर फिदा होकर सिर हिलानेवालों की नस्ल है ! ये

कढ़ाई किए हुए रंग-बिरंगे कुर्ते और चूड़ीदार पाजामा पहने, कन्धे पर झूलते लम्बे बाल बढ़ाए किसी गुरु या चेली के साथ बगल में तानपूरा दबाए इधर-उधर आते-जाते नजर आते हैं।

तीसरी नस्ल और भी जालिम है—पत्रकारों की ! 'तलवार मुकाबिल हो तो अखबार निकालो' वालों की। ये मालिकों को गरियाते हैं लेकिन छापते वही हैं जो वह चाहता है ! ये धर्मनिरपेक्ष हैं लेकिन खबरें धर्मोन्माद की छापते हैं ! दंगा, हत्या, लूट-पाट, चोरी-डकैती, बलात्कार के शानदार अवसरों पर इनके चेहरे की चमक देखते बनती है !

एक चौथी नस्ल भी है गोवर्धनधारियों की जो कानी उँगली पर 'राष्ट्र' उठाए किसी चेले के 'हीरो होंडा' पर दस-बारह साल से मुस्की मार रहे हैं। लेकिन इनके बारे में बाद में !

जब इनकी—इन सबकी फौज ने एक साथ अस्सी पर धावा मारा, तो कहते हैं, चौराहे की उत्तरी सीमा पर तैनात पप्पू वल्द बलदेव ने आत्मरक्षा में इन पर भाँग की गोलियाँ दागनी शुरू कीं...तब से हाल यह है कि दो लम्बी मेजों और चार लम्बे बेंचोंवाले इस दड़बे में दस-बारह गाहकों के बजाय बीस-पच्चीस संस्कृतिकर्मी सुबह से शाम तक ठँसे रहते हैं !

उधर गोलियों के डब्बे के साथ बलदेव, इधर चूल्हे और केतली के पास पप्पू—नाम पप्पू, उम्र चालीस साल !

यह भी कहते हैं कि इसी के मॉडल पर दिल्ली में 'श्रीराम सेंटर' की कल्पना की गई थी ! बाकी तो शहर-शहर का फर्क है।

तो साहब, जानिए कि भाँग अस्सी की संस्कृति है। और जब संस्कृति है तो कोई-न-कोई परम्परा भी जरूर होगी और वह परम्परा है होली का विश्वप्रसिद्ध 'कवि-सम्मेलन' !

मेरे साथ ही आप सब लोग वन्दना करें इस संस्कृति और परम्परा के रक्षक और मुहल्ले के 'डीह' डॉ. गया सिंह की !

हरिश्चन्द्र महाविद्यालय के अध्यापक डॉ. गया सिंह ने 'विद्वान्' कहलाने के लिए अथक संघर्ष किया है। एक ओर विद्वानों की संगत, दूसरी ओर ऐसे लोगों से मारपीट जो उन्हें गुंडा, लंठ, झगड़ालू, मुकदमेबाज और जाने क्या-क्या कहते थे ! अपने को 'विद्वान्' साबित करने के लिए उन्होंने कई लोगों से कई मुकदमे भी लड़े। अनाड़ी लोग उन्हें कानपुर के 'धरतीपकड़' घोड़ावाले की टक्कर का व्यक्तित्व मनाते हैं। ये चुनाव तो नहीं लड़े लेकिन हिन्दू विश्वविद्यालय के एक विभाग में निकलनेवाला ऐसा कोई पद नहीं जिसके लिए इंटरव्यू न दिया हो ! अगर ये छँटे तो अपनी विद्वत्ता के आतंक और दबदबे के कारण ! मूर्खता के कारण दूसरे छँटे होंगे !

उनके कई अमर वाक्य हैं जिन्हें लोग अकसर 'कोट' करते रहते हैं, जैसे—'मैंने शिवप्रसाद सिंह रूपी पौधे को उगाया और सींचकर बड़ा किया तो त्रिभुवन सिंह ने उखाड़कर अपने गमले में लगा लिया ! 'मैंने शिवप्रसाद को कंडालन चाय, खँचियन

रसगुल्ला, झउवन पान और टनन समोसा खिलाया है !' 'जब सौ रचनाकार मरते हैं तब एक आलोचक पैदा होता है।' आदि !

भाँग बाबू साहब की प्रतिभा के लिए नित्य का खाद-पानी है, ऐसा लोग बोलते हैं !

जब अस्सी पर चाय के साथ बिना लाइसेंस के भाँग बेचनेवालों को दारोगा ने गिरफ्तार करके चालान किया तो किसी भी माई के लाल की हिम्मत नहीं हुई कि इस जुल्म के खिलाफ बगावत का झंडा बुलन्द करे ! खाते सब थे, मगर पस्त ! अस्सी की सारी दुकानें बन्द ! ऐसे गाढ़े वक्त पर—जबकि बड़े-बड़े नेता रण छोड़ चुके थे—गया सिंह ने माइक सँभाला—दहाड़ने से पहले उन्होंने मंच को तीन तरफ से घेरे पचासों सिपाहियों समेत दारोगा शर्मा को देखा—"शर्मा...जी ! देख रहे हो मेरा सिर ? खल्वाट ? खोपड़ी पर एक भी बाल नहीं। तुम्हारे डंडे का वार इस पर भरपूर पड़ेगा ! मारो ! मार सको, तो ! लेकिन शर्मा भोंसड़ी के ! तुम काशी की संस्कृति और परम्परा मिटाना चाहते हो ? तुम्हारी हैसियत कि तुम हजारों-हजार साल से चली आ रही काशी की संस्कृति और परम्परा मिटा दो ? तुम्हारे जैसे जाने कितने दरोगा-दरोगी आए और गए; अस्सी कायम है और कायम रहेगा।"...इसके बाद उन्होंने उपमा, रूपक, उत्प्रेक्षा, श्लेष, यमक अलंकार की सहायता से जब यह बताना शुरू किया कि किस तरह भाँग बनारस की आबोहवा के लिए अनिवार्य है, भाँग का सम्बन्ध 'दिव्य निपटान' से है, 'दिव्य निपटान' का सम्बन्ध शरीर और स्वास्थ्य से है, स्वास्थ्य का सम्बन्ध मानव-अस्तित्व से है और मानव-अस्तित्व का सम्बन्ध अस्सी से है तो शर्मा लाठी-बन्दूकधारी अपने लश्कर के साथ वहाँ से खिसकने लगा !

ऐसा ही विकट संकट एक बार आया परम्परा के आगे ! और यह संकट प्रशासन की ओर से नहीं, अपने ही लोगों की ओर से आया !

'भारतीय संस्कृति' के भाजपाई चरवाहों ने अस्सी-परम्परा के रखवालों से कहा कि होली का यह कवि-सम्मेलन नहीं होगा। अश्लील है, गन्दा है, फूहड़ है। इसे करना हो तो शहर से बाहर जाओ ! गंगा के उस पार, रेती पर ! जहाँ कोई न सुने ! अगर हुआ, तो गोली चल जाएगी, लाशें बिछ जाएँगी, आदि-आदि।

इधर यह हिन्दुओं के महान पर्व पर आयोजित होनेवाला अकेला विश्व-स्तर का सम्मेलन ! जिसे देखने-सुनने के लिए आनेवाले देश-विदेश के लाखों लोग ! वीडियो-कैमरे और टेपरिकार्डर के साथ ! सड़कें और गलियाँ जाम ! यातायात ठप ! लंका से लेकर शिवाला तक कहीं भी तिल रखने की जगह नहीं !...महीनों से अस्सी के इसी दिन का बनारस की जनता इन्तजार करती है ! और इन्तजार करते हैं महीनों तक मशक्कत और रियाज के बाद कविताएँ बनानेवाले कवि ! महाकवि चकाचक बनारसी से लेकर बद्रीविशाल और भुटेले गुरू तक !

लोगो ! बाबा की धरती का यह चमत्कार 'अवसि देखिए देखन जोगू' ! मानव-शरीर का कोई अंग नहीं जो सक्रिय न हो ! लिट्टे, खालिस्तान, उग्रवाद,

रामजन्मभूमि-बाबरी मस्जिद, राष्ट्रीय-अन्तर्राष्ट्रीय कोई समस्या नहीं, कोई राष्ट्रीय-अराष्ट्रीय पार्टी नहीं जो होली की गालियों के 'प्रक्षेप्यास्त्रों' की जद के बाहर हो ! गालियों में दिलचस्पी हो तब भी आइए और राजनीतिक व्यंग्य में हो तब भी ! अगर शब्दों के अर्थ पर न जाएँ तो जीवन की अकुंठ उच्छल-उल्लसित ध्वनियों का समारोह !

तो साहब ! धमकी से भुटेले गुरू, बद्रीविशाल, सुशील त्रिपाठी, सुरेश्वर और दूसरे आयोजक परेशान ! परम्परा खतरे में ! जो भी शख्स मंच पर खड़ा होगा, गोली मार दी जाएगी ! एक बार फिर ऐसे वक्त पर अपने त्याग, बलिदान और दिलेरी से डॉ. गया सिंह ने प्रसाद की 'गुंडा' कहानी के बाबू नन्हकू सिंह की याद ताजा कर दी–'जिसने अपनी माँ का दूध पिया है, सामने आए और मार दे गोली !'

पप्पू की दुकान इन्हीं कलाकारों, चित्रकारों, पत्रकारों, नेताओं और नागरिकों की दैनिक (अर्थात् दिन की) छावनी है !

अक्तूबर के दिन। सुबह के नौ बज रहे थे।

दुकान गाहकों से भरी हुई थी। कुछ लोग खाली होने के इन्तजार में गिलास लिये खड़े थे। शोर-शराबा काफी था, मगर बातें एक मुद्दे पर नहीं टिकी थीं–कभी मंडल, कभी खरमंडल (मन्दिर-मस्जिद), कभी बंडल–शटल की तरह आ-जा रहे थे ! कुछ लोग सुबह का अखबार देख रहे थे, कुछ पढ़ रहे थे, कुछ चाट रहे थे ! बीच-बीच में बच्चन की बेंच से हरिद्वार या रायसाहब इस दुकान में खड़े किसी पत्रकार को आवाज देते जो रात की ड्यूटी से लौटा था !

तन्नी गुरू अस्सी के युनिफॉर्म में दड़बे के एक छोर पर बैठे थे और दूसरे छोर पर अपने चेले के साथ कोई तानसेन रियाज़ कर रहा था ! रियाज़ क्या, किसी राग का धीमे सुरों में आलाप ले रहा था और चेला अपने झबरे बालोंवाले सिर से ठेका दे रहा था !

"तन्नी गुरू ! जरा बोलना तो, यह कौन राग है ?"

गुरू को आवाज देकर वह चालू हुआ–आऽऽऽ, तूम तन न न न तूम ! आऽऽ...

'दैनिक जागरण' से लौटे तुलसीदास रात में 'टेलीप्रिंटर' पर आई किसी 'न्यूज' का खुलासा कर रहे थे–चूल्हे की बगल में बैठे पत्थर की बेंच से !

"गुरू, सुन नहीं रहे हो, ध्यान दो ! देखो, विलम्बित में–आऽऽऽऽ..."

"कमंडल मंडल पर भारी पड़ रहा है !" 'आज' के संवाददाता बद्री बोले।

उनके समर्थन में कहीं से आवाज आई–"आरक्षण का सारा मामला 85 करोड़ लोगों में से सिर्फ चालीस हजार लोगों की नौकरी का है !"

"अरे चुप रहो, तुम क्या बात करोगे ? रात-भर रीवाँ कोठी में जुआ खेलते रहे और यहाँ बहस करने चले हो ?"

रायसाहब बोले–"जुआ न होता तो गीता न आई होती !"

इसी बीच बद्री के जोड़ीदार 'भारत कला भवन' में काम करनेवाले राजेन्द्र ने प्रवेश किया–"बद्री, तुम पहले झुनझुनवाला-पुनपुनवाला के अखबार में नौकरी करना बन्द

करो, फिर बोलो !"

"देखो ! मेरे मालिक के बारे में कुछ न बोलो !"

"हे बदिरिया, हम-तुम दीवाली को रात-भर रीवाँ कोठी में जुआ खेलते रहे, उस बीच दो बार बिजली गई और साले, दूसरे दिन तुमने अखबार में निकलवा दिया कि बनारस की दीवाली अबकी अँधेरे में मनी। यही नैतिकता है तुम्हारी ?" रायसाहब बोलते-बोलते खड़े हो गए।

इस पर राजेन्द्र ने रायसाहब का पक्ष लेना चाहा कि वे उखड़ गए—"अरे चलो ! तुम क्या बात करोगे ? जाओ, कला भवन में अकबर-बाबर का जूता-चप्पल, शेरवानी, टोपी, पीकदान दिखाओ ! सारा सोना और सिक्का और साड़ियाँ चुराकर अपने घर ले गए तुम लोग और यहाँ बात करने चले हो !"

तब तक किसी ने अखबार के ऊपर से अपना सिर उठाया—"विपिया (वी.पी.) को किसी मेढ़िया पहलवान से कम मत समझो ! जैसे मेढ़िया पहलवान हर बार पटकाते हैं, लेकिन धूल झाड़कर उठ खड़े होते हैं—देखिए, पटका कहाँ ? पीठ पर धूल लगने से क्या होता है ? कन्धे का यह हिस्सा देखिए !"

इस पर काँव-काँव मचा ही था कि किसी ने अखबार का दूसरा पन्ना दिखाते हुए कहा—"यह देखो मोहर सिंह की मूँछ ! इससे विकराल मूँछें तो मरकंडवा हलवाई की हैं मगर उससे भी तावदार मुन्नू दीक्षित की ! यार ! एक बात गौर करते हो कि नहीं ? हमारे महाल में तीन मुच्छड़ और तीनों अपनी बीवियों के आगे थर-थर काँपनेवाले !"

"चुप बे ! बात कुछ हो रही है और ई ससुर !"

पूरा दड़बा शोर और धुआँ से भरता चला गया, तब तक तानसेन द्रुत पर पहुँच चुका था। वह बीच-बीच में तन्नी गुरू को देख लेता था। लेकिन गुरू का ध्यान राग पर नहीं, कहीं और था !

"अब बोलो गुरू ! बता दो तो जानें !" उसने सम पर आकर पूछा !

तन्नी गुरू ने उसे देखा और बोले—"आग राग है !"

"यह कौन सा राग है ? कभी नाम नहीं सुना !" उसने अचरज से पूछा।

"जिस राग को सुनकर झाँट में आग लग जाए, वह आग राग।" और भुनभुनाते उठ खड़े हुए तन्नी गुरू !

उधर लुंच गुरू बच्चन की दुकान के आगे भँड़ैती फाने थे। उन्होंने आज सबेरे ही डबल डोज ले ली थी ! ऑफिस रवाना होने से पहले अपने चपरासी सुकुल के कल का किस्सा बयान कर रहे थे !

बोले—"सुकुल कल हमें पिटवाते-पिटवाते बचा। साले पर अंग्रेजी से हाईस्कूल करने का भूत सवार है ! तीन दिन से 'वाइफ' का माने याद कर रहा है ! हर समय स्टूल पर बैठे-बैठे 'डब्ल्यू आई एफ ई, वाइफ; वाइफ माने औरत' बोलता रहता था ! कल हुआ ऐसा कि सामने से आती हुई एक लड़की को देखा। कहा—गुरू, वाक्य में प्रयोग करें ? मैंने ध्यान ही नहीं दिया—कहा, अच्छा; करो ! वह बोला—ही इज़ वाइफ !

महाराज, निकाल लिया चप्पल उस लड़की ने ! मैं तो साइकिल पर सवार होकर भगा, उसका क्या हुआ ? अब चलें तो पता चलेगा ! अच्छा, जै श्रीराम !''

''बाबू साहब ! जरा इधर तो आइए।''

मैंने देखा—तन्नी गुरू कमर पर हाथ रखे खड़े हैं।

''आप ही से कह रहे हैं, सुनिए तो !''

''पालगी महराज !'' मैंने कहा।

वे मुस्कुराते हुए बोले—''नाश हो तुम्हारा !''

''क्या बात है गुरू, कुछ उखड़े-उखड़े लग रहे हो !'' मैंने पूछा और वे मेरी कुहनी पकड़कर एक किनारे ले चले !

गुरू कुछ बोलें, इससे पहले आपसे थोड़े में ज्यादा समझने का अनुरोध !

गुरू अस्सी के चमत्कारों में से एक हैं ! लोगों का मगज़ ही उनका कलेवा है ! मेरे साथ पढ़ चुके हैं। जाने किन-किन नौकरियों से होते हुए होमगार्डों के मेठ हुए और तैनात किए गए गंगा के घाटों पर ! 'गंगा-प्रदूषण' के नए महकमे में। उन्हें दस-पन्द्रह और होमगार्ड दिए गए और कहा गया कि घाटों पर किसी को दिसा-फराकत न करने दें।

तन्नी गुरू चौकस ! जिस किसी को धोती, लुंगी, नेकर, गमछा, लँगोट खोलकर बैठा देखते, दौड़ा लेते ! वे क्या उनके गण दौड़ाते। घाटों पर जीने और रहनेवाली पब्लिक परेशान ! जिस 'दिव्य निपटान' के लिए बनारस सारे संसार में प्रसिद्ध है, उसके लिए भी 'चवन्नी', 'अठन्नी' देनी पड़े, इससे बुरी बात क्या हो सकती है ? लेकिन इसके लिए तन्नी गुरू दोषी कहाँ हैं ? बकौल उनके, 'मुफ्त में कौन सा काम होता है इस देश में ? और यह तो गंगा मैया की पवित्रता का प्रश्न है ! जै गंगा मैया !'

लेकिन गुरू जल्दी ही इस 'माले मुफ्त दिले बेरहम' वाले काम से छुट्टी पाकर दूसरे महकमे में चले गए।

''तुम एकदम्मै से झंडू हो गए हो का ?''

''कुछ बताओ तो !'' मैंने पूछा।

''बात यह है...जरा इधर आओ एक किनारे !'' उन्होंने मेरी आँखों में देखा—''लेकिन सच्ची बोलना ! हाँ ? मेरे मन में एक डाउट है ! देखो, झूठ मत बोलना ! चौथीराम जादो तुम्हारे दोस्त ! मुकुन्द जादो के यहाँ चाय पीते हो ! बर्फीवाले सीताराम जादो से भी तुम्हारी घुटती है, हम देखे हैं। एक और फंटूस तुम्हारे आगे-पीछे घूमता है—रामौध जादो !...कल कोई बोला कि दिल्ली में भी कोई जादो है जिसकी किताब में अस्सीचरितम् की घोषणा है। अब यह बताओ, तुम भी तो जादो नहीं हो ?''

मुझे हँसी आ गई उन्हें सुनकर।

''देखो गुरू, हँसो मत ! हमें तुम्हारे खून में कुछ फरक मालूम हो रहा है !''

''बस, इतनी सी बात ?''

''तुम उस दिन गोपला की दुकान पर मंडल-मंडल काहे चिल्ला रहे थे ?...तुम्हें याद

है न ! जब वह विपिया भोंसड़ी के हर जगह से दुरदुराया और लतियाया जा रहा था तो यही अस्सी-भदैनी है जिसने उसका तिलक किया और कहा—राजर्षि ! राजा नहीं फकीर है, देस की तकदीर है !...और ससुरा दिल्ली गया तो हमारे ही 'उसमें' डंडा कर दिया !...और अब तुम भी पगलाएं भए हो का ? चलो, पान खिलाकर प्रायश्चित् करो ! ए देवराज ! दो ठो पान बढ़ाना तो !"

मित्रो, तन्नी गुरू उधर गए तो मेरा ध्यान बच्चन की दुकान के आगे पड़ी बेंच पर गया जिसके आस-पास सड़क का इलाका 'संसद' के नाम से कुख्यात है।

और आपसे यह भी बता दें कि जिसने 1990 के अक्तूबर-नवम्बर महीने में अस्सी नहीं देखा, उसने दुनिया भी देखी तो क्या देखी ?

देश जल रहा था उसके पहले से। उत्तर से दक्षिण और पूरब से पश्चिम तक। सिर्फ दिल बचा था। दिल माने उत्तर प्रदेश ! मंडल-कमंडल के झगड़े ने इसे भी लपेट लिया। दिल्ली की सरकार अब गई कि तब गई—यही लगा हुआ था। पप्पू की दुकान के सामने, कहना वीरेन्द्र श्रीवास्तव का कि 'पी.एम. मंडल आयोग में फँस गया, सी.एम. बाबरी मस्जिद में और डी.एम. दोनों की व्यवस्था में—देश भोंसड़ी के जहाँ-का-तहाँ है।'

लेकिन देश जहाँ-का-तहाँ नहीं था। मुहल्लेवालों को दाल खाए दो महीने हो गए थे। गेहूँ और कोयला—दोनों एक भाव बिक रहे थे। यानी ढाई रुपए किलो, चाहे कोयला खाइए, चाहे गेहूँ !

ऐसी हालत में सबकी नजर वामपन्थी पार्टियों की तरफ थी। देखो, वे क्या करते हैं ? रामवचन पांड़े ने घोषणा की कि कम्युनिस्ट पार्टियों और डोम में कोई फर्क नहीं है ! जिस तरह डोम घाट (मसान) पर लकड़ी वगैरह जुटाकर मुर्दे का इन्तजार करता रहता है, उसी तरह ये पार्टियाँ भी टकटकी लगाए बैठी रहती हैं कि सरकार कब गिरे !

वीरेन्द्र श्रीवास्तव और रामवचन पांड़े अस्सी के बड़े-बुजुर्ग नेता हैं। 'बड़े-बुजुर्ग' का मतलब घर का ऐसा सदस्य जिसकी सलाह या आदेश को बकवास समझा जाए, जिस पर ध्यान देने की जरूरत न समझी जाए ! जैसे अगर वह चिल्लाए कि 'अरे देखो ! बैला खूँटा तुड़ा के भागा जा रहा है, पकड़ो उसे' या 'गैया को नाँद से हटाकर नीम की छाँह में बाँध दो' तो लड़के-बच्चे ताश खेल रहे हों तो खेलते रहें ! यानी, वह जो अपने जीते-जी फालतू हो जाए !

ये दोनों पिछले पचीस-तीस सालों से समाजवादी हैं ! इनकी परवरिश छात्र-संघों में हुई ! इन्होंने लड़ाइयाँ लड़ीं, जेल गए, धरने दिए, अनशन किए, लाठिया खाईं, सब किया और आज तक 'समाजवाद' से टस-से-मस नहीं हुए ! लेकिन इन्होंने समाजवाद की परती में जब-जब खूँटा गाड़कर अपना ढाबा खड़ा करना चाहा, धकिया दिए गए ! वीरेन्द्र की सारी जवानी गोदौलिया पर 'दी रेस्त्राँ' के नीचे सोकर रात काटने में चली गई और पांड़ेजी की गाँव में।

और गाँव में पांड़ेजी की हैसियत क्या है, उन्हीं से सुनिए—'इस देश में बुद्धिजीवी

से बेकार कुछ नहीं है जी ! अब यही देखिए, मैं एम.एस-सी. हूँ। पी-एच.डी. हूँ। नेता हूँ, बुद्धिजीवी हूँ लेकिन गाँव जाता हूँ तो कोई मुझ पर विश्वास नहीं करता। जहाँ गाँव-घर की किसी गम्भीर समस्या पर बात होती है, लोग सीधे-सीधे कह देते हैं–अरे ! इनसे क्या पूछ रहे हैं, ये तो नेता है ! यही नहीं, जब हमारे दरवाजे का बनिहार हमारे ही काम से घंटे-भर के लिए बाहर जाने लगता है–चाहे वह खलिहान का काम हो, चाहे कोई और–सन्देह से मेरी ओर देखता है और पूछता है–नेताजी ! अभी तो यहाँ बैठे रहिएगा न ! जरा नजर रखिए, आ रहे हैं ! वह चला तो जाता है लेकिन उसके भीतर बराबर डर रहता है कि कहीं मैं उठकर चला न जाऊँ !'

एक और समाजवादी नेता हैं देवव्रत मजुमदार ! पूर्वांचल के नौजवान समाजवादियों के पुरखा। पांड़ेजी के गुरुभाई और श्रीवास्तवजी के गुरु ! लोहिया, चरणसिंह, बहुगुणा से होते हुए राजीव गाँधी तक पहुँचे हैं। वे भी अकसर अस्सी आते हैं–अपनों के बीच बेगानों की तरह।

श्रीवास्तवजी अपने कांग्रेसी गुरु को देखते ही कहते हैं–

तेरे हुस्न का हुक्का बुझ गया है,
एक हम हैं कि गुड़गुड़ाए जाते हैं !

जैसे मेरे पिताजी–जो प्राइमरी के मुदर्रिस थे–कहा करते थे कि उनके पढाए हुए लड़के आज किस-किस ओहदे पर हैं, वैसे ही ये नेता भी कहते रहते हैं कि 'अरे वो लूगा मन्त्री ! और वो पसवनवा ! और वो मूर्ख मन्त्री ललुआ ! ए भाई ! इनको भगई पहनने का भी सहूर नहीं था। जब जेहल से छूटा सब, तो किराया-भाड़ा हमीं दिया ! और ई जे गोड़वा देखते हैं ना ! दबाने के लिए मारामारी करता था सब ! लेकिन सब लक्क है भाईजी ! आज ऊ सब मन्त्री हैं और हम ! देखियै रहे हैं ! बाकी एक बात है; आज भी सब देखता है तो सन्त्री-फन्त्री हटाकर बुला लेता है !'

पिताजी और इनके कहने में फर्क इतना ही है कि उनका चेहरा चमक उठता था, इनका बुझ जाता है ! उन्हें गर्व होता था, इन्हें तकलीफ होती है !

इनके सिवा अस्सी पर नेताओं की एक दूसरी प्रजाति है जो 'सम्पूर्ण क्रान्ति' के 'जच्चा-बच्चा केन्द्र' से निकली है जिन्हें देखने से लगता है कि उनकी राजनीतिक पार्टियों ने उन्हें अपनी जायज औलाद मानने से इनकार कर दिया है। हो सकता है, इसलिए भी इनकार कर दिया हो कि इनकी 'तरुणाई' में 'अँगड़ाई' और 'ललाई' जरूरत से ज्यादा रही हो !

ये भी चुनाव के बाद 'विधानसभा' और 'संसद' की ओर ऐसे ताकते हैं जैसे वे अंगूर के गुच्छे हों और बेहद खट्टे हों !

ऐसे नेताओं में सूबेदार सिंह, हरिद्वार पांड़ेय, अनिल कुमार 'झुन्ना', अशोक पांडेय वगैरह हैं जिनका पार्टी दफ्तर बच्चन की दुकान की बेंच है ! ये तेज-तर्रार हैं, ('ईमानदार' तो कौन रह गया है इस जमाने में वी.पी. को छोड़कर) समझदार हैं, अस्सी

की जनता के गले के हार हैं मगर बेकार हैं।

"इनमें से किसी को टिकट क्यों नहीं मिला पांड़ेजी !" मैंने पूछा।

रामवचनजी बोले—"सन् '70 के बाद से कुछ लोग हैं जो बराबर सत्ता में हैं ! सरकार चाहे जिसकी बने, वे हारें या जीतें, सत्ता-सुख भोग रहे हैं ! जैसे, मैं एक मन्त्रीजी को जानता हूँ। बड़ा रुतबा है उनका इन दिनों। उन्होंने अलग-अलग काम के लिए लोगों से कुल मिलाकर लगभग एक करोड़ रुपए ले रखे है। ! अब मान लीजिए, कल सरकार गिर गई ! सरकार में रहकर वे जान चुके हैं कि काम कैसे कराया जाता है ! वे मन्त्री रहें, न रहें लेकिन आधा करोड़ भी खर्च कर देंगे तो काम हो जाएगा ! अगले चुनाव तक तो काम चलता रहा न ! यह दलबदलुओं को छोड़ के बकिया लोगों का हाल है।"

"तो, गुरुजी, सिर्फ चूतिए कैडर्स हैं जो इस या उस पार्टी में हैं और उम्मीद बाँधे हैं !"

पांड़े से थोड़ी दूर पर खड़े थे हरिद्वार पांड़े ! भाषण-कला के बैजू बावरा ! मंच पर खड़े हो जाएँ तो जो चाहें, कर दें—पानी बरसा दें, बिजली गिरा दें, दीया जला दें, पत्थर पिघला दें ! वे उन दिनों 'मूल्यों और सिद्धान्तों' की बात करनेवाली पार्टी में थे ! मैं जब उनके पास पहुँचा, उस समय वे एक दूसरे नेता को डाँट रहे थे—"और कोई श्रोता नहीं मिला क्या आपको ? मुसीबत है यहाँ ! हर आदमी अपने लिए श्रोता ढूँढ़ता रहता है...अब बताइए ! ये मुझे पालिटिक्स पढ़ाएँगे ! जबकि इनके जैसे सैकड़ों लौंडों को मैंने नेता बनाकर छोड़ दिया ! देखना चाहो तो जाकर देख लो, वे आज भी पटना और लखनऊ की विधानसभाओं में झाड़ा फिर रहे हैं...

"यहाँ हफ्ते-भर के भीतर सारा समीकरण बदल जाता है और सिद्धान्त धरा रह जाता है ! क्यों नहीं देखते लोग कि 3 अगस्त, 1990 को देवीलाल के निकाले जाने पर जो लोग 'वी.पी. सिंह जिन्दाबाद' और 'देवीलाल मुर्दाबाद' बोल रहे थे, वही लोग 15 अगस्त, 1990 को मंडल आयोग की घोषणा के बाद 'वी.पी. सिंह मुर्दाबाद' बोलने लगे !

"जिस देश में मुर्दा फूँकने के लिए घूस देना पड़ता हो उसमें सिद्धान्त ?"

हरिद्वार कह ही रहे थे कि इधर-उधर से नेता जुटने लगे ! कड़कड़ाता कुर्ता-पाजामा, कलफ किया हुआ खड़ा कॉलर !

"बस कीजिए पांड़ेजी ! अब चला जाए, देर हो रही है।" उनमें से किसी ने टोका।

मैं समझ गया कि यह हरिद्वार का 'रिहर्सल' चल रहा था !

"का गुरू ! किधर ?" हरिद्वार ने सामने सड़क पर आवाज दी।

देखा तो रिक्शे पर सूबेदार सिंह ! विनम्रता की मूर्ति ! उनके दोनों जुड़े हाथ बाएँ-दाएँ, आगे-पीछे सबको प्रणाम करने में व्यस्त ! कहते हैं, प्रणाम के मामले में वे जड़-चेतन-पशु-पक्षी-मनुष्य में भेद नहीं करते !

"गुरू, तेरही की पूड़ी खाने जा रहा हूँ।" सूबेदार ने सूचना दी, "पिछले तीन महीने से बारात कर रहा था और ये तीन महीने तेरही के सीजन हैं !"

"बाकी के छह महीने ?" किसी ने पान की दुकान से पूछा।

"भाजपा के खिलाफ भाषण करने के !" वहीं से कोई बोला।

"गोदौलियावाले कार्यक्रम का क्या होगा ?" हरिद्वार ने पूछा।

रिक्शा आगे बढ़ाते सूबेदार बोले—"आ जाऊँगा ! डेढ़-दो घंटे से ज्यादा नहीं लगेगा।"

मित्रो ! बीच में हस्तक्षेप के लिए क्षमा करें !

सन् '50 के जमाने में सुनता था कि किसी कॉलेज, संस्था या विश्वविद्यालय को 'कवि-सम्मेलन' कराना होता था तो वह इस नगर के एक कवि-पुंगव से सट्टा करता था और वे दस-पन्द्रह कवियों को लिये-दिए वहाँ पहुँच जाते थे ! कवि-सम्मेलनों की यह परम्परा आज भी जीवित है ! हर कवि के यहाँ जाने, उसे मनाने, निमन्त्रित करने की जरूरत नहीं ! भोजपुरी के महाकवि चन्द्रशेखरजी से सम्पर्क कीजिए, बयाना दीजिए और सभी रसों के कवियों का मजा लीजिए !

यही परम्परा अस्सी के नेता-समाज में भी चलती है।

नगर में कहीं भी अन्याय हो, अत्याचार हो, जुल्म हो, बेईमानी हो, भ्रष्टाचार हो, चटावन हो, जनेऊ हो, मुंडन हो—आप इनमें से किसी एक को खबर दीजिए, सब हाजिर ! आपका काम बस इतना है कि फुटपाथ पर एक माइक रखवा दें और किसी खम्भे में लाउडस्पीकर बाँध दें !

जब कई दिन बीत जाते हैं और कहीं से किसी के मरने की सूचना नहीं मिलती तो मोहपातर पसेरी लुढ़काने लगते हैं कि लोग मर क्यों नहीं रहे हैं—ऐसा कहते थे मेरे गाँव में। ऐसे ही, हमारे ये नेता भी शान्ति के दिनों में बेचैन हो उठते थे—'भई ! ऐसे कैसे चलेगा यह देश !'

अशान्ति के ये भयानक दिन थे लेकिन नेताओं की हालत खस्ता !

'अपने' कहे जानेवाले कई लोग एक-एक करके वी.पी. का साथ छोड़ रहे थे : अस्सी पर नेताओं की भीड़ जुटती लेकिन उदास ! सबकी नजर दिल्ली और 'अध्यक्षजी' पर। उन्होंने वी.पी. को हटाने की मुहिम तेज कर दी थी। 'मंडल आयोग' ने पूर्वांचल के इन नेताओं को तोड़ दिया था। इन्हें देखते ही भाजपाई नारा लगाते—'ठाकुर बुद्धी, यादव बल ! झंडू हो गया जनता दल !' इन नेताओं के पास इसका कोई जवाब नहीं था ! ये भी झंडू हो गए थे क्योंकि ये न ठाकुर थे और न यादव ! इन्होंने सारी जिन्दगी 'विपक्ष' की राजनीति की थी, लेकिन बदले हालात में इन्हें अपने लिए दो-टूक जगह नहीं सूझ रही थी !

इसी बीच 'हर हर महादेव' की जगह 'जय श्रीराम' ने ले ली। पप्पू की दुकान में 'भाँग' और चाय की खपत बढ़ गई। अस्सी के सभी 'आदिवासी' रामभक्त हो गए और कारसेवा की तैयारी में लग गए। 23 अक्तूबर को आडवानी की गिरफ्तारी ने सनसनी पैदा कर दी ! शंख, घड़ियाल, आतिशबाजी, मशाल, नारे अस्सी की दिनचर्या बन गए ! कारसेवकों के जत्थे निकालनेवाले वही लोग थे जिनके साथ इनका रोज का उठना-बैठना

था ! 'मन्दिर-मस्जिद' के मामले में ये नेता सरकार के साथ थे लेकिन 'मंडल आयोग' ने इन्हें तमाशबीन बना दिया था !

गोपाल पानवाले की दुकान के सामने सुर्ती ठोंकते हुए रामवचन पांड़े ने कहा—"पूरा देश एक भयानक हादसे से गुजर रहा है ! आप यहाँ खड़े हैं और कौन जाने, कोई आतंकवादी आपकी ताक में कहीं छिपा हो ! आप यहाँ बैठे हुए हैं, कौन जाने आपकी सीट के नीचे बम रखा हो; आप यादव के समर्थन में बोलिए, बाभन मार देगा; बाभन के समर्थन में बोलिए, यादव मार सकता है; आप दाढ़ी रखे हुए हैं, हो सकता है मदनपुरा या नई सड़क से गुजरते हुए बच जाएँ, मगर हिन्दू मुहल्ले से भी बच निकलेंगे—इसकी कोई गारंटी नहीं है !...देखिए, उस पटरी पर केसरिया पट्टा बाँधे चीखते-चिल्लाते लोगों का जुनून !"

"पांड़ेजी !" मैं हरिद्वार की ओर मुड़ा, "अगर प्रोग्राम बनाइए तो 'कारसेवा' के बहाने हम भी तमाशा देखने अयोध्या चलें !"

"बिलकुल नहीं !" हरिद्वार ने दृढ़ता से कहा—"हम संजय हैं। हमें दिव्य दृष्टि प्राप्त है ! हम यहीं से सारी दुनिया देख रहे हैं ! हममें यह क्षमता इसलिए है कि हमें बनारस दक्षिणी से चुनाव नहीं लड़ना है, विधायक नहीं होना है, मन्त्री होने की ख्वाहिश नहीं है, हमें कार नहीं चाहिए, हवाई जहाज नहीं चाहिए; ये सारी आकांक्षाएँ और सपने आँखों की ज्योति हर लेते हैं, हमें कुछ दिखाई नहीं देता !

"जैसे मन्त्रीजी के आने के पहले सड़क की सफाई होती है, कूड़ा-करकट फेंक दिया जाता है, चूना और डी.टी.टी. छिड़का जाता है, मन्त्रीजी गुजरते हैं तो उन्हें सारा कुछ साफ-सुथरा नजर आता है लेकिन हमें तब भी—और अब भी गोपाल की दुकान के नीचे नाली में बह रही गन्दगी भी नजर आती है !

"क्यों ? क्योंकि मुझे अपनी साइकिल और स्कूटर से सन्तोष है !

"दूसरी बात यह कि हमारे दिल-दिमाग के तन्तु कहीं-न-कहीं जीवित हैं। इनमें हमारे संस्कार हैं, जाति है, धर्म है ! जब डेढ़-दो करोड़ लोग 'जय श्रीराम', 'जै सियाराम' एक साथ गाना शुरू करेंगे तो हमारे न चाहते हुए भी अपने आप हमारे मुँह से निकल पड़ेगा; और फिर कहीं आँसू-गैस, लाठी-चॉर्ज और गोलियाँ चलनी शुरू हुईं तो सारे 'रामभक्त' हमें भारत की 'जनता' लगने लगेंगे ! और रामलला की दया से कहीं दो-चार डंडे हम भी खा गए तो हो गए धर्मनिरपेक्ष !...इसलिए हम यहीं खड़े-खड़े कारसेवा देखेंगे !...

"एक मजेदार बात और गौर करने की है। जब पिछले दिनों दाल चौबीस रुपए किलो बिक रही थी तो बीस लाख की आबादीवाले इस शहर में एक भी ऐसा आदमी आपको मिला जो उसके खिलाफ सड़क पर चिल्लाया हो ? मेरी तो, मान लीजिए, पार्टी है; मैं उसके अनुशासन के बाहर नहीं जा सकता, लेकिन ये जो सड़क के उस पार नाच-गा रहे हैं—कहाँ थे उस समय ? ये नहीं बोल सकते थे क्योंकि बनियों के मुनाफे का मामला था !"

पांड़ेजी चुप हो गए क्योंकि 'रामधुन' की आवाज़ें ऊँची हो गई थीं !

कर्फ्यू के पहले की शाम ! शायद 28 अक्तूबर !

अस्सी का हर कारसेवक अयोध्या के रामलला के साथ हॉटलाइन पर ! प्रत्येक दस मिनट पर नई-नई अफवाहें ! आडवानी नदरबन्दी से फरार अयोध्या में ! अटलबिहारी गिरफ्तार ! मुलायम सिंह को दिल का दौरा ! अयोध्या में तैनात सेनाओं में बगावत ! वी.पी. सिंह अस्पताल में ! गई-रात रामसेवक हनुमानजी ने गदा से मस्जिद की गुम्बज उड़ा दी ! रामलला ने कारसेवकों की कमान खुद सँभाल ली है...आदि-आदि।

दूसरी ओर सड़क पार झाँझ, करताल, शंख, थाली जैसे बाजों समेत कुछ बच्चों का जमावड़ा ! बड़े-बूढ़े रामभक्त पहले ही अलग-अलग रास्तों से अयोध्या के लिए रवाना किए जा चुके हैं ! कुछ हैं जो अयोध्या के रास्ते में गिरफ्तारी दे चुके हैं और कुछ यहीं देंगे !

इस पार की पब्लिक को सुनाकर अशोक पांड़े ने कहा—"बचपन में एक कहावत सुनते थे—परलैं राम कुकुर के पाले, खींच-खींच के ले गए खाले ! तब इसका मतलब समझ में नहीं आया था लेकिन आज आ रहा है। राम कुक्कुरों के पाले पड़ेंगे, तो उसका अंजाम वही होगा जो नजर आ रहा है !..."

मित्रो, अशोक पांड़े नेता हैं, जन-प्रतिनिधि नहीं ! जन-प्रतिनिधि तो अस्सी पर एक ही शख्स है रामजी राय; जो बच्चन की बेंच पर बैठा वह सारा तमाशा देख रहा था !

रामजी राय को कई चीजों से परहेज है—खड़ी बोली से, फूलमाला और माइक से, मंच और लाउडस्पीकर से : उन्हें भोजपुरी गालियों का माइक टायसन कहा जाता है। यह भी कहते हैं कि नगरसेठ ने कभी अखबारों के जरिए यह ऐलान करवाया था कि जो कोई रामजी राय से एक भी ऐसा वाक्य बुलवा दे जिसमें गाली न हो, उसे सवा लाख रुपए का इनाम !...और आज भी वह इनाम अपनी जगह है !

जब अस्सी के सभी नेता वी.पी. को गच्चा दे गए थे, अकेले राय साहब थे जो 'रजवा' की डूबती नैया का डाँड़ा सँभाले हुए थे ! उनका कहना था कि अगर चन्द्रशेखर पी.एम. हुए तो 'बाटी-चोखा' राष्ट्रीय भोजन, 'खो-खो' राष्ट्रीय खेल, 'सुरहा ताल' राष्ट्रीय कार्यालय और 'भोंसड़ी' पी.एम. ऑफिस होगा !

राय साहब का गला ही लाउडस्पीकर है और लाउडस्पीकर से निकलते रहते हैं ईंट, पत्थर, गोले ! बहुतों को उनसे बतियाना अपना मुँह पिटाना लगता है !

वे कई दिनों से कारसेवकों को जुटानेवाले रामभक्त राधेश्याम के पीछे पड़े थे ! वे अस्सी के 'युनिफॉर्म' में बेंच पर बैठे-बैठे जिस किसी फालतू लड़के या भिखमंगे या साधू को देखते, बुला लेते—"यहाँ क्या उखाड़ रहे हो ? अयोध्याजी क्यों नहीं जाते ? देखो, अगर रास्ते में पकड़े गए तो बढ़िया-बढ़िया पूड़ी-कचौड़ी, मिठाई-मोहनभोग मिलेगा !...और अगर कहीं राधेश्याम की सरकार आ गई तो जैसे स्वतन्त्रता-सेनानियों को 'पिंसिन' मिलती है, वैसे ही 'पिसिंन' भी मिलेगी ! और अगर लाठी-गोली खाके टें

बोल गए तो सरग कहीं गया नहीं है ! इस अस्सी पर भोंसड़ी के दाँत निपोरे गली-गली घूम रहे हो !...बिसास न हो तो पूछो राधेश्याम से !"

राय साहब को देखते ही सारे रामभक्त हाथ जोड़ लेते थे।

अब तक 'अस्सी' के 'फेनामना' बन चुके राय साहब ने अकेले दम उनकी हालत बिगाड़ के रख दी थी !

उस शाम कारसेवकों के जत्थे का नेता नारे का पहला बन्द बोलता—

"रामलला हम आएँगे !"

जुलूस के बोलने से पहले ही इधर से राय साहब का लाउडस्पीकर बोलता—

"मस्जिद वहीं बनाएँगे !"

उधर से, "बच्चा बच्चा राम का !"

इधर से, "भाजपा के काम का !"

वे जब तक सँभलें तब तक बेंच पर खड़े होकर राय साहब चिल्लाते—

रामलला तुम मत घबराना
हम तुम्हारे साथ हैं !

कन्धे पर रामनामी गमछा, माथे पर चन्दन की रेखाएँ और चेहरे पर शान्ति और विश्वास की ऊर्जा—कौन कहता कि राय साहब रामभक्त नहीं हैं !

उनका यह जलवा अस्सी की पब्लिक तब तक देखती रही जब तक कारसेवक खेत नहीं रहे !

मित्रो, 30 अक्तूबर से लेकर 8 नवम्बर के बीच वह सारा कुछ हुआ जिसका इन्तजार था।

सरजू की जगह अयोध्या में खून की नदी बही !

मस्जिद के ऊपर भगवा ध्वज लहराया !

रामलला ने ऐलानिया कहा कि अगर हमारा घर नहीं बना, तो तुम्हीं क्या, कोई भी सरकार नहीं टिकने पाएगी !

जद टूटा। एक सरकार गिरी, दूसरी सरकार बनी ! बनी तो क्या, बनती-सी नजर आई !

और इधर अस्सी पर कर्फ्यू लागू हुआ और फिर हट भी गया !

मैं जब शाम को पहुँचा तो हर तरफ 'जै श्रीराम !' 'जै श्रीराम !' पप्पू की दुकान में भाँग और चाय के लिए लोगों की धकापेल ! लेकिन बच्चन की बेंच खाली ! एक भी नेता नजर नहीं आया। अकेले रामवचन एक किनारे खड़े होकर खैनी ठोंक रहे थे !

उन्होंने मुझे देखते ही कहा—"सब लोग दिल्ली-लखनऊ गए हैं ! कुछ सरकार बनवाने और कुछ अगले चुनाव की तैयारी में ! और कुछ यह देखने कि फायदा किधर है ? आइए, यहीं बैठते हैं !"

हम बाहर ही बेंच पर बैठ गए।

"ऐसा लग रहा है जैसे एक बड़ी भारी बारात आई रही हो, जगह-जगह टैंट गड़े रहे हों, दस हजार बराती इधर, पाँच हजार उधर, चार हजार यहाँ, सात हजार वहाँ—कड़ाह चढ़े हैं, हलवाई लगे हैं, कम्बल दिए जा रहे हैं, बिस्तरे बँट रहे हैं, कीर्तन हो रहे हैं, नाच-गाना चल रहा है—महीनों से व्यवस्था में पुलिस लगी है और सात नवम्बर को बारात विदा हो गई !

देश हलका महसूस कर रहा है...और बरातियों के चेहरे पर कोई खुशी नहीं ! वी.पी. सरकार यही बराती थी !...

उन्होंने 'चैतन्य चूर्ण' की हथेली मेरे आगे की—'लेंगे ?'

"नहीं, पान खाया है अभी। सुनाते चलिए !"

"सुनाना क्या डाक् साहब ? गाँव में भी बनिहार ठीक किया जाता है साल-भर के लिए। माना जाता है कि साल-भर फसल ठीक रहेगी, हम निश्चिन्त रहेंगे, बीच में यह दगा नहीं देगा मगर यहाँ पाँच साल कौन कहे, छह महीने में ही टें बोल जाते हैं !

"एक से बढ़कर एक हैं ! जरा हर एक की सूरत देखिए ! गाय कैसे दुही जाती है, पता नहीं, दुहने के लिए किधर बैठना चाहिए, थन की छेमी कैसे पकड़नी चाहिए, बछड़े को कब लगाना चाहिए, किधर से लगाना चाहिए, कब हटा लेना चाहिए, कुछ पता नहीं और चाहते हैं कि बाल्टी में पाँच लिटर दूध आ जाए !"

"यह सब तो ठीक है पांड़ेजी, हम आपसे आपके नेता के बारे में सुनना चाहते हैं ! वी.पी. के बारे में !" मैंने सीधे पूछा

पांड़ेजी हँसे—"आप भी तो गाँव के ही हैं। जानते हैं, घरों में मालिक कौन होता है ? जो गाय-भैंस दुहना जानता हो, खलिहान में चोरी न कर सके, रुपए-पैसे चुराना न जानता हो, जितना दे दिया जाए—गिनना जाने या न जाने—उसे सन्दूक में ज्यों-का-त्यों रखकर ताला लगाना जरूर जानता हो ! तो डाक् साहब, जनता धूर्त को नहीं, मूर्ख को चाहती है ! यह कोई पसन्द नहीं करता कि आप जिस सीढ़ी से चढ़ें, ऊपर पहुँचने के बाद उसे गिरा दें। मान लीजिए, ऊपर पहुँचने के बाद कोई आपको झोंक दे। अगर सीढ़ी रहेगी तो किसी-न-किसी डंडे पर सँभल भी सकते हैं—झोंकनेवाले से लड़ भी सकने हैं लेकिन जब सीढ़ी ही नहीं है तब तो नीचे धड़ाम से गिरेंगे और उठने लायक नहीं रहेंगे !

"और जानते हैं, सबसे बड़ी गलती क्या की उन्होंने ? आपने अपनी लड़ाई शुरू की थी खेतों से, खलिहानों से यानी उत्पादन की जमीन से जहाँ चीजें पैदा की जाती हैं। यह वह जमीन थी जहाँ कांग्रेस-भाजपा लाचार हो गई थीं आपके आगे। भाजपा घिघिया रही थी, भीख माँगने की स्थिति में थी—अच्छा, पाँच सीटें दे दो ! चार ही दे दो ! कोई बात नहीं, दो ही दे दो !

"लेकिन आप वहाँ से चले आए बाजार में, शहर में जहाँ चीजें बेची जाती हैं। यह आपकी लड़ाई का मैदान नहीं था। यह वह मैदान था जहाँ किसी भी सूरत में वे आपको ले आना चाहते थे ! और चले आए आप, नतीजा सामने है !"

कहते-कहते अचानक खड़े हो गए पांड़ेजी—"आप तो रहेंगे अभी ! मैं नहा-निपटकर आ रहा हूँ !"

अगली शाम पता चला कि पांड़ेजी भी पटना !

अस्सी नशे में चूर था—थोड़ा भाँग के, थोड़ा 'जै श्रीराम' के और रहा-सहा अध्यक्षजी की सरकार के ! अस्सी के कितने लोग बलिया के थे और कितने बनारस के—कहना मुश्किल था। पूरा माहौल पिकनिक और जश्न का था ! उस रात हर अस्सीवासी के घर में एक बगीचा हो गया था जिसमें मकुनी और चोखा और अरहर की गाढ़ी दाल बनने जा रही थी !

जाने कैसे मेरे पाँव अपने आप घाट की ओर बढ़ चले। एक मुद्दत के बाद; और जा पहुँचे उसी 'बोधिवृक्ष' के नीचे जहाँ दो साल पहले 'जनता के कवि, जनता के बीच' बैनर तले कवि-सम्मलेन हुआ था नामवरजी की षष्टिपूर्ति के अवसर पर। तब नागार्जुन थे, त्रिलोचन थे, केदारनाथ सिंह, अरुण कमल, भगवत रावत, अब्दुल बिस्मिल्लाह, और भी कई लोग थे।

आज कोई नहीं था। मैं था और खँजड़ी पर गाता एक जोगी। इसे पहली बार देख रहा था मैं। हवा में गाँजे की खुनक थी और उसके बगल में बैठी एक विदेशी लड़की खँजड़ी पर पड़नेवाली उँगलियों की हरकत को बड़े गौर से निहारे जा रही थी !

सुनो सुनो ऐ दुनियावालो
यह जग बना है लकड़ी का
जीते लकड़ी, मरते लकड़ी
देख तमाशा लकड़ी का।

इस मौसम में भी धुँधलके में दस-पाँच लोग घाट पर नहा रहे थे। लहरों के हलकोरे सुनाई पड़ रहे थे। और गाए जा रहा था जोगी—धूनी रमाए, पूरे बदन पर राख पोते, जटा-जूट बढ़ाए और गाँजे के लहराते तरन्नुम में—ऐ दुनियावालो ! वह पालना लकड़ी है जिस पर बचपन में सोए थे ! वह गुल्ली-डंडा भी लकड़ी है जिससे खेले थे ! वह पटरी भी लकड़ी है जिसे लेकर मदरसा गए थे ! वह छड़ी भी लकड़ी है जिससे मुदर्रिस की मार खाई थी ! ब्याह का मँड़वा और पीढ़ा भी लकड़ी है जिस पर ब्याह रचाया था ! सुहाग की सेज भी लकड़ी है जिस पर दुलहन के साथ सोए थे ! और बुढ़ापे का सहारा लाठी भी तो लकड़ी ही है !

ऐ दुनियावालो ! अन्तकाल जिस टिकटी पर मसान जाते हो और जिस चिता पर तुम्हें लिटाया जाता है—सब लकड़ी है !

ऐ दुनियावालो ! यह संसार कुछ नहीं, सिर्फ लकड़ी का तमाशा है !

मित्रो, मुझे यह कहते हुए न लाज है, न सरम कि मानव-योनि से बढ़कर बेकार जनम किसी जीव का नहीं ! उसमें भी अगर लिख-पढ़ गया तो गया काम से ! और

लिख-पढ़कर भी कहीं लेखक-कवि हो गया तो कौड़ी का तीन समझिए ! हर बात में अर्थ ! हो न हो, तब भी अर्थ !

अब इसी 'निरगुन' को लीजिए। बुरा हो मेरा कि मुझे लगने लगा—कनाट सर्कस (दिल्ली), चौरंगी (कलकत्ता), चर्च गेट (बम्बई), वगैरह-वगैरह चौराहे जरूर हैं जिनके लिए दुनिया सोने की है, चाँदी की है, ताँबे या काँसे की है, इस्पात की है लेकिन अपना भी एक चौराहा है जो दुनिया को लकड़ी का समझता है ! इस पर आने-जानेवालों में कुछ हैं जो उसका इस्तेमाल 'हवन' के लिए करते हैं, कुछ 'डंडा' के लिए और कुछ 'डाँड़ा' (पतवार) के लिए !

लेकिन जान सब रहे हैं कि यह दुनिया 'लकड़ी' के सिवा कुछ भी नहीं! जब-जब भूकम्प आएँगे—और दुनिया का जैसा हाल है उसमें आते रहेंगे—महल-दोमहले ढह जाएँगे लेकिन यह लकड़ी खड़ी रहेगी। अगर खड़ी नहीं, तो कम-से-कम पड़ी जरूर रहेगी।

सन्तों घर में झगरा भारी

मुझसे बड़ा अभागा कौन होगा कि जिस कथा का आरम्भ मंगलाचरण से करना चाहिए, उसकी शुरुआत श्रद्धांजलि से करनी पड़ रही है। खैर, यदि विधना को यही मंजूर है तो यही सही !

मित्रो, अस्सी पर मेरे दो मित्र थे–हरिद्वार और रामवचन; जिनके लिए ग्लोब की राजनीति उनकी हथेली पर रखे हुए पारदर्शी आँवले की तरह थी। मैंने जबसे होश सँभाला था तबसे इन्हें चौराहे पर ही पाया था। अत्यन्त खेद के साथ कहना पड़ रहा है कि दोनों बारी-बारी अस्सी से चल बसे ! (अस्सी से चले, बिहार में बसे। ईश्वर उनकी आत्मा को–जो यहीं चौराहे पर भटकती रहती है–शान्ति दे।)

रामवचन पिछले दस सालों से पचास वर्ष के थे और हरिद्वार पन्द्रह वर्षों से तीस साल के। ये बनारस की जमीन पर बिहार की फसल थे, मक्के के खेतों की तरह सोंधी और लहलह। पुराने लोहियावादी और विचारक। अस्सी इनका खून-पसीना और मांस-मज्जा था तथा बिहार अस्थि-पंजर। इनके गले से जे.पी. आन्दोलन फूटा था और रोएँ से जनता दल ! मगर हाय ! जिस तरह उग्रवाद के मारे कश्मीरी पंडितों को घाटी छोड़नी पड़ी, उसी तरह लालू के मारे इन्हें बिहार !

तुलसीघाट पर खड़ी भभुआ-आरा कोठी–जिसे विश्वविद्यालय में रीवाँ कोठी कहते हैं और छात्र राजनीति का कोठा–इनका मौजा साकिन था ! कहते ऐसा ही हैं लेकिन इनको समर्पित करते हुए जैसा गाया था तानसेन मिठाईलाल ने–'बलमजी, तुमसे मिला के अँखियाँ, तुम्हारे बिना जी ना लगे घर में...' तो मौजे का घर गाँव से मनीऑर्डर लानेवाले डाकिया के लिए था, रहना बलम के साथ ही होता था ! बलम माने अस्सी चौराहा !

इन दोनों जदियों (अब सपाइयों) ने सन् '92 के अयोध्या-कांड के दिनों में अस्सी को लंका की तरह राख बनाकर छोड़ दिया था। सारे भाजपाई त्राहि-त्राहि करने लगे थे। रामजी राय जैसे विकट और दुर्द्धर्ष निशाचर भी विभीषण हो गए थे और रामनामी ओढ़े हुए रात-दिन भाजपाइयों पर हुंकार और फुंकार रहे थे।

राजनीति में नौसिखुआ एक चेले ने हरिद्वार से पूछा–"आदर्श और सिद्धान्त की राजनीति क्या होती है नेताजी ? हरिद्वार ने उसे घूरकर देखा–ऐसी कोई राजनीति नहीं होती, जो ऐसी राजनीति करते हैं, वे दाँत निपोरते और हाथ पसारते हुए मर जाते

हैं," थोड़ा रुककर बोले—"आदर्श बालपोथी की चीज है ! वाद-विवाद प्रतियोगिता में भाग लेने और पुरस्कार जीतने की। आदर्श की चिन्ता की होती कृष्ण ने तो अर्जुन भी मारा जाता और भीम भी ! पांडव साफ हो गए होते ! आदर्श तो है पतिव्रता का लेकिन देखो तो सम्भोग हर किसी से ! कोई ऐसी देवी है जिसका सम्बन्ध पति के सिवा किसी और से न रहा हो ? आदर्श उच्चतम रखो लेकिन जियो निम्नतम—यही परम्परा रही है अपनी !"

"और सिद्धान्त ?" चेले ने पूछा।

"हजार बार कह चुका हूँ कि सिद्धान्त सोने का गहना है ! रोज-रोज पहनने की चीज नहीं ! शादी-ब्याह तीज-त्योहार में पहन लिया बस ! सिद्धान्त की बात साल में एक-आध बार कर ली, कर ली; बाकी अपनी पालिटिक्स करो।"

उम्मीद थी कि हरिद्वार इस चुनाव में जनता दल के स्टार वक्ता होंगे, अटल बिहारी वाजपेयी को टक्कर देंगे। हेलिकाप्टर से न सही, जीप या स्कूटर से ही सही यहाँ-वहाँ घूम-घूम भाषण करेंगे और दहाड़ेंगे, मगर हाय !

पता चला, इस दरम्यान हरिद्वार ने शादी की, एक बेटी पैदा की, घरजमाई बने, और तीन-तेरह करके मुगलसराय के एक डिग्री कालेज में अस्थायी लेक्चरर की नियुक्ति ली। इन दिनों डेढ़ हजार रुपए मासिक पर सासाराम से मुगलसराय, मुगलसराय से सासाराम रोज अप-डाउन कर रहे हैं !

"कभी अस्सी भी आते हैं या नहीं ?"

"आते हैं, जब कभी सास को अस्पताल दिखाना होता है या उन्हें गंगा नहाना होता है तो लेकर आते हैं।"

"और पालिटिक्स ?"

"पालिटिक्स भोंसड़ी के अपनी मइया चुदाए।"

और रामवचन ?

रामवचन पांडे हरिद्वार के भी गुरु, गुरुओं के भी गुरु। सन् '60 के बाद नए संविधानवाले काशी विश्वविद्यालय छात्रसंघ के प्रथम अध्यक्ष, लालू, शरद यादव, रामविलास पासवान और जाने कितने केन्द्रीय और राज्यमन्त्रियों और पार्टी अध्यक्षों-महासचिवों को जेल में समाजवादी राजनीति का पाठ पढ़ानेवाले रामवचन।

जब जयललिता, हर्षद मेहता, नरसिम्हा राव, बोफोर्स, झामुमो, लालू यादव आदि-आदि घोटालों और हवालों की चर्चा करते हुए मैंने उनसे कुछ बाल-सुलभ जिज्ञासाएँ कीं तो प्रसाद के रूप में खैनी की खिल्ली देते हुए बोले—"प्रोफेसर साहब ! (उन्होंने तो यही कहा लेकिन मुझे सुनाई पड़ा—बच्चा।) भ्रष्टाचार लोकतन्त्र के लिए ऑक्सीजन है, है कोई ऐसा राष्ट्र जहाँ लोकतन्त्र हो और भ्रष्टाचार न हो ? जरा नजर दौड़ाइए पूरी दुनिया पर, ये छोटी-बड़ी राजनीतिक पार्टियाँ क्या हैं ? अलग-अलग

छोटे-बड़े संस्थान, भ्रष्टाचार के प्रशिक्षण केन्द्र, सिद्धान्त मुखौटे हैं जिनके पीछे ट्रेनिंग दी जाती है। आप क्या समझते हैं, जो आदमी चुनाव लड़ने में पन्द्रह-बीस लाख खर्च करेगा वह विधायक या सांसद बनने पर ऐसे ही छोड़ देगा आपको ? देश को ? चूतिया है क्या ?

"फिर राजनीति का मतलब क्या हुआ आचार्य ?" साथ में खड़े शैलेन्द्र ने ऐसे पूछा था जैसे चन्द्रगुप्त ने चाणक्य से पूछा हो।

"राजनीति बेरोजगारों के लिए रोजगार कार्यालय है, इम्प्लायमेंट ब्यूरो। सब आई. ए.एस., पी.सी.एस. हो नहीं सकता। ठेकेदारी के लिए भी धनबल-जनबल चाहिए, छोटी-मोटी नौकरी से गुजारा नहीं। खेती में कुछ रह नहीं गया है। नौजवान बिचारा पढ़-लिखकर, डिग्री लेकर कहाँ जाए ? और चाहता है लम्बा हाथ मारना। सुनार की तरह खुट-खुट करनेवालों का हश्र देख चुका है, तो बच गई राजनीति। वह सत्ता की भी हो सकती है, विपक्ष की भी और उग्रवाद की भी। समझिए कि दादागिरी यहाँ भी है, उठा-पटक है, चापलूसी है, हड़बोंगई है, तरबली है, संघर्ष है लेकिन यह कहाँ नहीं है ? पाना और खोना किस धन्धे में नहीं है ?"

तो रामवचन पैंसठ के जमाने के एम.एस-सी. हैं और पिछले तीस वर्षों से राजनीति में बेरोजगार हैं। वे इस दौरान होनेवाले सभी चुनावों—चाहे संसद हो, चाहे विधानसभा—के तीन-चार महीने पहले गम्भीर हो जाते थे। अबकी भी हो गए थे। टिकट की आशा में। लोगों पर उलटी-सीधी टिप्पणी बन्द कर दी थी। सबको मिलाकर चल रहे थे कि कौन जाने टिकट मिल जाए तो यही लोग काम आएँगे।

कहते हैं, टिकट देने दिलाने की कला में माहिर एक सज्जन ने पांड़ेजी से पूछा था एक बार—"अच्छा बोलो, किस पार्टी का टिकट ल्योगे ?"

"तोरी जेब में है का ?"

"हाँ है। इसलिए कहता हूँ, कांग्रेस का ल्योगे ?"

"कांग्रेस से कौन लड़ना चाहेगा जी ?"

"तो भाजपा तो नहीं देगा तुम्हें !"

"उससे टिकट ही कौन माँग रहा है ?"

"सपा का ल्योगे ?"

"हाँ सपा के बारे में सोच सकता हूँ।"

अस्सी की टिप्पणी थी—छिनरौ के घर बैठे टिकट लोगे ? हाथ-पाँव हिलाओगे नहीं, कहीं जाओगे नहीं, किसी से कहोगे नहीं, कुछ करोगे नहीं, गाँठ से एक दमड़ी खर्चोगे नहीं, मुलैमा (मुलायम) ऐसे टिकट दे देगा ? चूतिया है वह !

रामवचन टिकट का इन्तजार कर ही रहे थे कि बोकारो से उनके भैया आए, बोले अस्सी के शब्दों में—"जवान बिटिया को घर में छोड़कर, भोंसड़ी के, बनारस भागे हुए हो ? ठीक है। हम लड़का भी ढूँढ़ लेंगे, बियहवा भी कर देंगे लेकिन कुछ तुमहूँ करोगे ?

"देखो, विचार करो ठंडे दिमाग से, जब अपनी गाँड़ में खूँटा पड़ा हो तो कोसिस

करनी चाहिए कि अपने में से निकालकर दूसरे में डाल दें। और दूसरे का मतलब होता है लड़कावाला। यह नहीं कि अपने में से निकालो और भाइयै के उसमें ठूँस दो।''

और मित्रो, टिकट की घोषणा से पहले ही वे रामवचन को पकड़कर गाँव ले गए।

इस तरह हरिद्वार के बाद रामवचन भी अस्सी का संसार छोड़कर चले गए। हमारे दिलों में कभी न भरनेवाला गहरा घाव देकर।

जब बारहवें लोकसभा चुनाव की अधिसूचना जारी हुई;

जब नामांकन और नामवापसी की तिथियाँ बीत गईं;

जब पार्टियों के प्रत्याशी अपने झंडों और डंडों के साथ एक-दूसरे पर पिल पड़े और जब स्टार प्रचारकों के हेलिकाप्टरों से आसमान धूसर हो उठा;

तब पूर्वांचल में एक आकाशवाणी हुई—

''पुरुवा बयार
और
रंड़रोवन
बड़ा असगुन होता है''

पेरूम्बदूर से सोनिया की उड़ान और अस्सी के आकाश से इस वाणी की उठान—दोनों का मुहूर्त लगभग एक था। थोड़ा आगे-पीछे।

यह अस्सी 'स्लोगन सेंटर' है—सिर्फ बनारस का नहीं, पश्चिमी बिहार और पूर्वी उत्तर प्रदेश का। यहाँ से जब-तब एक नारा उछलता है और पूर्वांचल की जबान बन जाता है देखते-देखते।

सन् '90 के अयोध्याकांड के दिनों में जब पूरे नगर में घंटा-घड़ियाल बज रहा था, अटारियों और भवनों पर बन्दनवार और बिजली के लट्टू लटक रहे थे—चमचम-टिमटिम, मन्दिरों के सिंगार हो रहे थे और कीर्तन-मंडलियाँ बाजों-गाजों के साथ सड़क पर घूम रही थीं—किसी नामाकूल और लुच्चा किस्म के नेता ने एक नारा ललकारा—'बच्चा-बच्चा राम का, लंड न कवनो काम का !' और सुबह होते-होते गूँज गया पूरे जनपद में।

इसी तरह आज से पचास साल पहले शंकराचार्य के अवतार कहे जानेवाले स्वामी करपात्रीजी जब नगवा-अस्सी पर यज्ञ करके दिग्विजयी हो रहे थे तो किसी ने धीरे से बुदबुदाकर किसी के कान में कहा—'अयं महात्मा करपात्र दंडी, यदा-कदा गच्छति दालमंडी !' दालमंडी माने वेश्यालय, चौक के पास रंडियों का मुहल्ला। यह महात्मा करपात्री जदा-कदा दालमंडी जाता है। अनर्थ ! घोर अनर्थ। सनातन धर्म का यह सुप्रीम कोर्ट भदैनी—अस्सी, पंडों-पुरोहितों, कर्मकांडियों और ज्योतिषियों का जूरी समाज। और उसमें किसी विधर्मी की यह गर्हित टिप्पणी : और मुमकिन है जिसने यह टिप्पणी की हो, वही उस अज्ञातकुलशील टिप्पणीकार पर थूँकता-सरापता पूरे नगर में घूमता फिरा हो।

ऐसे नारेबाज कभी-कभी आदिवासी भी होते हैं, लेकिन कभी-कभी ही ! ज्यादातर पास-पड़ोस के आप्रवासी अस्सीवासी हैं जिन्हें पाखंड बर्दाश्त नहीं होता क्योंकि वे भगोड़े होने के बावजूद अपने खेत-खलिहान और गाँव-गिराव भूल नहीं पाए हैं। इसलिए कहते हैं कि 'हुआँ-हुआँ' न अस्सी की प्रकृति है, न आदत। कहीं से भी 'हुआँ-हुआँ' हुआ नहीं, कि इनकी ओर से 'भौं-भौं' शुरू हो जाता है।

और यह आज से नहीं है, तब से है जब से यह मुहल्ला है, यानी मुग़लिया सल्तनत के शुरुआती दिनों से जब तुलसी बाबा अस्सी घाट पर आए और डेरा-डंडा जमाया। बड़ी मुश्किलें झेलनी पड़ीं उन्हें, कभी लँगोटी गायब होती, कभी धोंकरा, कभी लुटिया, कभी कमंडल, कभी पोथी। वे भागते फिरे यहाँ से वहाँ—कभी गोपाल मन्दिर, कभी हनुमान फाटक, कभी राजा दरवाजा, कभी बिन्दुमाधव मन्दिर, बड़ा दिक किया मुहल्ले ने। 'छिनरौ के रहेंगे काशी में और लिखेंगे भाखा में'। आखिरकार चौधरी टोडर और मधुसूदन सरस्वती ने बीच-बचाव किया तो बाबा जम सके यहाँ। ऐसे भी जिसने अस्सीघाट का पानी पी लिया उसके लिए दुनिया-जहान का पानी खारा है।

अभी उस दिन बोलते भए सन्त गिरिजा शंकर—"मेरी थीसिस दूसरी है गुरू ! जो आदमी बढ़ियाई नदी में मुर्दा पर बैठकर आधी रात को साँप पकड़कर अपनी औरत से मिलने के लिए जा सकता है, वह डाकू भले हो जाए, साधु नहीं हो सकता। हुआ यह होगा कि जिसे साँप कहा गया है, वह रही होगी रस्सी। उसी रस्सी से गया होगा अन्दर तुलसी की औरत का प्रेमी। सोचा होगा कि काम निपटाकर उसी रस्सी से लौट आएँगे कि पहुँच गए तुलसी भी। उन्होंने देखा होगा और इन्हें तब पता चला होगा कि नारी क्या चीज है ? कौन जाने वह प्रेमी मजबूत रहा हो और इनकी 'कुटुम्मस' भी की हो।"

सन्त गिरिजा कभी लुक्कड़ किस्म के आदमी थे। इन दिनों काली-सफेद दाढ़ी बढ़ाए कन्धे पर गमछा रखे हर-शाम दो-तीन घंटे अस्सीघाट पर बैठते हैं—डॉ. रामबली के साथ। ये रामबली को 'पहुँचा हुआ' कहते हैं और रामबली इन्हें। और अस्सी है कि अपनी आदत से बाज नहीं आता। काफी अध्ययन करने के बाद उसने कहा कि ये दोनों किसी सधुआइन के चक्कर में आते हैं।

खैर, अपन को वास्तविकता से क्या मतलब ? मतलब सिर्फ सन्त गिरिजा की थीसिस से है। वे आगे बोले—भाई साहब, इसमें गलत भी कहाँ है ! आप भी जानते हैं और हम भी कि हाल-हाल तक शादी बड़ी कम उम्र में होती थी और लड़की सयानी होने तक गौने के लिए रख ली जाती थी। अगर गौना होने में देर हुई तो वह कब तक इन्तजार करेगी अपने मरद का। उस बीच किसी से फँस-फँसा गई होगी, सम्बन्ध बढ़ा होगा। वह क्यों जाना चाहेगी ससुराल और जाएगी तो भाग-भाग आएगी मायके। अगर तुलसिया की औरत के साथ भी यही हुआ तो आज उसे ढँकने-तोपने की क्यों कोशिश कर रहे हो ? सच-सच कहने में क्यों फट रही है ? इससे न रामचरितमानस का महत्त्व कम होता है, न विनयपत्रिका का, न तुलसीदास का, अब यही देखिए, बिस्मिल्ला खाँ

अपने लड़कपन में 'कंगन छुड़ाई' और 'गंगा पुजैया' में लोलार्क कुंड और तुलसी घाट पर आते थे दूल्हा-दुलहन के पीछे-पीछे शहनाई बजाते हुए। यह सच्चाई है। इसे कहने और मानने में किस बात की शरम ? वह भी कोई आदमी है जो फिसले नहीं, गिरे नहीं, धक्के न खाए, जलील न हो ?''

धक्के देना और धक्के खाना, जलील करना और जलील होना, गालियाँ देना और गालियाँ पाना औघड़ संस्कृति है। अस्सी की नागरिकता के मौलिक अधिकार और कर्तव्य। इसके जनक सन्त कबीर रहे हैं और संस्थापक औघड़ कीनाराम। चन्दौली के एक गाँव से नगर आए एक आप्रवासी सन्त। अस्सीवासी उसी औघड़ संस्कृति की जायज-नाजायज औलादें हैं। गालियाँ इस संस्कृति की राष्ट्रभाषा है जिसमें प्यार और आशीर्वाद का लेन-देन होता है।

यह जरा सी बात राजापुर-सोरोवासी तुलसी की समझ में न आई थी। नतीजा यह हुआ कि आदिवासियों ने उन्हें अपने तरीके से पीटा और आप्रवासियों ने अपने तरीके से। किस्सा तब का है जब तुलसी की हनुमान-राम-भक्ति का जलवा सातवें आसमान पर था।

अस्सीघाट पर बाबा तुलसीदास और बगल में हरिश्चन्द्र घाट पर औघड़ कीनाराम। मुहल्ले की एक ग्वालिन बाबा को दूध पिलाती थी। बिला नागा। जब सात साल हो गए तो बाबा बड़े प्रसन्न। बोले—'कोई कष्ट हो तो बताओ', बोली—'और सब ठीक, कोई सन्तान नहीं है बाबा।' 'ठीक है, देखते हैं, क्यों नहीं है ?' बाबा ने कहा और हनुमानजी से पूछा, हनुमान ने भगवान राम से पूछा और राम ने बताया कि उसके प्रारब्ध में ही सन्तान का योग नहीं है।

सुनकर बड़ी दुखी हुई। आँखों से लोर बहने लगे। टोले-मुहल्लेवालों ने समझाया—'काहे रोती हो ? जरा औघड़ बाबा कीनाराम को भी देखो।' पहुँची कुछ दिनों बाद मरघट पर, अधजले मुर्दे की बगल में कीनाराम, नंग-धड़ंग और सामने ताजी खोंपड़ी। आगे-पीछे गाँजे की चिलम के साथ चेले चाटी। पहले दिन हिम्मत छूट गई—मारे लाज और डर के घाट से ही लौट आई। अगले दिन हिम्मत करके पहुँची। औघड़ ने उसका दुःख सुना तो पहले धुआँधार गालियाँ दीं, क्रोध में मटका फेंक दिया और चूतड़ पर चार चिमटा जमाया—'जा भाग हियाँ से'।

ग्वालिन रोती-गाती लौट आई।

जब एक-एक करके चार बेटे हो गए तो उनके साथ बाबा के पास आई। बाबा चकित। उन्होंने हनुमान से पूछा। राम ने हनुमान से बताया—'भई, प्रारब्ध में तो नहीं था लेकिन महादेव की इच्छा। कोई क्या कर सकता है ?'

एक औघड़ के आगे भक्ति भी धरी रह गई और राम की भगवानी भी।

ऐसे तो इस कथा के कई अर्थ हो सकते हैं और यह भी देखा जा सकता है कि अघोरी कीनाराम की पैदाइश के समय तक बाबा जीवित भी थे या नहीं ? लेकिन इसका

एक अर्थ साफ है—तुलसी के लिए होनेवाले 'हुआँ-हुआँ' के जवाब में अस्सी का 'भौं-भौं' और उसका औघड़पन।

यह 'भौं-भौं' कभी आकाशवाणी के रूप में गूँजता है, कभी भविष्यवाणी के रूप में, लेकिन ज्यादातर लोकवाणी के रूप में।

1

11 फरवरी '98 की शाम

मित्रो, जिस समय यह लोकवाणी हुई कि 'पुरवा बयार और राँड़ का रोना असुभ होता है' उस समय चलते-चलते मेरे पैर अस्सी चौराहे की सरहद छू रहे थे।

"हर-हर महादेव। बहुत दिनों बाद दिखे डाक् साहब !" यह महाकवि कौशिक की आवाज थी—पान की दुकान से। उन्होंने रुकने का इशारा किया।

महाकवि कौशिक होली कवि-सम्मेलन के आजीवन अध्यक्ष। अधबहियाँ गंजी और सफेद लुंगी में सिर पर सफेद बाल—छायावादी जमाने के। साँवला रंग और भव्य व्यक्तित्व। भंग के रंग में रँगी आँखें। ऐसे कि देखते रह जाइए लेकिन तभी तक जब तक चुप रहें। कविताएँ ऐसी कि जमाना त्राहि-त्राहि कर उठे।

"हाँ, काफी दिनों बाद आया हूँ।"

"सुना है, इन दिनों प्रसव पीड़ा से परेशान हैं।" उन्होंने पान की पीक थूँकी।

"आपसे किसने कहा ?"

"किसने कहा ?" वे हँसे "अरे, मैं भी तो परेशान हूँ उसी पीड़ा से, लगता है, बच्चेदानी में ही खराबी आ गई है। अब यही देखिए, होली सिर पर है और इस दौरान दो-चार गजलें पेल जाना चाहता हूँ, मगर बन्धुवर, सच कहिए तो बुढ़ाई में बड़ी तकलीफ होती है। कभी-कभी पेट में ही फँस जाता है और अगर उलटा हुआ तो और मुसीबत।"

कविता पेलने की मुश्किलों के बारे में सुनते हुए मेरी नजर चायवाले केदार की दुकान पर गई। यह वह दुकान थी, जिस पर चुनाव के दिनों में सन् '52 से लाल झंडा फहराता रहता था, आज चाय की अँगीठी के पास केदार का बेटा पोई था और उसके सिर के ऊपर भगवा ध्वज। यही नहीं, दुकान के बगल में भाजपा का कार्यालय खुल गया था जिसमें तीन-चार लोग बैठे हुए थे।

पीछे पलटकर देखा, साइकिल पंचर ठीक करनेवाले गुलाब मिस्त्री की दुकान को। चौराहे की अकेली दुकान रह गई है जिस पर अब भी लाल झंडा था। बाकी पूरे चौराहे की सड़कों के दोनों ओर की दुकानों पर कमल के फूलों की झंडियाँ, भाजपा के बैनर और भगवा झंडे।

अस्सी के लिए यह चौंकानेवाली बात नहीं थी। शुरू से ही यह जनसंघ-भाजपा का गढ़ माना जाता रहा है।

दिलचस्प नजारा सिर्फ यह है—और वह भी शुरू से ही—कि चौराहे की संसद में

बहुमत हमेशा भाजपा-विरोधियों का रहा, जबकि इलाके के मतदाता भाजपाई हैं।

"सुन नहीं रहे हैं, महाराज ?" कौशिकजी बोले।

"कहिए, सुन रहे हैं।"

"तो आप लंका से आने का काम कर रहे हैं कि गोदौलिया से ?"

"लंका से," मैंने उन्हें देखा "वहीं से आ रहा हूँ।"

"वहीं से नहीं आ रहा हूँ, वहीं से आने का काम कर रहा हूँ—ऐसा बोलिए। अब आप पप्पू की दुकान में जाने का काम करेंगे, फिर बैठने का काम करेंगे, फिर चाय पीने का काम करेंगे, फिर बतियाने का काम करेंगे, फिर पान खाने का काम करेंगे, फिर..."

मैंने अब की कुतूहल से कौशिकजी को देखा।

"इधर मत देखिए, यह भाषा सोशलिस्टवे भोंसड़ीवाले बोलते हैं। कल एक मिला (आदमी), एक भाषण दे गया है यहीं पर। सीधे-सीधे नहीं कहेंगे साले कि 'लंका से आ रहा हूँ,' कहेंगे कि लंका से आने का काम कर रहा हूँ। भोंसड़ी के ई कौन-सा काम है जो कर रहे हो ?..."

"कहो कासी," एक ऊँची आवाज आई कहीं से, जो जाहिरा तौर पर रामजी भैया की आवाज थी, मुझे इस तरह वही पुकारते हैं।

रामजी सिंह मेरे मझले भाई। कविता-कहानी के राहु-केतु, वे जितना कासी पर जान छिड़कते हैं, उससे ज्यादा उनके कहानी लिखने पर पिड़कते हैं। वे सब्जी के थैले के साथ एक दुकान पर खड़े थे।

पहुँचते ही बोले—"का हो कासी। ई ससुरा जैसवलवा कवन है हो ?"

हमारे अपने चन्दौली क्षेत्र से समाजवादी पार्टी का प्रत्याशी जवाहर जायसवाल। एक बार—पिछली बार चुनाव लड़कर हार चुका है। मैंने बताया..."जवाहर सेठ, प्रदेश का सबसे बड़ा दारू ठेकेदार।"

"ओह, तो ई बात है। इसीलिए अपने यहाँ नारा लग रहा है—'पी लो पाउच, भर लो पेट, फिर न मिलेंगे जवाहर सेठ'। अरे यार, ऊ तो गाँव के गाँव खरीद रहा है। गाँव में पहुँचता है, पूरे गाँव को जुटाता है, ठाकुर, अहीर, बाभन, चमार—सबको। और पूछता है कि गाँव के लिए क्या चाहिए ? सड़क, पम्प, पोखर, कुआँ, मन्दिर। क्या समस्या है तुम लोगों की ? तुम लोग सरकार को भी देख लिये और अपने एम.पी. को भी। क्या चाहिए, बोलो, पानी की किल्लत है ? दस हैंडपम्प से काम चल जाएगा ? ए फलाने ! कल सुबह दस पम्प लगवा दो। जहाँ-जहाँ ग्राम प्रधानजी कहें, वहाँ-वहाँ लगवा दो। और सचमुच लग जा रहा है। उसकी बस एक ही माँग है—नगदी लो और वोट दो। इसमें धोखा नहीं होना चाहिए और वह भी पूरे गाँव का...समझ लो, अगर वोट नहीं मिला तो गिनती के बाद वाले दिन ये ही लोग आएँगे और दसों पम्प उखाड़कर ले जाएँगे।

इसी तरह पहुँचा सिरकन्दपुर। वहाँ मन्दिर में अखंड हरिकीर्तन चल रहा था। पास-पड़ोस के दो-चार गाँवों के लोग जुटे थे। हजारों की भीड़। जा पहुँचा वहाँ।

बोला—कीर्तन ही करना है तो इस टुटहा मन्दिर में क्यों कर रहे हो ? यह तो बैठ जाएगा अगली बरसात में। इसकी दरारें और उखड़ी ईंटें देखो। बताओ, इसकी मरम्मत में कितना खर्च बैठेगा ? बीस, तीस, कितने हजार ? और वोट के लिए भगवान की कसम दिलाकर चालीस हजार नगदी दे दिया...नौगढ़ भी गया था। आदिवासी इलाकों में। पाँच हजार साड़ियाँ लेकर। बाँट आया औरतों में...तो समझो यह कि लोगों ने धोखा नहीं दिया तो मार ले जाएगा। उसे हराना मौर्या-फौर्या के बस की बात नहीं।

बगल में ही खड़े राजकिशोर चन्दौली के ही भाजपा प्रत्याशी और भंग लोकसभा के सांसद आनन्द रत्न मौर्य के समर्थक। किड़बिड़ाकर बोले—"आप पूरी बात क्यों नहीं बता रहे हैं भैया। उसी क्षेत्र में यह नारा भी तो लग रहा है, 'पाउच नहीं दूध चाहिए !' 'बनिया नहीं, अहिर चाहिए।' "

"हाँ, यह भी लग रहा है। गए थे चन्दौली के अहिर मुलायम से कहने कि टिकट के लिए कोई अहिर नहीं मिला क्या ? कैलाशनाथ यादव भी तो थे, उन्हें क्यों नहीं दिया ? लेकिन मुलायम ने समझा दिया कि चुनाव में रुपए लगते हैं, मुफ्त में नहीं लड़े जाते। जायसवाल ने पचास करोड़ रुपए दिए हैं और पाँच एम.पी. लड़ा रहा है। उसे टिकट न दें तो बताओ, किसे दें ? जाओ अपनी पड़वा-पड़िया और बल्टू लेकर। वह जायसवाल नहीं, अहिर है। जिताओ तुम लोग उसे, दिल्ली भेजो..."

"देखा डाक् साहब ?" राजकिशोर मेरी ओर मुखातिब हुए—"यह है जाति का नया चेहरा। मुलायम जिसे टिकट दें, वह अहिर, कांसीराम जिसे टिकट दें, वह चमार, नितीश कुमार जिसे टिकट दें, वही कुर्मी, ठाकुर, बाभन, बनिया, लाला चाहे जो हो। कांसीराम का टिकट मिला नहीं कि चमार हुआ। बनारस से अवधेश राय लड़ रहे हैं बसपा से और हरिजन बस्तियों में जाकर देख लीजिए। अरे इसे छोड़िए, अपने यहाँ चन्दौली में ही देखिए। कांग्रेस से श्यामलाल यादव हैं और मुलायम की मुहर के साथ सपा से जायसवाल। अब यादव श्यामलाल नहीं रह गए, यादव हैं जवाहर जायसवाल"...

"नेताजी !" दूसरे फुटपाथ से एक लड़का चिल्लाया, "आप यहाँ हैं, राधेश्याम उधर देख रहे हैं आपको।"

"कहाँ ?"

"पप्पू की दुकान में।"

"आइए डाक् साहब, चलिए। एक-एक चाय लड़ जाए।"

राजकिशोर भभुआ के बाबू साहब हैं। यानी बिहारी और वे भी अस्सी पर दूसरे बिहारियों की तरह फटकलंडगिरधारी हैं। उम्र पैंतालीस के करीब और रिसर्च कर रहे हैं पत्रकारिता में। कुर्ता-पाजामा और सदरी के साथ पैदा हुए थे।

पप्पू की दुकान—पीने को महज चाय और भाँग, पाने को सारी दुनिया। 8x20 फीट का दड़बा। लोहिया के जमाने से समाजवादियों का 'कॉफी हाउस' था और आज भाजपाइयों का 'अप्पूघर' है। कभी मधु लिमये, जॉर्ज, राजनारायण जैसे लोग आते थे

यहाँ। आज राधेश्याम और देवव्रत चौबे जैसे बालकों की बहार रहती है।

भाँग के साथ ठंढाई बनारस की परम्परा है लेकिन इस दुकान ने एक नया प्रयोग किया—भांग के साथ चाय, और यह पिछले तीस सालों से 'हिट' है। रुपए-दो रुपए लगाइए और अमेरिका-रूस से लेकर अपनी संसद तक की सैर कर आइए—बैठे-बैठे या खड़े-खड़े। इस दड़बे की तीन मेजें और छह बेंचें पर्यटन और उड्डयन मन्त्रालय के लिए चुनौती बनी हुई हैं। एक अर्से से। उड़ान और वह भी लगभग मुफ्त—हद है !

जो भी यहाँ एक बार आया। फिर-फिर नहीं गया कहीं। क्यों नहीं गया, यह भंगाचार्य हिन्दी प्रोफेसर चौथीराम यादव से पूछिए—

जब उत्तर प्रदेश में मुलायम और बिहार में लालू यादव सत्ता में आए तो दोनों ने इस भारतभूमि पर एक ऐसे यादव-शिरोमणि की खोज शुरू की जो विद्वान भी हो और समझदार भी। और दोनों की नजर आकर चौथीराम पर टिकी ! उन्हें अपने-अपने राज्य के विश्वविद्यालय के लिए किसी कुलपति की जरूरत थी ! ऐसा कुलपति जो अपना भी भला करे, उनका भी और बिरादरी का भी।

उन्होंने पता किया कि बनारस में एक यादव है चौथीराम लेकिन आधा। आधा इसलिए कि वह गाय-भैंस नहीं पालता। गाँजा कभी-कभार पी लेता है लेकिन कुश्ती नहीं लड़ता। कद-काठी ही इस लायक नहीं है बिचारे की। प्लस प्वाइंट यह है कि सोहबत किसी बाभन से नहीं, ठाकुर से रखता है। और यह उनके चुनावी समीकरण के भीतर है...दोनों ने अपने-अपने तरीके से चौथीराम से सम्पर्क साधा। सोचा यही था कि बनारस का आदमी अधिक-से-अधिक चाहेगा तो गंगा—और गंगा कानपुर में भी है और पटना-भागलपुर में भी। जहाँ तबीयत हो, वहाँ जाओ !

जिस पद को हासिल करने के लिए विद्वान ब्रीफकेस में दस-बीस लाख रखकर महीनों मन्त्रालय-सचिवालय का चक्कर काटते हैं, उसी पद की भीख लेकर दोनों चौथीराम के ओसारे में पहुँचे। बारजे पर सूखता हुआ छींट का लँगोट देखकर जितने ही खुश हुए थे, निकर में मूलभूत चौथीराम को देखकर उतने ही हतोत्साहित हुए !

उन्होंने अपनी मंशा जाहिर की।

''चल सकते हैं, लेकिन एक शर्त पर !'' चौथीराम बोले।

''कहिए।''

''मुझसे पहले वहाँ पप्पू की दुकान पहुँचाइए।''

''कहाँ ?''

''जहाँ ले चलना चाहते हों ?''

''पप्पू की दुकान क्या चीज है ?''

इतना सुनना था कि भंगाचार्य की आँखें, खुद-ब-खुद बन्द हो गईं और उन्होंने मौन साध लिया ! दुकान के स्वरूप के बारे में उनसे जो-जो प्रश्न किए जाते, जितनी जिज्ञासाएँ की जातीं, सबके उत्तर में चौथीराम के मुँह से सिर्फ यही निकलता—''नेति ! नेति !''

जब दोनों बाहर निकले तो लालू ने मुलायम से कहा—"बड़ा बुड़बक बुझाता है जी ! कइसा जादो है ? दुनिया अउर लोग हमको-तुमको 'नेता' 'नेता' बोलता है अउर ई कहता है 'नेती' 'नेती'। पेपरों पढ़ता, तबो पता रहता कि हम नेता हैं नेती नहीं। जदि भैस चंसलर हो जाता तो समझो कि हमरा भी कबाड़ा करता और मुलुक का भी।"

पप्पू की दुकान पर पहुँचे तो वहाँ अच्छी-खासी भीड़। भीड़ क्या, मेला कहिए ! पता चला कि जन-सम्पर्क अभियान पर निकले कोई प्रत्याशी आए हैं जो दुकान के अन्दर हैं।

बाहर कांग्रेस की झंडियों के साथ एक जीप और दो गाड़ियाँ थोड़ी दूरी पर। दो-चार इधर-उधर आती-जाती टोपियाँ। दुकान के बाहर की भी बेंचें भरी हुईं। बैठनेवालों से ज्यादा खड़े चाय की प्रतीक्षा में। अन्दर का कोलाहल धीरे-धीरे शान्त पड़ने लगा। पता चला, अन्धे तानसेन ने प्रत्याशी पांड़ेजी से कहा है कि हम जो पूछ रहे हैं उसका अर्थ लगा दीजिए तो आपकी झोली वोटों से भर दी जाएगी।

पांड़ेजी जल्दी में हैं, अस्सी, भदैनी में सम्पर्क करना है, लोगों से मिलना-जुलना है, समय नहीं है लेकिन अन्दर जाकर फँस गए हैं—

इसी बीच स्वर बाहर आता हुआ लहराया—

गुरु ने पठाया चेला, लाना झोली भर के।
पहली भिक्षा अन्न की लाना,
गाँव-नगर के पास न जाना,
हिन्दू-तुर्की छोड़ के लाना,
लाना झोली भर के। गुरु ने पठाया चेला...
दूसरी भिक्षा मांस की लाना,
जीव-जन्तु के पास न जाना,
जिन्दा-मुर्दा छोड़ के लाना,
लाना हाँड़ी भर के। गुरु ने पठाया चेला...
तिसरी भिक्षा लकड़ी लाना,
जंगल-झाड़ के पास न जाना,
सूखी-गीली छोड़ के लाना,
लाना गट्ठर-भर के। गुरु ने पठाया चेला...
चौथी भिक्षा जल की लाना,
कुएँ-बावली पास न जाना,
ताल तलैया छोड़ के लाना,
लाना तुमड़ी भर के। गुरु ने पठाया चेला...
कहत कबीर सुनो भाई साधो

यह पद है निरबाना,
जो यह पद का अर्थ लगावै,
सो है चतुर सुजाना।
गुरु ने पठाया चेला...

बाहर-भीतर तालियों की गड़गड़ाहट के बीच कांग्रेसी चेला पांड़ेजी वाह-वाह करते और सबको हाथ जोड़ते बाहर निकल आए और केतली के पास बैठे मनोज से बोले—"मेरी ओर से सबको चाय पिला देना। क्षमा करोगे आप लोग, जरा जल्दी में हूँ।"

2

12 फरवरी '98 की शाम

काँख में कागजों और पोस्टरों का भारी-भरकम पुलिन्दा दबाए तेजी से चौराहे की ओर भागते रामजी राय दिखे। उस पार की पटरी पर। कमर में लुंगी, कन्धे पर रामनामी और माथे पर महबीरी टीका—यही उनकी सार्वदेशिक और सार्वकालिक धज थी।

मैंने आवाज दी।

उन्होंने सुन ली।

वी.पी. के खिलाफ बोलनेवाले का सिर फोड़ देनेवाले रामजी सन् '92 में वी.पी. भक्त थे। जनता दली। वे गालियों के मामले में ही माइक टायसन नहीं थे, इसलिए भी थे कि मन्दिर-मस्जिद के मुद्दे पर भाजपाई राधेश्याम के कान चबा गए थे। लेकिन इधर काफी बदलाव आया है उनमें, ऐसा सुना था। जब से डॉ. गया सिंह के निर्देशन में रिसर्च ज्वाइन की है तब से शरीफ कहलाने की धुन सवार है उन पर।

"कहिए किस पार्टी में हैं आजकल ?"

वे हँसे मेरी मूर्खता पर। बोले "आप और इतनी बेवकूफी का सवाल ? भला यह भी कोई पूछने की बात है ? यह पर्चा लीजिए—'अब की बारी, अटल बिहारी'। बताइए आप ही, अटलजी को छोड़कर कोई और है ?...सुना नहीं आपने, बक्सर में कल क्या हुआ ? फूट गई लालटेन-फालटेन। सारी दुनिया जान गई और आपको पता ही नहीं ? एक दिन पहले ही तो सभा थी लालू की। जैसे आप और चौथीराम का गठजोड़ है न, वैसे ही बिहार में ठाकुरों और अहिरों का गठजोड़ है। लालू ने सभी ठाकुरों में लालटेन (चुनाव चिह्न) बँटवाई थी। और वे बम-बम करने लगे। एक दिन बाद यानी कल उसी मैदान में उसी मंच पर अटल जी की सभा हुई। इतनी भीड़—इतनी भीड़ कि समझिए पचास साल के इतिहास में नहीं हुई थी। अरे, तो सरवा बोलता भी खूब है न। और बोलता क्या है दूध का दूध और पानी का पानी कर देता है...सारे ठाकुरों ने लालटेन पटक-पुटककर फोड़-फाड़ दी। देखिए ऐसे—चन्न-चन्न। पूरा मैदान ही शीशे के टुकड़ों से पट गया। अब सोच लीजिए, ठाकुर तो आप भी हैं !

"आप गए थे क्या बक्सर ?"

"ज्जहि, जाने की जरूरतै नहीं है। का जरूरत है ? जब रोज ही आदमी यहाँ-से-वहाँ और वहाँ-से-यहाँ अप-डाउन कर रहा है ?"

"लेकिन यह बताइए, आप भाजपा के कार्यकर्ता हैं। आज नहीं तो कल आपको भी चुनाव लड़ना होगा। भाजपा आपके क्षेत्र से भी लड़ रही है। आपको वहाँ होना चाहिए इस समय, जबकि आप यहाँ डँटे हुए हैं।"

मैंने यूँ ही तुक्का मारा था लेकिन रामजी गम्भीर हो गए।

इसका मतलब कि आपको सब पता है। यह भी पता है कि अपने गाँव का प्रधान हूँ...ए डाक्टर साहब। गाँव पर रहते हुए भी गाँव में नहीं रहता। बाहर पम्पिंग सेट है अपना। आठ-दस गाय-भैंसें हैं। गैर-लाइसेंसी बाजों (तमंचा) का बन्दोबस्त भी है। चोरी-छिनैती करनेवाले नहाते-धोते भी हैं, सुस्ताते हैं, गाँजा-भाँग भी पीते हैं। जरूरत समझते हैं तो खाते-पकाते भी हैं। वोटवा भी वही दिलाते हैं। अब वोट किसी शरीफ आदमी के बस की बात नहीं, अरे आप तो तीन सौ दो के केस में मेरी ओर से गवाही भी दे चुके हैं। आप क्या नहीं जानते ?...तो चुनाव तो सही में लड़ना है। लेकिन मामला गया है फँस। भाजपा से मनोज राय हैं और सपा से ओमप्रकाश सिंह। एक भूमिहार, दूसरा ठाकुर। एक बिरादर, दूसरा दोस्त। मनोज के खिलाफ जा नहीं सकते। बिरादरी की बिरादरी और पार्टी की प्रतिबद्धता। ओमप्रकाश के खिलाफ जाएँ तो ठाकुर वोट बिगड़ें। जबकि हमारे यहाँ आस-पास उन्हीं की बहुतायत है। जब राजनीति में हैं, तब सब देखना पड़ेगा न। तो सब गड़बड़ा गया, इसीलिए भाग आया हूँ।"

"खैर, यह आपकी समस्या है। यह बताइए कि क्या होने जा रहा है इस चुनाव में ?"

"देखिए, साफ-साफ बताते हैं आपसे, ठाकुरों-बाभनों के वोट तो हैं नहीं, इनमें नेता जरूर हैं लेकिन इनके वोट नहीं हैं। वोट किनके हैं तो यादवों के, चमारों के। लेकिन वे अपने बूते जिता नहीं सकते। जिता कौन सकता है तो बकिया जातियाँ—पाँच घर तेली, चार घर कहार, तीन घर गड़रिया, दो घर पासी, तीन घर धोबी, दो घर कुम्हार, लुहार, नोनियाँ, धुनिया...जितानेवाली जातियाँ यही हैं जो हर गाँव में हैं और जिन्हें कोई नहीं पूछता। वे जिधर जाएँगी, वही जीतेगा..."

"तो बना रहे हैं अटलजी को प्रधानमन्त्री ?"

"देखिए, यू.पी., बिहार से हमें सौ सीटें दे दीजिए, देश बनाए या न बनाए, हम बना देंगे। खैर, छोड़िए यह सब। पान खाइए और चलिए पप्पू के यहाँ। मैं अभी आ रहा हूँ। ऐ गोपाल ! जरा तीन ठो पान देना।"

"तीन नहीं, चार—मैं भी हूँ।" देखा पलटकर तो पीछे कामरेड एस.पी. मिश्रा।

मिश्राजी सम्पूर्णानन्द संस्कृत विश्वविद्यालय में आयुर्वेद विभाग में रीडर। हैं डॉक्टर, लेकिन दवा-दारू की बात करते हुए कभी नहीं पाए गए। लोकमत यह है कि उनसे वह

सलाह ले, जो जीने से तंग आ गया हो। अस्सी पर आए बगैर उनके पेट का पानी नहीं पचता। हैं डॉक्टर मगर फुर्सत-ही-फुर्सत।

अभी-अभी लौटे थे घोसी से सी.पी.आई. के अतुल अनजान को कल्पनाथ राय के मुकाबले संघर्ष में खड़ा करके। मुलायम को गरिया रहे थे—अगर उसने तालमेल कर लिया होता तो यह नौबत नहीं आती।

बनारस में सी.पी.एम. प्रत्याशी दीनानाथ यादव को लड़ा रहे हैं।

''क्या कह रहे हैं राय साहब ?'' उन्होंने मुझसे पूछा।

पान बढ़ाते हुए रामजी बोले—''कुछ नहीं, बस सुक्खम-दुक्खम। यही कि बस दो-चार दिन का काँव-काँव, झाँव-झाँव है फिर तो अपने आप ही फरिया जाएगा।''

''यह नहीं बताया कि वोट किसे देंगे ?''

रामजी हँसने लगे—''ई भोंसड़ी के प्रचार कर रहे हैं कि रामजी राय बसपा को वोट देंगे। अवधेश सिंघवा भी तो लड़ रहा है हियाँ से, मायावती के टिकट पर। आया भी था मेरे पास। सन्देस भी भेजा था। भई, भाई है अपना। जात बिरादर है। नारा भी सुना होगा आपने—'पत्थर रखो छाती पर ! मोहर मारो हाथी पर'। इससे पहले भूमिहारों के वोट भाजपा को जाते थे। अब की गड़बड़ा रहा है तो लुत्ती लग गई है सबके गाँड़ में।''

''देखिए, देखिए'' मिश्राजी हँसे—''काँख में भाजपा, अँगूठे पर बसपा। यह सीधे-सीधे नहीं बोलेगा। अरे, ईमान-धरम से बोलो न, किसी से नहीं कहेंगे, बताओ।''

''तुम भी तो बताओ अपना। कल रत्नाकर पड़वा ने जनेऊ बँटवाया है बाभनों में। हाथ में जनेऊ और गंगाजल देकर कसम खिलाई है तुम सबको। बोलो है कि नहीं ?''

''है, बिलकुल सही है। देखो, एक जनेऊ मुझे भी मिला है, यह देखो,'' मिश्राजी ने जेब से जनेऊ निकालकर दिखाया, ''लेकिन भूमिहार भूमिहार हैं। बड़ी पुरानी मसल है—'भाई, भतीजा, भानजा, भाँड, भूत, भुइंहार, ए छओ भकार से, सदा रहो हुसियार,' तो भरोसा है कोई भुइंहारों का ? यहाँ तो जनेऊ बाँटो चाहे बछिया—कम्युनिस्ट कम्युनिस्ट ही रहेगा बाभन नहीं होगा।''

''अच्छा तो, खींच ल्यौ थुन्ही, सलाम भाई खँडहर। खँडहर भाई, सलाम। रामजी राय चल रहे हैं ?'' रामजी राय चले और चार कदम चलकर लौट आए ''भोंसड़ी के सौ करोड़ की आबादी में पाँच झँटकुल्ली सीपीआई और दिखाएँगे ऐसे जैसे ये न हों, तो देश ही न चले।''

''देखिए, बहुत देर से ताक रहा है राधेश्याम। पप्पू की दुकान के बाहर से आते ही सबसे पहले बक्सर की बात करेगा। किसी को कुछ पता नहीं कि कैसी सभा हुई। अखबार में भी कुछ नहीं है। आपने भी देखा होगा, लेकिन इन सभों का प्रोपैगेंडा मीडिया बहुत तेज है, मुझसे लहुराबीर पर एक बोल रहा था—बक्सर। यही चौराहे-चौराहे बोलकर हवा बनाते हैं ससुरे।

मिश्राजी कह ही रहे थे कि सचमुच राधेश्याम आ गए, पैदाइशी भाजपाई राधेश्याम

को अगर हिन्दुत्व के गर्व ने न मारा होता तो क्या ही प्यारे और नेक इन्सान थे।

"सब ठीक, डाक् साहब ? बक्सर की सभा के बारे में सुना है कि नहीं ? राधेश्याम ने जैसे ही मुँह खोला, मिश्राजी ने जोर का ठहाका लगाया।

चकित राधेश्याम। कुछ देर तो हम दोनों का मुँह देखते रहे, फिर बोले—"हँस ल्यौ, हँस ल्यौ, बाकी तो पाँच साल रोना ही है।"

"सलाम बाबू साहब।" जैसे ही आवाज आई, वैसे ही घूमकर देखा तो पीछे तन्नी गुरू—अस्सी के पिस्सू।

कितना बदल गए थे गुरू इस बीच। वही लुंगी और वही गंजी और वही कन्धे पर गमछा। मगर हाथ में सोंटानुमा डंडा। कमर झुक गई थी। कान पर जनेऊ लपेट रहे थे, 'यहाँ कुत्ते मूतते हैं' वाली गली में जाने की तैयारी थी शायद।

मैंने जाने कितने दिनों बाद देखा था उन्हें और वह भी इस हाल में।

मुझे दुःख हुआ और उन पर दया भी आई।

"यह क्या हाल हो गया है गुरू ?"

"छोड़ो ये सब। एक पते की बात सुनो; जानते हो, बुढ़ापे का सबसे बड़ा कष्ट क्या है ?" उन्होंने अपनी जाँघों की ओर इशारा किया—"एक ऐसी चीज का नीचे निरन्तर लटकते जाना—घुटनों की ओर, जिसका अब न कोई इस्तेमाल है, न जरूरत, ऐसी फालतू चीज का वजन ढोना और मरते दम तक ढोते रहना बुढ़ापे का सबसे बड़ा कष्ट है।"

मिश्राजी और राधेश्याम हँसने लगे।

"बकवास छोड़िए, चुनाव का बताइए। क्या हो रहा है मुहल्ले में ?"

"माँ चुदाए दुनिया, हम बजाएँ हरमुनिया," कहते-कहते वह गली की ओर चल पड़े।

हम जैसे ही आगे बढ़े, तन्नी गुरू लुंगी सँभाले गली के मुहाने से ही लौट आए "राधेश्याम। तुम्हें एक सलाह देनी है। तुम्हें पता है कि मैंने होमगार्डों को बड़ी ट्रेनिंग दी है—बन्दूक चलाने की। राइफल चलाने की भी। हाफ पैंट पहनकर पीछे जो गाँड़ में डंडा डाले रहते हो, उसे फेंको और मुझे बुलाओ। इन्हें राइफल चलाने की ट्रेनिंग मैं दूँगा। भोंसड़ी के, कहीं डंडे से राष्ट्र चलेगा ?"

राधेश्याम इस मुद्दे पर गुरू से उलझ गए और उनके उलझते ही गुरू अपने रंग में आ गए। जब उन दोनों की बहसों का मिश्राजी मजा लेने लगे तो मैं वहाँ से फूट चला एक बहाने से।

मित्रो, सच कहिए तो यह बहाना नहीं था।

जब मैं कल कौशिक से बातें कर रहा था तो अपनी दुकान पर बैठा नईम मुझे देख रहा था और आज भी आते समय मुझे देखकर मुस्कुराया था।

आते-आते बार-बार मेरी नजर उसकी दुकान पर लटके भाजपा के झंडे पर जा

रही थी।

चौराहे पर किसी मुसलमान की अकेली दुकान।

बाभनों का मक्का कहे जानेवाले मुहल्ले में अकेला एक मुसलमान।

मुझे एक घटना याद आ रही है सन् '53 की।

मैं लोलार्क कुंड पर किराएदार था उन दिनों। किराए पर रखने से पहले मालिक ने पूछा—"लहसुन, प्याज, मांस, मछली तो नहीं खाते ?" भाई रामजी बोले—"ज्जहि, खाना तो दूर, हम छूते भी नहीं।" मालिक बोले—"याद रखिए। इस मुहल्ले में म्लेच्छों के लिए कोई जगह नहीं।"

घर के सामने लोलार्क कुंड, कुंड का चौतरा, चौतरे पर पीपल का बड़ा बुजुर्ग पेड़। कुंड स्नान या गंगा स्नान करने के बाद औरत-मर्द पीपल को जल चढ़ाते। एक दिन कर्मकांडीजी चौतरे से उतरे थे कि उछल पड़े—सड़क पर एक हड्डी दिख गई थी।

कोहराम मच गया। मुहल्ले के सारे बाभन जुटे—हड्डी कहाँ से आई इस मुहल्ले में ? आज तक तो कभी दिखी नहीं, आई कहाँ से ? कैसे ? जरूर कोई विधर्मी आ गया है। किसका किराएदार है ? बुलाओ सभी किराएदारों को।

भैया, कोहराम मचा था और हम दोनों भाई सन्न मारे पड़े थे अपने कमरे में।

(पीछे की अन्तर्कथा यह है कि हमने महीनों खुद को जब्त किया था लेकिन एक दिन सब्र का बाँध टूट गया। गोश्त पका—चोरी-चोरी, चुपके-चुपके अखबार में लपेटकर हड्डियाँ रख दीं और भोर में गंगा स्नान करने के बहाने गए और अस्सी नाले में फेंक आए। किसी को भनक तक नहीं लगी। फिर तो धड़का खुला और नियम बनाकर महीने में दो बार पकने लगा। अब की बार कहीं से बिल्ली को गन्ध मिल गई। उसने अखबार फाड़ा होगा, खाया होगा और हमारे भगाते-भगाते एकाध हड्डी दबाकर ले गई होगी।)

तो सन्न मारे पड़े थे हम कि बात बिगड़ने के पहले ही भाई रामजी उठ खड़े हुए। उनके बौद्धिक बलवा मचाने और रंग जमाने के ऐसे ही मौके होते हैं जिनकी बराबर खोज रहती थी उन्हें। वे चीखते-चिल्लाते बाहर निकले कि ऐसे विधर्मी को निकाल बाहर करो। कर्मकांडीजी के चरण छूकर बोले—"कहाँ है हड्डी ?"

किसी ने हड्डी की ओर इशारा किया।

उन्होंने भीड़ में घुसकर गौर से देखा—"यह मुर्गे की है या चूहे की ?"

"यह चूहे की लग रही है तुमको ?"

आप मुर्गा खाते हैं क्या ?

"ओम शिव ! ओम शिव ! छिः छिः कैसी बात कर रहा है लौंडा ?"

भाई आसमान में डालों को देखते हुए बोले—"हम खाते नहीं तो जानते भी नहीं क्या ? यह सूखी लकड़ी की तरह एकदम चूहा है। चील, गिद्ध, बाज, कौवे जाने कहाँ-कहाँ से लाते हैं और खाकर गिराते हैं। बीट भी करते हैं मन्दिर पर। कई बार ऐसी हड्डियाँ देखी हैं यहाँ-वहाँ। कर्मकांडी बाबा, ये इधर की डालों को कटवा दीजिए, झंझट

ही खतम हो जाए।''

''बेटा ! डाल तो नहीं काटी जा सकती।''

''तो कौवा-चील उड़ाने के लिए कौन बैठा रहेगा ?''

इस तरह बाबू रामजी सिंह ने भविष्य में भी चोरी-छुपे गोश्त खाने की छूट ले ली।

यानी ऐसा मुहल्ला और उसमें एक अकेला नईम। भाजपाइयों के घर में एक जमाने में चौराहे पर सब्जी की सबसे चालू दुकान। पचास साल पहले भीड़ लगी रहती थी। दिन-भर। तब नईम का बाप बाबू मियाँ बैठता था। दुर्गाकांड के पोखरे में नहाते हुए मर गया एक दोपहर, डूबकर। उसके चार बेटे। चारों दुकान में बराबर व्यस्त रहते थे। उनके बगल में एक और दुकान थी झींगुर की। फुटपाथ पर भी पाँच-सात दुकानें थीं खटिकों की। लेकिन गाहकों के साथ व्यवहार और ऊपर से उधारी भी। चकाचक था सब, चारों के हँसते चेहरे और अस्सी शैली के हँसी-मजाक।

लेकिन इन पन्द्रह-बीस वर्षों में बहुत कुछ बदला।

मित्रो, इस बदलाव के बारे में नईम से बात करने से पहले जो लिखना चाहता था, वह यह है–

न पढ़ने के लिए :

गाहक हिन्दू होने लगे इस बीच, आलू, भिंडी, करेला, टमाटर, कोंहड़ा (मुहल्ले की सबसे प्यारी सब्जी : पूड़ी-प्रेम के कारण) कद्दू, गोभी मुसलमान हो गए। घाटे पर घाटे। रिश्ते में खटास आई। भाई सलीम-अलीम छोड़ चले नईम को। वे चले गए। अलईपुर या जैतपुरा। अपने लोगों के बीच। नईम ने सब्जियाँ छोड़ीं और सेब, सन्तरे, अंगूर से दुकान सजाई। लेकिन गलती हो गई समझने में, जिस मुहल्ले को सब्जियों के लाले पड़े हों, वह कहीं सेब-सन्तरे खाएगा ? नईम ने तय किया, वह आलू–सिर्फ आलू बेचेगा। मौसम के हिसाब से कभी आलू, कभी प्याज, कभी तरबूज-खरबूज। थोक में, पसेरी के भाव। गाहक जिस भाव के लिए सट्टी जाते हों, वह भाव यहीं लें। घर बैठे। आलू-प्याज में हिन्दू, मुसलमान जैसी कोई चीज नहीं।

एक फर्क और आया था। '80 के आस-पास। किसी दंगे के समय जब मुसलमान होने के भ्रम में दातून बेचनेवाला मुसहर मारा गया था, इस चौराहे पर–तबसे यह फर्क आया था। दंगे की सुगबुगाहट हुई नहीं कि दुकान बन्द। और इधर बन्दी आम हो चली थी।

बाप की यह दुकान उसके लिए जंजाल हो गई थी। उसे जब भी देखा, अकेला देखा, न किसी को उससे बतियाते हुए और न आलू खरीदते हुए।

अब जो लिख रहा हूँ, वह यह है–

पढ़ने के लिए :

सामने आलू की ढेरी और उसके पास अकेला बैठा नईम–चुपचाप। मेरी ओर–अपने

पुराने गाहक की ओर ताकता और मुस्कुराता हुआ।

''सलाम म्याँ, खैरियत तो है ?''

''बहुत दिनों बाद नजर आए साहब ?'' नईम खुश हो गया।

''हाँ और सुनाओ। क्या हाल है ?''

''हाल तो देख ही रहे हैं। देखिए, आपकी सेवा में यही आलू हैं। एकाध कुन्तल। कच्चे खाएँ तो खिलाएँ।''

दुबला, पतला और ठिगना नईम, ठोढ़ी पर हलकी खूटियाँ। मूँछ के नाम पर थोड़े काले रोएँ। उम्र कोई पचास के करीब लेकिन देखने में तीस-पैंतीस। बीस-पच्चीस वर्षों तक उधारी चलाया था मैंने उस दुकान पर, महीने के हिसाब से। बाबू मियाँ, सलीम से नईम तक।

''बाकी भाई कहाँ हैं आजकल ?''

''एक तो मर गया, दो अपनी-अपनी दुकान देखते हैं।''

''वे यहाँ क्यों नहीं बैठते ?''

''इस एक दुकान से क्या होगा ?'' बड़ा परिवार है साहब। और वे भी अपनी ही दुकानें हैं। मेरे हिस्से यही आई।

''यार, हरी सब्जियाँ बेचनी छोड़ दीं तुमने, बड़ी उदास-उदास-सी लग रही है दुकान।

''साहब, हरी सब्जियों के साथ एक दिक्कत थी। अगर उसी दिन नहीं बिकीं तो बासी हो जाती थीं और दूसरे दिन पड़ी-पड़ी खराब हो जाती थीं। बासी कौन लेगा जब ताजी आँख के सामने हों। तो घाटा देने लगी थी।''

''ऐसा तो नहीं कि गाहक ही आने बन्द हो गए थे ?''

नईम चौंका–''क्यों ? गाहक क्यों बन्द हो जाएँगे ?''

''क्या ठिकाना इस मुहल्ले का ? रामजन्मभूमि और शिलापूजन का तमाशा देखा ही तुमने।''

''कैसी बात कर रहे हैं साहब ?'' नईम हँसने लगा–''पचास साल से यहाँ दुकान है यह। हम सारे भाई यहीं पढ़े–आपके घर के सामनेवाले मुनिस्पैलिटी के स्कूल में, रोज देखते ही थे आप। कोई ऐसा नहीं जो न जानता हो। आज तक न कभी चोरी हुई, न लूट-पाट हुई। किसी ने गाली तक नहीं दी।''

''झूठ बोलते हो। जब भी दंगा होता है दुकान बन्द हो जाती है–देखते हैं।''

''वह अलग बात है। वह मुहल्ले के कारण से नहीं, दूसरे कारण से...''

''खैर छोड़ो यह सब,'' मैं असल सवाल पर आया–''बताओ, चुनाव के क्या हाल हैं ?''

''मुझसे क्यों पूछते हैं साहब ? 'काम करो बनिए का, मजा ल्यौ दुनिए का' यही उसूल है हमारा। बाकी यह सब आप लोग देखें और जानें।''

''लेकिन झंडा तो लटका रखा है भाजपा का। यह तो तुम्हारे उसूल में नहीं है।''

वह फिर हँसा—"दो-चार रोज में दूसरी पार्टियों के भी झंडे लटक जाएँगे। मना तो कर नहीं सकता किसी को। ऐसे भी दुकान बन्द रहने पर रात में कोई झंडा-झंडी टाँग दे तो क्या किया जा सकता है। देखिए झंडों से कोई दुकान खाली है ?"

बहरहाल, बात को ज्यादा न बढ़ाते हुए सीधे पूछा—"वोट किसे देने का विचार है ?"

"आप ही बतलाइए, किसे देना चाहिए ?"

मैं हँसने लगा—"जिसे कहेंगे, दे दोगे ?"

"कहकर तो देखिए।" वह हँसने लगा जैसे मुझे चूतिया समझ रहा है।

इसी समय एक दूसरा लड़का आ गया। साइकिल से। दाढ़ी और टोपी में। वह मेरी ओर देखते हुए दुकान पर रखे पटरे पर बैठ गया। फिर सहसा लिहाजवश नीचे उतरकर खड़ा हो गया।

चुनाव के दिनों में हमेशा होता है ऐसा। मतदान के दो-चार दिन पहले से दो-दो, चार-चार की टोली में फुटकल जब तब, निकलते हैं मुसलमान—मदनपुरा से, या रेवड़ी तालाब से या बजरडीहा से, इस टोह में कि हिन्दू किधर जा रहे हैं ? वे धोखा नहीं खाना चाहते, वे यह भी नहीं चाहते कि मुसलमान वोट बँटे। वे उस पार्टी या प्रत्याशी को एकमुश्त वोट देना चाहते हैं जो उनके हितों की विरोधी शत्रुपार्टी को पराजित कर रहा हो।

हो सकता है, यह लड़का किसी और काम से—या ऐसे ही आया रहा हो लेकिन इन वक्तों में इस सड़क से गुजरनेवाला हर मुसलमान सन्दिग्ध भेदिया हो जाता है। वह ऐसा नहीं था, था नईम का चचाजाद भाई मजीद। उसने चनुआ सट्‌टी से सम्बधित एक-दो ही बातें कीं और तुरन्त लौट गया।

"हाँ साहब, कहिए किसे वोट देना चाहिए ?"

"अरे, यह कोई तुमसे बताने की बात है ? पूरा चुनाव ही अब की सेकुलर पर हो रहा है ?"

"सेकुलर," वह कुछ देर सोचता रहा—"माने मुस्लिम वोट ?"

"नहीं मुसलमान के हित पर। ईसाइयों के हित पर। हिन्दू साम्प्रदायिकता के खिलाफ। तुम्हारी दुकान के ऊपर टँगे झंडे के खिलाफ।"

"एक ही बात है साहब...सेकुलर से कौन लड़ रहा है ?"

"दीनानाथ यादव।"

"वह तो हार रहा है साहब। कोई जानता भी नहीं उसे।"

"देखो वोट माने मत। तुम्हारी अपनी मति क्या है ? राय क्या है ? तुम सिर्फ अपनी राय जाहिर करते हो। क्या ठीक है, अपना और देशहित किसमें है, यह बताते हो।"

वह मुझे देखता रहा। सोचता रहा फिर थोड़ी देर बाद बोला—"साहब बुरा मत मानिएगा, एक बात कहता हूँ। मेरी सारी जिन्दगी इसी मुहल्ले में बीती, थोड़ी बहुत

पढ़ाई-लिखाई भी यहीं की, इसी मुहल्ले के बच्चों के साथ खेला, हर कोई जानता भी है मुझे। रोजी-रोटी भी उन्हीं से चलती है। पूरा परिवार चलता है। मैं उनके बाहर नहीं हूँ, औरों की बात नहीं कहता। मैं वोट उसे ही देना चाहता हूँ जिसे मुहल्ला देना चाहता है। लेकिन यह भी जानता हूँ कि मैं उसे वोट दे भी दूँ तब भी कोई विश्वास नहीं करेगा। तकलीफ बस इसी से होती है।''

''फिर तुम वोट ही क्यों दे रहे हो ?''

''छोड़ो साहब,'' नईम झुँझलाकर हँसने लगा ''कहें तो दो-चार पसेरी आलू तौल दें, लिये जाएँ स्कूटर पर। या कहें तो मैं पहुँचा दूँ कल सुबह। कहाँ रह रहे हैं आजकल ?''

''फिर बात करेंगे तुमसे,'' मैं भी चल पड़ा।

''काम करो बनिए का, मजा ल्यौ दुनिए का। याद रखो साहब। क्या मतलब इस फालतू के पचड़े से हमारा ?''

3

13 फरवरी, '98 की शाम

पप्पू की दुकान।

कोलाहल और ठहाके–अन्दर भी, बाहर भी; बहस और नोंक-झोंक–अन्दर भी, बाहर भी; सरकार गिर रही है, बन रही है–अन्दर भी, बाहर भी ! हार रहा है, जीत रहा है–अन्दर भी, बाहर भी।

जब मैं दुकान के अन्दर जा रहा था, चार महाकवि बाहर निकल रहे थे–कौशिक रवीन्द्र उपाध्याय, सरोज यादव, श्री प्रकाश, बद्रीविशाल। बने-ठने, सजे-सँवरे, इत्र और फुलेल से गम-गम करते। इनकी रतनार आँखें अँगड़ाइयाँ ले रही थीं। किसी कवि-सम्मेलन की तैयारी थी शायद।

मैंने कई-कई बार इन मौसमी महाकवियों से कहा था कि माई-बाप ! जिस त्याग, तपस्या और साधना से आप होली की अमर कविताएँ बनाते हो, उसी से भंगायन (भंग), रंगायन (रंग), गंगायन (गंग) या लंकायन (लंका) नाम से महाकाव्य न सही, खंडकाव्य ही लिख मारो तो अस्सी की जनता तुम्हारे लिए उस 'मंगलाप्रसाद पारितोषिक' हेतु संघर्ष करने का काम (सौजन्य सोशलिस्ट शब्दकोश) करे जो हिन्दी का नोबेल प्राइज माना जाता था। अगर वह बन्द भी हो गया होगा, तो उसे फिर से चालू करा दिया जाएगा...लेकिन उन्होंने नहीं सुना।

खैर, जा रहे हो तो जाओ।

जब भाग्य गदहे के फोद से लिखा गया हो तो हवन-पूजन या सलाह क्या कर सकती है ?

मैं जैसे ही अन्दर दाखिल हुआ, आवाज आई–आइए-आइए, बड़े अच्छे मौके पर

आए, मिठाई लाल फगुवा गाने जा रहे हैं।

(इस आवाज के साथ-साथ दूसरे कोने से एक फुसफुसाहट भी हुई जिसे भला आदमी अनसुना कर जाता है। एक अपरिचित और दूसरे परिचित स्वर के बीच संवाद—"ई कौन है बे ?" "लेखक हैं भोंसड़ी के", "लिखता क्या है ?" "हमारी झाँट। जो हम बोलते हैं, वही टीप देता है।" "अरे, वही तो नहीं देख तमाशा लकड़ीवाला ?" "हाँ वही। देखो तो कितना शरीफ, लेकिन हरामी नम्बर एक)।"

करुणा यानी सीट की याचना करती बाल और दाढ़ी की सफेदी—"अरे, बुढ़ऊ को जगह दो भई, नहीं खड़े-खड़े टें बोल जाएँगे," जैसी माँग। बैठे ही थे कि तानसेन ने महफिल के पंचों से कहा—"तो शुरू करें। गुरु ?"

मिठाईलाल गुप्त यानी सुरों की चलती-फिरती दुकान। देखने में कहीं से नहीं लगता कि संगीत के आचार्य होंगे किसी विश्वविद्यालय से। हैं सूरदास, रहते हैं तुलसीघाट पर। देखिए तो लगेगा, कि रेलगाड़ी के किसी डब्बे में कटोरा लिये गाते किसी आदमी को पकड़ लिया गया है और गवाया जा रहा है लेकिन गाते हैं तो खुद को तुर्रम खाँ समझनेवाले बैजू बावरा भी भाग खड़े होते हैं।

अन्धापन मिठाईलाल की कमजोरी नहीं, ताकत है। वे निर्भय, निःशंक 'बूमरैंग' की तरह इस्तेमाल करते हैं उसका। पहुँच गए बनारसीदास गुप्त के यहाँ एक बार; जब वे मुख्यमन्त्री थे। बोले "बनारसीदास ! तुम भी गुप्ता, मैं भी गुप्ता, कार्यक्रम दिलाओ आकाशवाणी पर।" वी.पी. सिंह के जमाने में चले गए दिल्ली दूरदर्शन पर। निदेशक से कहा—"भोंसड़ी के थर्ड क्लास कलाकारों से गाना गवाते हो, कभी मुझे भी गवाकर देखो तो फर्क पता चल जाएगा।" देश-भर की ट्रेन उनकी है, जिस नगर में पहुँचते हैं आकाशवाणी या दूरदर्शन से इतना ले आते हैं जितने से दस-पन्द्रह दिन चैन से कट जाएँ।

उन्होंने शुरू कर दिया था—

बलुरेतिया पे बँगला छवा द किसोरीलाल,
आवे लहर जमुना की !

"गंगा की क्यों नहीं, जमुना की काहे।" कहीं से टिप्पणी हुई।

"चुप भोंसड़ी के, गाना सुन।"

संशोधन पारित नहीं हो सका। तानसेन गाते रहे, उनका मुँह राग ही नहीं, पूरा आर्केस्ट्रा था। संगत के सारे बाजे उनके मुँह में और बचे-खुचे अंगुलियों में थे—हारमोनियम भी, ढोलक भी, तबला भी, झाँझ-मजीरा भी।

इस दौरान दड़बे का समूचा जन सैलाब लहराता और ताल देता रहा।

जैसे ही फगुवा खत्म हुआ, माँग हुई कि एक जोगीड़ा हो जाए।

"सारा रा रा ! जोगीड़ा, सारा रा रा रा रा। सारा रा रा," तानसेन को सोचने की जरूरत ही नहीं पड़ी, वे शुरू हो गए—

कवन देस का राजा अच्छा,
कवन देस की रानी ?
अरे, कवन देस का राजा अच्छा,
कवन देस की रानी ?
कवन देस का कपड़ा अच्छा,
कवन देस का पानी ?
जोगीड़ा सारा रा, जोगीड़ा सा रा रा रा...

कानपूर का कपड़ा अच्छा
राजघाट का पानी।
अरे, रामनगर का राजा अच्छा
इटलीगढ़ की रानी :
जोगीड़ा सारा रा रा...

तहलका मच गया दड़बे में। भाजपाइयों की समझ में आए, इसके पहले वीरेन्द्र श्रीवास्तव मेज पर उछलकर नाचने लगे–नारा लगाते हुए ''करो सोनिया की तैयारी। लेट कर गए अटल बिहारी।''

वीरेन्द्र पेशे से वकील लेकिन पप्पू की दुकान ही कचहरी है उनकी। साँवले और दुबले-पतले इतने कि चार-छह आदमियों के बीच हों तो कहीं नजर न आएँ। कई आन्दोलनों के जेलयाफ्ता। कल तक समाजवादी थे। मैं चकित। यह कांग्रेसी कब से हो गए ?

गाना-बजाना बन्द हो गया और राष्ट्रीय स्तर पर नेताओं की गोलमेज शुरू हो गई।

''इन दिनों किस पार्टी में हैं महाराज ?'' मैंने पूछा वीरेन्द्र से।

उन्होंने मुझ अनाड़ी को घूरकर देखा और चिल्लाए–''बनारस में बेनिया। दिल्ली में सोनिया ! कल बेनियाबाग में सोनिया की सभा है, आप हैं किस लोक में ? जरा बाहर निकला कीजिए और हवा का रुख देखा कीजिए। 'लेट' के कितने अर्थ हैं, पता है आपको ? लेट कर गए अटलबिहारी के 'लेट' का एक अर्थ है–स्वर्गीय, दूसरा अर्थ है 'चित' यानी चित हो गए और तीसरा अर्थ है 'देरी' यानी बनारस आने में देर कर दी और सोनिया ने पहले आकर मैदान मार लिया।''

''पगला हो गया है। भाँग ज्यादा ले ली है आज।'' राजकिशोर ने धीरे से मेरे कान में कहा–''उधर देखिए, उस पटरी पर। देवराज पानवाले की दुकान के पास।''

मैंने देखा, एक विदेशी जोड़ा। शायद हिप्पी थे। युवक नंगे बदन पाजामे में था और लड़की लाल गमछे और गंजी में, लम्बे बेतरतीब बाल बढ़ाए दोनों गोरे एक-दूसरे की कमर में हाथ डाले, एक-दूसरे के गाल से गाल सटाए आपस में लड़ियाते बेफिक्र

चले जा रहे थे।

"वकील साहब ! आप भी देख लीजिए।" राजकिशोर वीरेन्द्र से बोले—"सोनिया आएगी तो यही सब होगा—खुलेआम, नारि बिबस नर सकल गुसाईं। नाचहिं नर मरकट की नाईं।"

तो, कुर्ता-पाजामा और सदरी के साथ पैदा हुए औसत कद के पैंतालीस साला राजकिशोर बेहद शालीन और शिष्ट, भाजपा के पीछे उन्होंने सारा कुछ छोड़ा—विश्वविद्यालय की सारी डिग्रियाँ, बुद्धि-विवेक से लेकर गाँव की जमींदारी तक, अपने पास सिर्फ समझदारी रखी और उनकी समझदारी देखनी है तो उनके बारे में प्रचलित अस्सी की किंवदन्ती सुनिए—

ओसाई-दवाँई के दिन थे। यही चैत-फागुन समझिए। खलिहान में गेहूँ तैयार था और बीच में टाल लगाई जा रही थी। सभी बनिहार ओड़ी-दौरी से जमा कर रहे थे टाल पर। टाल जब हाथ की पहुँच से ऊँची हो गई तो सीढ़ी लगानी पड़ी। उस समय भाई लोग राजकिशोर सिंह के जिम्मे खलिहान छोड़कर खाने चले गए थे दोपहर में और बाबू साहब नीम की छाँह में खटिया डाले खलिहान अगोर रहे थे।

जब सभी बनिहार दुपहरिया बाद कलेवा करने बैठ गए तभी एक चमत्कार हुआ।

एक डोम कौवा नीम से उड़कर खलिहान में पहुँचा और सीढ़ी के एक-दो डंडों पर बैठता हुआ टाल के ऊपर जा पहुँचा और गेहूँ के दाने खाने लगा।

थोड़ा परेशान हुए बाबू साहब—अब क्या करें ? कि सहसा समझ आई। वे चोर कदमों से सीढ़ी के पास पहुँचे और धीरे से सीढ़ी हटा दी। फिर विजय भाव से बोले—'देखें, अब ससुर कैसे नीचे उतरते हो ?'

तो इसे कहते हैं समझदारी। जैसे ही समझदार राजकिशोर ने वीरेन्द्र श्रीवास्तव को लुलुआना शुरू किया, वैसे ही अस्सी का वह गोवा 'संसद' के 'कॉन्फिडेंस मोशन' वाला विशेष अधिवेशन हो गया।

राजकिशोर, डॉ. देवब्रत चौबे और राधेश्याम एक तरफ।

वीरेन्द्र श्रीवास्तव दूसरी तरफ।

तीसरी तरफ अपने छपे ओपिनियन पोल के पन्ने के साथ डॉ. दीनबन्धु तिवारी।

चौथी तरफ या बिना किसी तरफ के सहस्रनाम डॉ. गया सिंह—क्योंकि जो मजा सबको गरियाने में है वह किसी तरफ होने में कहाँ ? सहस्रनाम में एक नाम और जुड़ गया इधर, जबकि अखबार में गया की जगह 'गधा' छप गया था (सूचना सौजन्य : सूबेदार सिंह) तो श्री श्री एक हजार एक।

"वीरेन्द्रजी, आप भाजपा के इतने खिलाफ क्यों हैं, बताऊँ मैं ?" राजकिशोर ने कहा।

"बताइए।"

"इसलिए कि हमने एक लाला को मन्त्री नहीं बनाया और आपने मुँह फुला लिया।"

"और बनाया तब जब उसने विधान सभा में अपना सिर फोड़वा लिया। हरिश्चन्द्र

श्रीवास्तव की ही बात कर रहे हो न आप ? सिर फोड़वाने पर भी नहीं बनाया। बनाया तब जब हार्टअटैक हुआ, अस्पताल में भरती हुआ और मरते-मरते बच गया। मैं झूठ तो नहीं कह रहा ?'' वीरेन्द्र ने कहा।

''और भाजपाविरोधी इसलिए भी हो कि कांग्रेस छोड़कर सुनील शास्त्री भाजपा में आए बड़ी उम्मीद के साथ कि इलाहाबाद से टिकट मिल जाएगा। इलाहाबाद से न सही, कहीं और से ही मिल जाए। और यह नहीं दिया हमने। क्योंकि हमने मुरली मनोहर जोशी को उनसे ज्यादा महत्त्वपूर्ण समझा। और कोई भी इसे गलत तो नहीं कहेगा। कहाँ जोशी और कहाँ शास्त्री ? लेकिन मैं अब आपसे पूछता हूँ—यही था तो दलबदल में इतनी देर क्यों कर दी ? भाजपा में पहले क्यों नहीं शामिल हो गए ?...खैर, चिन्ता न करें आप। हम विश्वास दिलाते हैं कि उन्हें राज्यसभा में ले लेंगे।''

''सुन रहे हैं उन्हें ?'' मजाक में चल रही बातों के बाद वीरेन्द्र सहसा गम्भीर हो गए, ''यह है उनकी बुद्धि, एक लाला भाजपा से इसलिए नाराज है कि लालाओं के लिए वहाँ जगह नहीं और कहोगे कि मुलायम और कांसीराम जातिवाद कर रहे हैं। हम खिलाफ हैं तुम्हारे दोमुँहेपन के। तुम लोग थूँकते हो। फिर चाटते हो और समझते हो कि देश चूतिया है। तुमने कहा—सोनिया विदेशी है लेकिन जब कांग्रेस ने आडवानी की गाँड़ में डंडा किया कि वह भी विदेशी है तो कहना शुरू किया कि सोनिया देशी है, विदेशी नहीं। इस तरह पहले कहा—काशी-मथुरा एजेंडा पर नहीं है, अब आज कह रहे हो कि अयोध्या में राम-मन्दिर बनेगा। कल फिर कहोगे कि नहीं, हम कोर्ट को नहीं मानते। साले कोई दीन-ईमान है तुम्हारा ?''

राजकिशोर ने जैसे ही कुछ कहना चाहा, वीरेन्द्र ने बिना मौका दिए आगे कहा—''और कहते हो—राजतिलक की करो तैयारी, आ रहे हैं अटल बिहारी। भोंसड़ी के, राजतिलक राजतन्त्र में होता है, लोकतन्त्र में नहीं, तुम्हारे दिमाग में आज भी राजतन्त्र है।''

इसी समय चेहरे पर खिलान लिये प्रवेश किया कांग्रेसी नेता देवव्रत मजुमदार ने।

मजुमदार का दूसरा नाम दुर्भाग्य है या कहिए, दुर्भाग्य का पहला नाम मजुमदार है। मजुमदार 'नेता-निर्माण विश्वविद्यालय' के आजीवन कुलपति, पूर्वांचल के सभी छात्र नेताओं के निर्विवाद दादा। लोहियावादी थे। लोहिया के स्वर्गीय होने के बाद 'लोकदल' में चले गए—बहुगुणा के आकर्षण में। बहुगुणा चले गए, दादा रह गए। फिर दादा गए 'कांग्रेस' में—राजीव के ग्लैमर में। राजीव बिचारे भी चले गए, दादा रह गए। जनता का कहना है कि इसी तरह एक दिन कांग्रेस भी चली जाएगी लेकिन दादा रह जाएँगे। जहाँ गईं डाढ़ो रानी, वहाँ पड़े पाथर-पानी।

दुर्भाग्य आगे-आगे, दादा पीछे-पीछे।

कोई गिनती नहीं कि उनके चेले कहाँ-से-कहाँ गए ? कोई विधानसभा में, कोई संसद में, जाने कितने कैबिनेट में और उससे ज्यादा राष्ट्रीय स्तर पर कहीं पार्टी

महासचिव, कहीं पार्टी अध्यक्ष, लेकिन दादा तीस साल से लगातार चलते रहने के बावजूद जहाँ थे, वहीं हैं।

काहे भाई ?

तो रहेंगे कांग्रेस में, गाएँगे लोहिया—कैसे चलेगा यह ? जनता कहती है।

बहरहाल, दादा अभी कांग्रेस में हैं, भले बातें लोहिया की करते रहें।

तो दादा के चेहरे पर खिलान थी और आते ही उन्होंने ऐलान किया—''मदनपुरा में किसी ने मुसलमानों को देखा ?''

''नहीं तो,'' सब सकते में आ गए।

''तो जाइए देख आइए।'' दादा गम्भीर बने रहे।

''क्यों, क्या बात है ?''

''उनके चेहरों की मुस्कान कुछ और कह रही है।''

''क्या कह रही है दादा ? वही बताइए।''

''देखिए, यह तो आप भी जानते हैं और हम भी कि बनारस के चुनाव का निर्णय हिन्दू नहीं, मुसलमान करते हैं, और आज से नहीं शुरू से। चाहे सम्पूर्णानन्द रहे हों, चाहे रुस्तम सैटिन, चाहे सत्यनारायण सिंह, चाहे राजकिशोर। उनकी संख्या दो लाख पन्द्रह हजार है और वे सारे वोट एक ही बक्से में जाते हैं। जिधर गए, उधर जीत पक्की। और आज सोलह फरवरी के पहले का आखिरी जुम्मा था। मतदान के पहले और कोई जुम्मा तो आनेवाला नहीं। आप लोग यहाँ बैठे-बैठे फालतू की पालिटिक्स करते रहते हैं, यह जीत रहा है, तो वह जीत रहा है, देखते मस्जिद में मुसलमानों की भीड़ और बाहर निकलने पर उनके चेहरों की चमक तो चुनाव का पूरा नक्शा समझ में जाता।

''आप दुनिया-भर का पँवारा गा रहे हैं और यह बता ही नहीं रहे हैं कि मुस्कान क्या कह रही है ?''

''यह बताने की जरूरत रह गई है क्या ? उन्होंने फैसला कर लिया है कांग्रेस के हक में।''

वीरेन्द्र का सीना चौड़ा हो गया। उन्होंने दादा के कथन पर तालियाँ बजाईं।

''दादा, यह आप का कहना है और यही अपने लिए मोर्चा के दीनानाथ यादव भी कह सकते हैं।''

''और बसपा के अवधेश राय नहीं कह सकते क्या ?''

दादा ने कहा—''यहाँ सिद्धान्त नहीं, कोई और बात है।''

''है न और बात।'' राजकिशोर बोले—''असल में दादा इतना सिगरेट फूँक चुके हैं कि उनकी घ्राणशक्ति ही मारी गई है। वे भविष्य सूँघने लायक नहीं रहे। जब भी निर्णय लेते हैं, गलत लेते हैं।''

(मित्रो, यह आक्रमण था दादा के राजनीतिक इतिहास पर। वे दो बार चुनाव लड़े, विधानसभा का, कांग्रेस के टिकट पर और बनारस दक्षिणी से ही और दोनों बार

धूम-धड़ाके से हारे। हमदर्दों का रोना भी काम नहीं आया कि नगर बाभनों का है और वे बंगाली हैं—बाहरी और पराया—क्योंकि जीतनेवाला—उन्हें हरानेवाले तो कई थे—मगर जीतनेवाला उन्हीं की तरह बंगाली था—भाजपा से।)

दादा की दूसरी हारवाला चुनाव अब की वाले चुनाव की तरह—जब प्रचार और हो-हल्ले की ऊँचाइयाँ छू रहा था, मैंने उनके एक समर्पित कार्यकर्ता से पूछा था—"दादा के बारे में क्या सुन रहे हैं ?"

"क्या ?"

"यह कि वे लड़ाई से बाहर हो गए हैं ! शहर में यही हवा है।"

कार्यकर्ता विनम्रता की भाषा में 'कार्यकर्ता' था वरना वह नेता था। समाजवादी नेता। जे.पी. आन्दोलन और कर्पूरी ठाकुर के जमाने का सक्रिय नेता, कांग्रेसी दादा का समर्थन करके पुरानी यारी निभा रहा था। उसने कहा—"सब भाजपाइयों का प्रचार है।"

"लेकिन दादा हैं कहाँ ? उनके प्रचार का भी तो पता नहीं चल रहा है।"

"मैं क्या बताऊँ ? मुझसे ही हफ्ते-भर से भेंट नहीं है।"

"लोग कह रहे हैं कि दादा को अब सीट की नहीं, पैसे बचाने की फिक्र है। पार्टी से चुनाव के लिए जो जीप और लाखों रुपए मिले हैं और अलग से भी यहाँ-वहाँ से जो 'कलेक्शन' हुए हैं। डर रहे हैं कि कहीं वे भी न बह जाएँ।"

"नहीं, ऐसा नहीं है। यह जरूर है कि कई दिनों से पैदल या साइकिल से खुद दौड़ रहा हूँ अपनी जेब से, लेकिन यह करना पड़ता है।" फिर उनके चेहरे पर अपने आप चिन्ता की रेखाएँ खिंच आईं, "हाँ इतना जरूर है कि मजुमदार को दो बार सन्देश भिजवाया कि जरूरी बात करनी है। अमुक जगह इतने बजे मिलो, नहीं आए दोनों बार। उनके मन में क्या है। नहीं कह सकता।"

दादा जब मुस्कान का राष्ट्रीय सन्दर्भ समझाने लगे तब डॉ. देवव्रत चौबे बोले—"दादा इस मुस्कान के रहस्य को खोजते हुए पचास साल हो गए और अब तक कोई पार्टी नहीं खोज पाई, क्या कारण है ?"

"इसलिए कि पचास साल से आप हिन्दू कार्ड भिड़ाए हुए हैं।"

"सेकुलर का मतलब क्या है भई ? मुस्लिम वोट बैंक के सिवा भी उसका कोई अर्थ है क्या ?" राधेश्याम ने पूछा।

राजकिशोर ने बीच में ही टोक दिया—"यह दादा से नहीं, माई (मुसलमान+यादव=लालू) और बाबू (ज्योति बसु+इन्द्रजीत गुप्त=कम्युनिस्ट) से पूछिए। यहाँ बातें कीजिए सिर्फ मुस्कान पर जिसने मोनालिसा की मुस्कान को भी फेल कर दिया है। जिस मुस्कान पर दादा फिदा हैं उसी मुस्कान ने इन्हें मारा है—एक बार नहीं, दो-दो बार। जमानत तक जब्त कराई है। इसलिए मुस्कान पर इनकी समझ का कोई भरोसा नहीं।"

"दादा !" जन समुदाय को शान्त रहने का इशारा करते हुए अब तक चुप बैठे डॉ. गया सिंह चिल्लाए। भंग उन पर अपना रंग जमा चुकी थी और वे प्रसन्न थे।

"दादा, 'एहि आस अँटक्यो रहै, अलि गुलाब के मूल ! अइहैं बहुरि वसन्त रितु, इन डारिन वे फूल।' यह क्या है, रूपक अलंकार, अन्योक्ति। दादा इसी उम्मीद में गुलाब की जड़ से चिपके हुए हैं कि आज नहीं तो कल, कभी-न-कभी वसन्त ऋतु आएगी और इन नंगी, सूखी, बेजान टहनियों में लाल-लाल फूल खिलेंगे। दादा, आप जिन्हें डालें समझ रहे हैं, सूखकर चैला हो गई हैं। अब उन पर रोटी सेंकिए। फूल की आशा छोड़ दीजिए..."

"डॉ. गया सिंह, जिस दिन आपसे सलाह लेने की नौबत आएगी, उस दिन पालिटिक्स से संन्यास ले लूँगा।" दादा किड़बिड़ाकर बोले।

संगीत मार्तंड सूरदास सहसा बेसब्र हो उठे और मुँह से नगाड़ा बजाते हुए नौटंकी का बोल सुनाया–

"किस नाजनीं ने कर दिया तन पर मेरे पिसाब।
सारे बदन का कपड़ा यों हो गया खराब...।"

'खराब' बोल के खत्म होते-न होते किसी ने मेज पर इतनी जोर का ठेंका दिया कि शीशे का गिलास लुढ़क गया और पानी की धारा दादा के कुर्ते-पाजामे पर गिरने लगी। हल्ला मचा–"देखिए, देखिए, नाजनीं ने कर दिया पेशाब।"

कपड़ा झाड़ते हुए दादा उठे और भुनभुनाते हुए बाहर चले गए।

इधर दादा दड़बे से निकले ही थे कि बाहर से कविवर सरोज यादव और कौशिकजी ने अन्दर प्रवेश किया। उनींदी आँखों और मदमाती टाँगों और कलाइयों में लिपटी बेले की मालाओं के साथ जैसे किसी काव्य-गोष्ठी से नहीं, कोठे से आ रहे हों।

सरोज पेशे से वकील लेकिन शौक से कवि। वे वर्ष में एक बार अपनी छत कर काव्य-गोष्ठी करते हैं। चैत की पूर्णिमा को। 'चैत, चाँदनी, गीत, गुलाब' नाम से, भंग, ठंढाई, गुलाब-गन्ध और अँजोरिया से सराबोर गीत-गोष्ठी। बताया था सरोज ने तीन-चार दिन पहले ही–"प्रसाद की स्मृति में शुरू की थी यह गोष्ठी। छत पर, जहाँ से रात की चाँदनी में झलमल चमकती गंगा नजर आती रहती थी। गोष्ठी की कुछ शर्तें थीं–कवि के साथ श्रोता को भी भंग लेनी होगी ठंढाई के साथ। जब तक गोष्ठी चलेगी गुलाब के फूलों की माला सबको पहने रहनी होगी। कविताएँ नहीं पढ़ेगा कोई, कविताएँ गाना होगा। गाकर सुनाना अनिवार्य हैं।"

दो गोष्ठियाँ करने के बाद मुहल्ले के बाभनों को लगा कि प्रसाद और अहिर ? अहिर को प्रसाद के नाम पर गोष्ठी करने का अधिकार किसने दिया ? तो इस साल बहिष्कार कर दिया बाभनों ने।

"लेकिन प्रसाद कहाँ के बाभन थे भई ? वह भी तो बनिया थे ?" किसी ने कहा।

सरोज ने कहा था–"लेकिन उनका दर्शन तो बाभन था। उसे समझने का ठेका तो उनके पास है ?"

जब बहुत समझाने पर सरोज नहीं समझे, तो खीज कर रामजी राय बोले—"जो अहिर समझावै, ऊ बावन वीर कहावै। छोड़िए बकलंड को।"

इस बकलंड अहिर ने उस दिन इसी दुकान में एक किस्सा सुनाया था इन्हीं भाजपाइयों को जिस दिन कल्याण सिंह ने मायावती के समर्थन से मुख्यमन्त्री पद की शपथ ली थी—"मैं परसों रामनगर से आ रहा था मौका-मुआइना देखकर कि चौराहे पर भीड़ में घिरा एक हाथी देखा। पहुँचा तो देखा कि शराब के नशे में धुत एक आदमी हाथी की पूँछ पकड़कर झूल रहा है और चिल्ला रहा है—देखो, देखो, मैंने सूँड पकड़ ली है। अब हाथी मेरे बस में है। वह बेहद खुश। इसी बीच हाथी पादा—पोंऽ और वह आदमी धड़ाम से नीचे आ गिरा...।

लोगों ने दौड़कर उसे उठाया और देखा तो उसने अपना नाम 'कल्याण' बताया।

तो जिस समय कवि बैठने की जगह की खोज में लगे थे, उसी समय दड़बा एक गम्भीर समस्या से तपना शुरू हुआ। किसी ने छेड़ दिया था कि जब चुनाव-खर्च की निर्धारित राशि पाँच लाख थी, तो जगह-जगह छोटी-बड़ी सभाएँ होती थीं, बैनर लगते थे, पोस्टर छपते थे, पर्चे बाँटे जाते थे, होर्डिंग और कट-आउट लगते थे, रात-दिन लाउडस्पीकर बजते थे। हर शाम जुलूस निकलते थे, वाल राइटिंग होती थी, कारें और जीपें दौड़ती रहती थीं और अब ? अब जब पन्द्रह लाख कर दिया गया, तब कहीं कुछ नहीं। पता ही नहीं चल रहा है कि दो दिन बाद चुनाव है...

"क्यों ? हम बताएँ क्यों ?" भीड़ में से गरदन घुसेड़कर सरोज बोले—"इसलिए कि प्रचार की जरूरतै नहीं है, रत्नाकर पांड़े को बाभनों के बीच जाने की जरूरत नहीं है, अवधेश राय भूमिहारों के बीच क्यों जाएँगे ? वे यह मानकर चल रहे हैं कि ये उन्हीं के वोट हैं। जाएँ-न जाएँ—झक मारकर देंगे और जहाँ जाएँगे यह मानकर जाएँगे कि जाना न जाना बराबर है। यादव बाभन को क्यों देगा या बाभन यादव को क्यों देगा ? तो क्या कह रहा था मैं ?"

सरोज भूल गए और इसका लाभ उठाया मिश्राजी ने—"चूतिया नहीं तो। वही घिसी-पिटी बातें, जा रहे हैं इक्कीसवीं सदी में और सिर पर वही बमपुलिस।"

"हाँ, हाँ, याद आया।" ऊँची आवाज में फिर बोले सरोज, "समस्या राजाराम यादव की है। रामजी की भी हो सकती है। अब राजाराम यादव पुराने क़ांग्रेसी। घर पर कांग्रेस का झंडा टाँग रखा है, बिल्ला भी है। तीस साल से चुनाव में एजेंट भी होते रहे हैं कांग्रेस के। पार्टी से खड़े हैं रत्नाकर पांडे। तो समस्या आज की राजनीति ने यह खड़ी कर दी है कि वे मोर्चा उम्मीदवार दीनानाथ यादव के साथ जाएँ या पांड़े के साथ। पांडे को खुद राजाराम पर विश्वास न होगा।"

"बक चुके न ? तो अब मेरी सुनो।" मिश्राजी ने कहना शुरू किया "एक दिन त्रिदेव शास्त्री के यहाँ ब्राह्मण सभा हुई। निर्णय हुआ कि अब की वोट वाजपेयी को दिया जाए। भले कनौजिया हो, मगर बाभन तो है...सभा की भनक लग गई रत्नाकार पांडे को। पहुँचे और रोना-धोना मचाया कि 'एक विधवा ब्राह्मणी देश-भर घूम-घूमकर रो रही

है। वोट के लिए आँचल पसार रही है, भीख माँग रही है, नेहरूजी, इन्दिराजी, राजीव जी—इनको जब भी हवन, पूजन, यज्ञ कराना होता था, श्राद्धकर्म की जरूरत पड़ती थी—काशी से ही ब्राह्मण बुलाया जाता था। आप ही लोग जाते थे, यह मुझे कहने की जरूरत नहीं है। आप ही के आशीर्वाद से उन्होंने इतने साल राज-काज किया और आज मुँह फेर रहे हो आप। याद कीजिए वह दिन, जब सत्ताच्युत होने पर इन्दिराजी बाबा का दर्शन करने और आशीर्वाद लेने आई थीं। आज नमकहलाली का मौका आया है तो आप ब्राह्मण सभा कर रहे हो। भूल गए वो दिन जब राजीव के राजतिलक के लिए यहीं से गंगाजल गया था ?'

और साहब, ब्राह्मण सभा दो फाड़ हो गई। जो चौबीस कैरेट के बाभन थे वे रत्नाकर के साथ हो गए और जो चौदह कैरेट के बाभन थे, वे वाजपेयी के साथ। क्यों ? क्योंकि वाजपेयी लहसुन-प्याज खाता है, अंडा खाता है, दारू पीता है। वह कब का बाभन ?

"बस ! बस, अब बस करो और मेरी सुनो..." महाकवि कौशिक को चेतना आई और वे दोनों हाथ उठाकर चिल्लाए—"ब्राह्मण समाज पर भारी ग्रह आया है। कांसीरमवा तो पीछे पड़ा ही है। ललुआ और मुलैमा भी घास नहीं डाल रहे हैं। बड़ी बुरी ग्रह दशा चल रही है बन्धुओ। इसे मैं देख रहा हूँ लेकिन जिन्हें देखना चाहिए, वही नहीं देख रहे हैं। तुमने विधवा ब्राह्मणी की बात की, मैं अस्सी साल के कुँवारे ब्राह्मण की बात कर रहा हूँ, पगलाया हुआ है। बौड़ियाया हुआ पूरे देश में चिल्लाता हुआ नाच रहा है—"प्रधानमन्त्री बनाओ, प्रधानमन्त्री बनाओ।" ये भजपैया भोंसड़ी के उसे नचा-नचा कर मार डालेंगे, चूतिया बना रहे हैं उसे। पहले राष्ट्रधर्म के नाम पर शादी नहीं करने दी, अब प्रधानमन्त्री बना रहे हैं। चाहते हैं कि इसी तरह ड्रांग-ड्रांग चिल्लाता हुआ मर जाए तो छुट्टी मिले। कौन समझाए उसे कि दुनिया की राजनीति ही मत देखो, इन सबों की तिकड़म भी समझो। ये तुम्हें बर्दाश्त नहीं कर पा रहे हैं। हटाना चाहते हैं रास्ते से।"

"लेकिन कौशिकजी एक बात बताइए। वीरेन्द्र ने टोका—"क्या सत्यनारायण की कथा सुनने के लिए पति का पत्नी के साथ बैठना जरूरी है ?"

"विधान तो यही कहता है।"

"अगर पत्नी न हो तो ?"

"तो ऐसा आदमी कथा नहीं सुन सकता।"

खिल गए वीरेन्द्र "सुन लिया भाई ? जो आदमी सत्यनारायण की कथा नहीं सुन सकता, वह देश का प्रधानमन्त्री कैसे हो सकता है ?"

लाजवाब तर्क !

"हर-हर महादेव।" दड़बा ठहाकों के साथ इस गगनभेदी नारे से गूँज गया।

मित्रो, यह नारा नहीं, उल्लास का सहज उच्छ्वास है। वैसे ही, जैसे 'भोंसड़ी के', 'छिनरौ

के', 'बुजरौ के' जैसी गालियाँ। जिस अन्दाज, जिस ताल और सुर, जिस उतार-चढ़ाव और जिस प्यार के साथ ये गालियाँ और यह नारा अपने आप अस्सीवासी के कंठ से फूटता है, वह किसी और नगर को मयस्सर नहीं। सुनिए और बलि-बलि जाइए।

4

14 फरवरी, '98 : सुबह और शाम।

चुनाव-प्रचार का अन्तिम दिन और उस अन्तिम दिन की सुबह।

सुबह नौ-साढ़े नौ बजे पप्पू की कन्दरा में एक अभिभाषण हुआ—कुछ की समझ से 'प्रलाप', कुछ की दृष्टि से 'प्रवचन', मगर सबके विचार से अविस्मरणीय।

यह भाषण किसके श्रीमुख से फूटा था—ठीक-ठाक पता नहीं चल रहा था, क्योंकि उसे सुननेवाले—यदि रहे हों तो अपने-अपने कार्यालयों में जा चुके थे और शाम ढले तक लौटे न थे। यों प्रतिभा और प्रवाह के कारण शक की सुई डॉ. गया सिंह की ओर जा रही थी।

जिस प्रकार सबको मालूम है कि सत्यनारायण की कथा का माहात्म्य क्या है और किसी को मालूम नहीं कि वह कथा क्या है, उसी प्रकार सबको पता है कि डॉ. गया सिंह क्या हैं, वे क्या कहते हैं, इसमें किसी की दिलचस्पी नहीं। लेकिन ऐसा उनके शत्रुओं का मानना है, ज्यादातर यही मानते हैं कि मुँह उनका होता है, बोलतीं सरस्वती हैं। उनके शत्रु तो उन्हें क्या-क्या नहीं कहते हैं ? कहते हैं कि वे अस्सी के सामान्य जन-जीवन में एक 'दुर्घटना' हैं, प्राकृतिक आपदा हैं—जैसे कि बवंडर, जैसे कि आँधी, जैसे कि तूफान, जैसे कि पाला, लेकिन यह सभी स्वीकार करते हैं कि डॉ. गया सिंह न हों तो क्या अस्सी और क्या काशी !

उनके गुरु हुए प्रो. शुकदेव सिंह—'घृणा के प्रचारक' ठाकुर श्रीनाथ सिंह के वंशधर आलोचक। ('वंशधर' को कुछ लोग 'विषधर' भी बोलते हैं) मैंने उनसे एक बार पूछा था—"बन्धुवर, यदि जग बैरी हो जाए तो क्या कर सकता है ?"

बोले—"और कुछ करे न करे, बाल तो बाँका कर ही सकता है।"

मैंने उनके सिर को देखा। साथ में गया सिंह का सिर याद आया और याद आई अस्सी पर बच्चन यादव की दुकान।

लस्सीवाले बच्चन की दुकान पर किसी सज्जन ने स्कूटर खड़ा करते हुए कहा था—"हरिश्चन्द्र कॉलेज के लड़के बड़े हरामी हैं यार। मैं नीचे स्कूटर खड़ा करके एक काम से ऑफिस गया और दस मिनट बाद लौटा तो देखा, पिछली सीट ही गायब। साले नोच ले गए उतनी ही देर में।"

बच्चन ने लस्सी तैयार करते हुए कहा था—"भाग्य सराहिए अपना। गया सिंह के सिर के तो बाल ही नोच ले गए साले।"

मैं मुस्कुराया और बोला—"और जो सिर पर बाल न हों तो ?"

"तो...फिर जग तो कुछ नहीं कर सकता, लेकिन साँड़ बहुत कुछ कर सकता है, बशर्ते सिर गया सिंह का हो," और फिर उन्होंने एक हादसे का जिक्र किया।

"एक बार हम दोनों कमच्छा सट्टी से जा रहे थे रथ यात्रा की ओर। पैदल। थोड़ी देर बाद ऐसा लगा कि पीछे खट-पट हो रहा है, मैंने देखा तो पीछे एक साँड़, लगभग पचास गज पीछे। हमने कोई खास तवज्जो नहीं दी और चलते रहे। लेकिन वह चलते हुए कुछ पास आ गया। हमने अपनी गति तेज कर दी। देखा कि वह भी तेज चलने लगा। 'गुरुदेव, ऐसा लगता है कि पीछा कर रहा है। गली में घुस चलिए—'

"गया सिंह ने सुझाया और हम गली में मुड़ गए। जब वह भी हमारे पीछे गली में मुड़ा तो गया ने कहा—'गुरुदेव ! भागिए, वह हमारा ही पीछा कर रहा है।'

"हम दौड़ने लगे तो वह भी दौड़ने लगा।

"भारी कबाहट।

"जब साँड़ के हूँफने और सीगों के कौंधने की आवाजें करीब आ गईं तो मैं खड़ा हो गया। मैंने कहा—'गया, अब मुझसे नहीं दौड़ा जाता।' 'गुरुदेव ! चढ़ जाइए सामने ढूह पर, दूसरा कोई रास्ता नहीं,' गया सिंह ने कहा और हम एक मलबे पर चढ़ गए।

"उस दिन पता चला बन्धुवर कि बनारस में 'राँड़, साँड़, सीढ़ी, संन्यासी' से बचने की बातें क्यों करते हैं ? बड़े पाजी होते हैं साले। वह साँड मलबे के पास आकर अड़ गया। हटने का नाम न ले। भयानक गुस्से में। लगा मलबे में सींगें मारने। हमें देख-देखकर हूँफने लगा, मलबे का चक्कर लगाते हुए खूँदने, खदोरने लगा। मैं गया सिंह को देखता था, गया सिंह मुझको देखते थे। हमारी समझ में नहीं आ रहा था कुछ। हम पसीने-पसीने हो गए।

"इसी बीच बगल के घर से एक ग्वाला निकला। उसने साँड़ को देखा—देखता रहा फिर हमें देखकर मुस्कुराया और अन्दर चला गया। थोड़ी देर बाद एक खँचिया भूसा लाया और साँड़ के आगे रख दिया।

"साँड़ शान्त होकर भूसा खाने लगा।

"हमारी जान में जान आई। मैंने ग्वाले से पूछा—'हमारे पीछे क्यों पड़ा था भाई ?'

" 'कुछ नहीं, भूखा था। लगता है, आप में से किसी की देह से भूसे की गन्ध आ रही थी।' उसने कहा—" शुकदेवजी ने सुनाया तो मैंने उनसे जिज्ञासा की— "किसकी देह से ?"

वे पहले रहस्यमय दृष्टि से मुस्कुराए, फिर बोले—"देह माने दिमाग।"

"मैं तो उसके कहते ही समझ गया था लेकिन क्यों बोलूँ ? भूसे की गन्ध दिमाग से आ रही थी। गया के दिमाग से।"

मित्रो, यहीं से पाठ भेद है। शुकदेवजी की कथा सुन ली आपने। डॉ. गया सिंह का पाठ दूसरा है :

"मैं घटनास्थल के बगलवाले मुहल्ले विरदोपुर से लौट रहा था—अपने वकील से सलाह-मशविरा करके। साथ नहीं था उनके, छुट्टी का दिन था और शाम हो रही थी।

कि मोड़ के पास गुरुदेव को देखा—मलबे पर खड़े और काँपते हुए। हालत खस्ता थी, पसीने-पसीने थे और सिल्क का कुर्ता बदन से चिपक गया था। भगई खुल गई थी, उनकी एक चप्पल उनके हाथ में थी और दूसरी मोरी में। नीचे साँड़ था और वह मारे गुस्से में ढूह की मिट्टी सींगों से खूँद रहा था।

''ग्वाले को भूसे की सलाह मैंने दी थी क्योंकि गुरुदेव के खोंपड़े के बारे में मुझसे ज्यादा कौन जानता है ? उनकी सलाह पर जितने मुकदमे लड़े सबमें हारा।''

मित्रो, फैसला आपको करना है—गुरु और चेला दोनों के सिर एक जैसे हैं—सफाचट, खल्वाट, चमकदार।

(वैसे, गया सिंह ने किसी अस्सीवाले से क्रोध में यह भी कहा था कि अगर मेरे दिमाग में भूसा है तो उस बहिर विद्वान के दिमाग में गोबर है, भंडभाँड़ है, भटकटैया है, सरपत है, सेहुँड़ है, नागफनी है जिसे साँड़ तो क्या, साँप भी नहीं पूछेगा।)

तो जनश्रुति के अनुसार भूसा निरपेक्ष अभिभाषण के मुख्य अंश—यह संयोग तब घटित हुआ, जब भंग-सेवन के बाद डॉ. गया सिंह ने अपनी जिह्वा पर सरस्वती का आह्वान किया और वे आ बैठीं।

''जिस तरह सोनभद्र के सुदूर वनांचल में मैं महाविद्यालय चलाता हूँ, उसी तरह एक मुनि भी चलाते थे छोटी सी पाठशाला। ब्राह्मण-बटुकों की। ऐसा नहीं कि ऐरा-गैरा-चमार-सियार-धरकार कोई भी आए और नाम लिखा ले। नाम, ग्राम, पता—सब विधिवत होना चाहिए। उसी पाठशाला में एक दिन आया एक बालक। पट्टी-बोरिकना लिए-दिए कि पढ़ूँगा तो इन्हीं गुरुजी से, पूछा मुनिवर ने—नाम ?

''बताया—'जाबालि', 'पिता का नाम ?' बालक चुप ! फिर पूछा—'पिता का नाम ?' बालक ने कहा—'नहीं मालूम।' मुनिवर ने रजिस्टर बन्द कर दिया और कहा—'माँ से पूछकर कल आना। जाओ।'

''बालक लौट गया। माँ से पूछा-पाछा। और अगले दिन फिर हाजिर। मुनिवर ने पूछा—'हाँ, बताओ अब,' बालक ने बताया—'माँ को भी नहीं मालूम। माँ ने कहा कि जाने कितने पुरुष आए उस बीच। तुम उनमें से किससे पेट में आए और कौन तुम्हारा पिता है, मैं कैसे बता सकती हूँ ?'

''मुनिवर सोच में पड़ गए। पढ़ाएँ कि भगाएँ ? काफी विचार करने के बाद बोले—'बालक ! तुम सच बोले इसलिए, हो-न हो, ब्राह्मण हो !'

''तो सज्जनो, इससे यह नतीजा निकला कि जो सच बोले, वह ब्राह्मण ! वह ब्राह्मण नहीं, जो जनेऊ बाँटे।

''और घने जंगल और बियाबान में अकेले तपस्या कर रहे ये ऋषि-मुनि खुद क्या थे ? आदिवासी, टोना-टोटकावाले। खुद क्या थे ? नारद को देखो तो दासीपुत्र, वसिष्ठ को देखो तो वेश्यापुत्र। कोई घड़े में पाया गया तो कोई जंगल झाड़ में, कोई नदी में, कोई खेत में ? जाने कितने तो किसी-न-किसी अप्सरा के, जो जिसे मिला, वह उसी का बेटा। टोना-टोटका, पूजा-पाठ, कर्मकांड, यही इनकी आजीविका थी। ज्ञानकांड इन

सबों के बस के बाहर का था। याज्ञवल्क्य तक को उसके लिए दौड़ना पड़ता था जनक के पास। सबके सब जारज और यही भोंसड़ी के वर्ण व्यवस्था देते हैं। देखो तो सभी जातियों के गोत्र ब्राह्मण ऋषियों के नाम पर। जब सभी के पुरखे तुम्हीं हो तो उन्हें जातियों में क्यों बाँटता है बे ?

''बड़ी अपरम्पार माया थी इनकी। जंगल में धुनी रमाए बैठे हैं। मास्टरी भी कर रहे हैं, तपस्या भी कर रहे हैं और बच्चे की लालसा लिये जो कोई पहुँच रही है, उसे बच्चे भी दे रहे हैं। सच तो यह है कि बच्चे की लालसा कहने के लिए है। अरे ! लकड़ी, कंडा, गोबर, चिपरी, जंगली कन्दमूल फल बीनने और तोड़ने के लिए जा रही होंगी लड़कियाँ और धर लेते रहे होंगे सब और कह दिया सन्तान के लिए...बड़े मायावी थे सब।

''इन्हीं बाभनों ने सभी क्षत्रियों के हाथों में तलवार पकड़ा दी, धनुष-बाण थमा दिया कि जाओ बेटा, तुम्हारा काम युद्ध करना है। तुम्हारे लिए बेटे पैदा करना हमारा काम है, तुम बाहर देखो, हम अन्दर देख रहे हैं और चूतिया बाबू साहब ? हाथ में धनुष-बाण लिये हिरन के पीछे भाग रहे हैं और इधर मौज-मस्ती हो रही है।

''और सज्जनो, थोड़ी-बहुत हालत आज भी यही है। बहुत फर्क नहीं आया है आज भी। बाबू साहब डाँड-डाँड घूम रहे हैं, रोपनी लवनी करा रहे हैं, चमाइन से इश्क फरमा रहे हैं और इधर ठकुराइन बाबाजी से कथा सुन रही हैं। बबाइन और पड़ाइनजी ? इनकी न पूछिए, किसी के घर का हाल छिपा नहीं है हमसे। सब पता है क्या-क्या गुल खिलते हैं तुम्हारे घर में ?

''और चालाक ? चालाक तो इतने हैं साले कि जहाँ कहीं अपना विरोध देखते हैं घुस जाते हैं उसी में और भरभंड करके रख देते हैं। यही किया बुद्ध के साथ और यहाँ कर रहे हैं कांसीरमवा के साथ। वह मनुवादियों को गरियाता भी है और उन्हीं का पाखंड भी करता है।

''और भोंसड़ी के, फूलन ने किनहा (कीड़ा खाया) भंटा की तरह झटककर फेंक दिया अपने मरद को तो हल्ला मचा रहे हो ?''

''अच्छा तो बहुत हो चुका, अब चुप रहिए।'' राजकिशोर ने खड़े-खड़े पानी पीते हुए कहा। बाहर जीप खड़ी थी, वे राधेश्याम के साथ भदोही की तैयारी में थे।

डॉ. गया सिंह की भृकुटी तनी—''मैं सज्जनों से बोल रहा हूँ, दुर्जनों से नहीं। अपना रास्ता लो।''

''तुम लोग सियार हो।'' राजकिशोर बोले, '' 'हुआँ-हुआँ' कर रहे हो। पहले सिवान में थे, अब शहर में आ गए हो।''

''और तुम ?'' गया सिंह खड़े हो गए। ''तुम औड़िहार के कुक्कुर हो। औड़िहार टेसन देखा है कि नहीं ? गाजीपुर जिलेवाला ? वहीं के कुक्कुर। जानते हो उनकी खासियत क्या है ? जब तक मुसाफिर बाटी-चोखा बनाते रहते हैं, तब तक दस-पाँच कुक्कुर दूर कहीं आपस में झाँव-झाँव करते रहते हैं। लेकिन जैसे ही पत्तल बिछ जाते

हैं, साले कन्धे के पीछे से उछलकर पत्तल पर कूदते हैं और जबड़े में बाटियाँ दबाकर गायब। फिर सब शान्त होकर अपना-अपना खाने लगते हैं। वही कुक्कुर हो तुम लोग...साले, सिविल वार कराना चाहते हो बनारस में ? इस देश में ? अगर अहिरा भोंसड़ी के दिल्ली के मोह में न पड़ा होता और समझौता कर लिये होता चमैनिया से तो कांग्रेस और भाजपा को बीच से चीरते हुए मोर्चा सीधे लालकिले पर पहुँच जाता और टापते रह जाते तुम लोग।

बताया लोगों ने कि जब तक राजकिशोर एंड पार्टी की जीप आँखों से ओझल नहीं हुई, तब तक गया सिंह सड़क तक आकर ललकारते रहे।

लेकिन यह सुबह की बात है। शाम होते-होते सरस्वती किधर चली जाएँगी और गया सिंह किधर; यह दूसरे तो क्या, खुद गया भी नहीं जानते।

शाम ढल गई। पाँच बज गए और आधिकारिक रूप से प्रचार कार्य खत्म हो गया।

पप्पू की दुकान का इलाका मतदाताओं से भर गया था। लोग भीतर-बाहर आ-जा रहे थे। सड़क पर झंडे-झंडियाँ लगी गाड़ियाँ आतीं, थोड़ी देर के लिए रुकतीं, सूचनाएँ लेतीं-देतीं और फिर चल देतीं।

चुनावी संग्राम के रणबाँकुरे, जो भोर में या सुबह आस-पास के जिलों और क्षेत्रों के अपने-अपने प्रत्याशियों का जायजा लेने गए थे, अभी तक लौटे न थे। बड़ी बेताबी से उनका इन्तजार हो रहा था। वे आ ही रहे होंगे, लेकिन जब तक नहीं आते, तब तक क्या हो ?

''अपने दिव्यजी हैं न, किस दिन के लिए हैं ?'' किसी ने सुझाया।

दिव्यजी ! दाढ़ी-बाल बढ़ाए और चुप्पा किस्म के अशोक सिंह 'दिव्य' संगीत की सारी डिग्रियों से सम्पन्न गायक हैं। और सबसे बड़ी बात कि क्षत्रिय हैं। ''भोंसड़ी के कभी किसी को बताना मत, नहीं तो तुम्हारे नाम पर थूकेंगे बे। हजारों सालों के रपचुतों (राजपूतों) के इतिहास में कभी नाचा गाया है किसी ने ?'' अस्सी की टिप्पणी। दिव्यजी शंकराचार्य की तरह चौबीस घंटा अपना सिर गमछे में लपेटे रहते हैं और रात-दिन का ज्यादा हिस्सा गंगा के किनारे नहाने-धोने और ध्यान करने में गँवाते हैं। किसी दरबार से उनका कोई सरोकार नहीं, इसीलिए तानसेन के समानान्तर जनता ने इन्हें बैजू भइया का प्यार दे रखा है।

दिव्यजी सूरदास की तरह ऐसे माहौल में गाने के आदी नहीं, लेकिन जनता के प्यार और आग्रह का क्या करें ? वे गाते रहेंगे और टिप्पणियों से एकाग्रता भंग होती रहेगी—इसे वे जानते हैं।

उन्होंने जैसे ही गले को साधना शुरू किया कि दूसरे किनारे पर बैठी विदेशी युवती क्रिस्टिना ने कुल्हड़ किनारे करके तानपुरा उठा लिया। उधर 'किन-किन' हुआ नहीं कि एक ढोलकिया ने अपने सामने की मेज को तबला बना लिया और तालियों की

गड़गड़ाहट के बीच, 'निरगुन मेला' आयोजित हो गया—

आई गवनवाँ की सारी
उमर अबहीं मोरी बारी,
साज समाज पिया लै आए,
अउर कहंरवा चारी।

(टिप्पणी : वाह ! वाह ! साज-समाज माने बैलट बॉक्स)

बभना बेदरदी दरदियो न जाने
जोड़त गाँठ हमारी।
उमर अबहीं मोरी बारी...
टूटल गाँव नगर से नाता,
छूटल महल अँटारी।
विधि गति वाम कछु समुझि परे ना
बैरन भई महतारी।
उमर अबहीं मोरी बारी...
नदिया किनारे बलम मोर रसिया,
दी घूँघट पट डारी।

(टिप्पणी : अय हय हय हय ! बलम मोर रसिया, क्या बात है !)

चार जना मिलि डोली उठावें,
घरवा से देत निकारी
उमर अबहीं मोरी बारी...
कहत कबीर सुनो भई साधो,
छमियो चूक हमारी,
अबकी गवना बहुरि नहिं अवना
मिलिलेहु भेंट अँकवारी।

(टिप्पणी : आने का मुँह रहेगा तब न छिनरौ के ?)

आई गवनवा की सारी
उमर अबहीं मोर बारी।

गाना खत्म होते ही तालियों के बीच एक आवाज आई—"देखो गुरू ? यह कविता नहीं, मिसाइल है। जमीन से लेकर ब्राह्मांड तक मार करनेवाली। है कोई दूसरा कवि भोंसड़ी के जो पाताल-आकाश एक कर दे ?...अब एक और हो जाए गुरू अशोक।"

गुरू अशोक ने जैसे ही दूसरा पद शुरू किया—"भँवरा, के तोहरा संग जाई ?" वैसे ही दुकान के फाटक पर डॉ. दीनबन्धु तिवारी दिखाई पड़े।

"आइए ! आइए !" गाना-बजाना अपनी जगह रह गया और सबकी नजरें फाटक पर टिक गईं।

आगे-आगे दीनबन्धु तिवारी और पीछे-पीछे सरोज, वीरेन्द्र, राजकिशोर, राधेश्याम और दूसरे लोग। धूल-धक्कड़ में सने। चेहरे पर थकान मगर आँखों में सन्तोष और उत्साह ! दड़बे में कुछ लोग खड़े हो गए, कुछ लोग बैठ गए, कुछ साँस लेने के लिए बाहर निकल गए। कुछ अन्दर चले आए—कुतूहलवश।

डॉ. दीनबन्धु ! 'बलिया जिला घर बा, केकरा से डर बा' की मुद्रा। अस्सी के प्रवण राय, विनोद दुआ और देवेन्द्र यादव। चाहें तो उन्हें इन तीनों का बाप भी कह सकते हैं। उन्होंने अखबारों और पत्रिकाओं और आकाशवाणियों और दूरदर्शन के चैनलों के आधार पर अपना 'प्रीपोल ओपिनियन' छपवाया था हफ्ते-भर पहले और नगर-भर में बँटवा दिया था। वे मुगलसराय के एक कालेज में युवा प्राध्यापक हैं। कालेज कितना जाते हैं, इसे उनके विद्यार्थी भुगतें, लेकिन अस्सी उनकी माँद है। इस माँद के मुहाने पर शाम पाँच बजे प्रकट होते हैं और अपने अदृश्य कम्प्यूटर के साथ आधी रात के बाद तक डटे रहते हैं।

इस दौरान लोग आते रहते हैं। उन्हें घेरते रहते हैं, अपनी-अपनी पार्टी की सीटें बढ़ाने के लिए बहस करते हैं।

"देख रहे हो इस चूतिए का ?" दो दिन पहले ही इसी दुकान में एक बुजुर्ग मतदाता ने कहा था। "सौ करोड़ की आबादी का देश और उसकी पूरी लोकसभा जैसे इसी के खलीते में हो। पूछो कर्नाटक के बारे में या तमिलनाडु के बारे में, भोंसड़ी के आँखें बन्द करता है और एक मिनट में पूरे राज्य का सर्वेक्षण करके लौट आता है। बोलता है—इतनी भाजपा—जयललिता एलायंस, इतनी टी.एम.सी., इतनी डी.एम.के. इतनी कांग्रेस, जबकि हाल यह है कि इसे अपने बलिया के ही बारे में नहीं मालूम। कभी कहता है, जगन्नाथ चौधरी निकाल रहे हैं, कभी भाजपा को जिताता है। कभी कहता है, नहीं अन्ततः जीतेंगे चन्द्रशेखर ही...और देखो तो कागज-कलम लेकर इंटरनेट भिड़ाए रहता है चौबीस घंटे।"

राधेश्याम भीड़ को धकियाते हुए उत्साह (जिसमें भाँग की मात्रा ज्यादा थी) के साथ आगे बढ़े और बोले—"एक सीट और बढ़ाइए दीनबन्धुजी। मिर्जापुर की, फूलन हार रही हैं अबकी।"

"कैसे मालूम ?" सरोज यादव ने पूछा।

"कल सभा थी भदोही में, अटलजी के नाम पर लाखों की भीड़। अटलजी नहीं पहुँचे। अँधेरा बढ़ गया। देरी भी हो गई और भीड़ उठ रही थी कि वीरेन्द्रजी खड़े हो गए माइक पकड़कर। उन्होंने जेब से एक कागज निकाला और पढ़ा—अटलजी का सन्देश। मिर्जापुर के मतदाताओं के नाम, और फूट-फूटकर माइक पर ही रोने लगे—बताइए, आपके लिए ही चले थे कि रास्ते में हार्ट-अटैक हो गया। हे ईश्वर। चुनाव चूल्हे-भाड़ में जाए, मैं हारूँ या जीतूँ मगर अटलजी अमर रहें। और सुबकती हुई जनता ने उनके साथ नारा लगाया। गगनभेदी नारा...बताइए, अब भी किसी को सन्देह है ?"

"भोंसड़ी के ! कोई तर्क नहीं, कोई प्रोग्राम नहीं, रो-रोकर सीट बटोर रहे हैं," वीरेन्द्र श्रीवास्तव बोले, "जबकि न कोई अटल का सन्देश, न चिट्ठी, सब नाटक था।"

"एक और बढ़ाओ डॉक्टर, गाजीपुर की भी," कहते राजकिशोर आए।

दीनबन्धु ने सिर उठाया—"जितनी बढ़ानी थी, पहले ही बढ़ा दी। बस..."

"अरे ! कोयम्बटूर के बम-कांड का असर नहीं पड़ेगा क्या ? कैसी बात कर रहे हो ?"

"सुनिए राजकिशोरजी, और राधेश्यामजी, आप भी सुनिए, अगर बीच में सोनिया कूदकर न आ गई होती तो तुम्हारी सरकार बन गई होती, लेकिन अब जो दस से पन्द्रह सांसद कम पड़ेंगे, उन्हें कहाँ से लाओगे ? सोनिया के भी आने से कांग्रेस की सीटों में कोई खास फर्क नहीं पड़ेगा। लेकिन मतों का प्रतिशत बढ़ जाएगा।" दीनबन्धु ने अपना आकलन दिया।

राजकिशोर ने जैसे ही प्रतिवाद किया, दीनबन्धु आगे बोले—"एक बात यह भी गाँठ बाँध लो, वाजपेयी के लिए यह आखिरी मौका है। अगर अब की बार वे चूके, तो भाजपा ही उन्हें मक्खी की तरह निकाल फेंकेगी।"

एस.पी. मिश्रा एक किनारे माथा पकड़कर अकेले बड़बड़ा रहे थे—"क्या बताएँ ? देखो तो सीताराम केसरी, हरिकिशन सुरजीत, ए.बी. वर्धन। साले को, टिकट उन्होंने बाँटा है जो जानते ही नहीं कि चुनाव क्या होता है ? खुद कभी लड़े नहीं चुनाव और टिकट बाँट रहे हैं।"

"यह ल्यौ निगोछा और आँसू पोंछो," रामजी राय ने मिश्रा की ओर गमछा बढ़ाया—"चालीस साल से इन पार्टियों में कोई नया चेहरा देखा है तुमने ? सालों की एक टाँग कबर में है और एक पालिटिक्स में। अपने यहाँ रिवाज है कि ऐसे बूढ़े मर जाते हैं तो उन्हें गाजे-बाजे के साथ मरघट पहुँचाया जाता है, विलाप नहीं किया जाता, समझा ?"

सरोज ने गोली फाँकी, पानी की घूँट से गटका और बोले—"तुम तो ऐसे प्रेम दिखा रहे हो जैसे अपनी जीत का पूरा भरोसा हो।"

"ज्जहि, भरोसा नहीं, विश्वास, तुम्हारे कैंडिडेट ही इतने झंडू और गदाईं है कि कहीं लड़इयै नहीं है।"

"चूतिया नहीं तो ! पार्टी लड़ती है कि कैंडिडेट लड़ता है ?"

"पिछले अठारह महीने में क्या उखाड़ लिया तोरी पार्टी ने कि उम्मीद बाँधे हो ?"

"हे रामजी ! बहुत बढ़-चढ़ के बतिया रहे हो भोंसड़ी के, उधर देखो, वह क्या हो रहा है ?" वीरेन्द्र श्रीवास्तव ने कोने की तरफ इशारा किया।

रामजी राय ने देखा और हँसने लगे।

हो यह रहा था कि दड़बे के दूसरे कोने में राधेश्याम और देवव्रत चौबे अस्सी भदैनी के मतदाताओं की सूची लेकर बैठे थे और खतिया रहे थे कि इनमें से कितने हैं जो बाहर नौकरी कर रहे हैं या गाँव गए हैं, कितने किराएदार थे जो दूसरे मुहल्ले

में जा चुके हैं और कितने वोटर हैं जो भाजपा विरोधी हैं। (ताकि उनके वोट उनके आने के पहले ही शुरू में डलवा दिए जाएँ) साथ ही वे उस सरकारी छापाखाना पर निछावर हो रहे थे जिसने जैश्रीराम की कृपा से बहुत से नाम और उम्र सही-सलामत नहीं रहने दिए थे।

"और ई चौबे ?" वीरेन्द्र बोले—"प्रोफेसर हैं यूनिवर्सिटी में भोंसड़ी के। मालवीयजी ने यूनिवर्सिटी इसीलिए खुलवाई है कि लौंडों को पढ़ाएँ कि लोकतन्त्र की गाँड़ कैसे मारो ! परसों विद्यार्थी परिषद् और संघ के लौंडों को बूथों पर तैनात करवाएगा और फर्जी वोट डलवाएगा—यही पढ़ाने के लिए विश्वविद्यालय दस-बारह हजार महीना दे रहा है इसको ?"

राधेश्याम ने कहा—"तो क्या बुरा कर रहा है ? लालू जो ए.के. फाटूअी सेवन से मार रहा है, उससे तो अच्छा ही है।"

यह बहस आगे चलती, इससे पहले ही राजू शर्मा सड़क से चिल्लाया—"गुरू, चौराहे पर ट्रिपुल सिंह का भाषण चल रहा है। जल्दी आइए !"

"ट्रिपुल सिंह ?" एक साथ सबने आश्चर्य से एक-दूसरे को देखा—"जिन्दा है क्या बे ?"

जब दुकान से मेला उठने लगा तो फाटक के पास एक मतदाता ने दूसरे से कान में कहा—"देखा तुमने ? इन सबों की आपसी गँड़मरौवल है। परसों शाम आना तो देखना, ये यहीं पर इसी समय मिलेंगे और एक-दूसरे को बताएँगे, किसने किस तिकड़म से किस बूथ पर कितने बोगस वोट डलवाए ?"

ट्रिपुल सिंह यानी इस चुनावी मेला के समापन-समारोह के मुख्य अतिथि वक्ता।

अतिथि इसलिए कि उनके आने की कोई तिथि नहीं है। ट्रिपुल सिंह माने शिव शंकर सिंह यानी तीन 'एस.'। उन्हें ट्रिपुल की उपाधि किसने और कब दी—यह खोज का विषय है, लेकिन नगर उन्हें इसी नाम से जानता है।

मेरा अनुमान है कि उन्हें ईश्वर ने भेजा था—छप्पर फाड़ के पीपल के नीचे चौराहे पर यह कहते हुए कि जाओ, सँभालो उस लंडबहेर लेखक को, नहीं तो उसका तमाशा अधूरा रह जाएगा।

पतले, लम्बे, किसान सरीखे कुर्ता-धोतीवाले पचास साला, ट्रिपुल की पढ़ाई-लिखाई, गाँव-गिराँव, नौकरी-चाकरी और खेती-बारी के बारे में कोई नहीं जानता। वे महीनों या कभी-कभी सालों गायब रहते हैं और एक दिन अचानक गले में माला पहने, बेंच पर खड़े भाषण देते हुए प्रगट हो जाते हैं। यह तब होता है जब देश किसी गहरे संकट में हो—छात्र-संघ या नगरपालिका या विधानसभा का चुनाव हा, नगर में हड़ताल हो, आन्दोलन हो, दंगा हो, अस्सी—लंका पर खून-कतल हो...वे अचानक गायब होते हैं और अचानक प्रगट होते हैं।

उनके बारे में मशहूर है कि वे जिसका खाते हैं उसका गाते हैं और जब किसी का

नहीं खाते तो सबको गरियाते हैं। जब भी लोग मजा लेना चाहते हैं, उनके गले में एक माला डाल देते हैं; जब नहीं डालते और उनका भाषण देने का मन होता है, तो खुद ही ढूँढ़ते-ढाँढ़ते किसी मन्दिर में चले जाते हैं। आप सिर पटककर मर जाइए, बिना माला के भाषण नहीं करवा सकते। वे जब बोलते हैं तो इसकी परवाह नहीं करते कि कोई सुन रहा है या नहीं। मैंने उन्हें कोई बीस साल पहले सुना था—पहली बार। लंका पर टंडन की दुकान के आगे। तब यह दुकान लंका की राजधानी थी—यूनिवर्सिटी के बच्चा नेताओं का 'किडी कान्वेंट'। चाय पिलानेवाले टंडनजी के पास सैकड़ों किस्से थे लोहिया, जॉर्ज, राजनारायण, प्रभुनारायण, बहुगुणा के। वे स्थायी विपक्ष थे। विपक्ष कई बार सत्ता में भी आया, लेकिन वे हमेशा विपक्ष में ही रहे। आज तो न राजनीति है, न नेतागिरी, लेकिन जब थी तब वहाँ बच्चा नेताओं की ट्रेनिंग होती थी—कैसे सुबह होते-होते यूनिवर्सिटी अनिश्चित काल के लिए बन्द कराई जाती है ? कैसे बिना डंडा खाए जेल जाया जाता है ? कैसे खुद को सुरक्षित रखते हुए आम छात्रों के हाथ-पैर तुड़वाए जाते हैं ? कैसे छात्र संघ के चुनाव में सहानुभूति बटोरने के साथ हवा बनाई जाती है ?...टंडनजी इतिहास हैं इन सबके। और इतिहास का मतलब है चूतिया। आप मलबे की तरह छूट जाते हैं, जमाना आगे बढ़ जाता है।

तो पहली बार सुना था ट्रिपुल सिंह को यहीं पर, कन्धे पर कम्बल रखे एक चिरकुट जैसा आदमी फूँक-फूँककर चाय पी रहा था और चार विद्यार्थी एक बेंच पर बैठे थे अखबार के एक पन्ने पर आँखें गड़ाए। जाड़े की सुबह और मैं पान की दुकान पर।

ट्रिपुल सिंह ने सड़क पर जाते एक बच्चे को आवाज दी जिसके हाथ में डंडा था और डंडे में गेंदे की छोटी-छोटी मालाएँ। उन्होंने एक माला खींची, गरदन में डाली और अखबारवाले लड़कों से कहा—"एक तरफ हो जाओ।"

"इश्टूडेंटो !" वे खड़े हो गए बेंच पर, "हम-तुम नहीं जानते, लेकिन दिल्लीवाले जानते हैं कि अखबार कितनी गुणकारी चीज है ? वे सबेरे-सबेरे इसे लेकर पाखाने में घुस जाते हैं। कमोड देखा है न, रेलगाड़ी में जिस पर बैठकर झाड़ा फिरते हैं ? तो उसी पर अपने घर में बैठ जाते हैं और अखबार ऐसे खोलकर पढ़ते हैं (हाथ फैलाकर अखबार पढ़ने का अभिनय करते हुए) गोली, बन्दूक, बलात्कार, ठगी, जालसाज़ी, जहर, हत्या, मर्डर, बम-विस्फोट और इधर देखो, पेट साफ। ऐसा खुलासा होता है कि चित्त चैतन्य महाप्रभु।

"लोग समझते हैं कि समय की कमी के कारण ऐसा करते हैं। सबेरे-सबेरे बस पकड़नी होती है, इसीलिए ऐसा करते हैं। लेकिन नहीं, यह उनका लैक्सेटिव है, 'सोंधी हुई हर्रे' है और ससुर तुम लोग कहोगे कि ऐं, विद्या माई की ऐसी बेकदरी ?

"इश्टूडेंटो ! यदि मारकाट न हो, लूटपाट न हो, खून-खराबा न हो, अगर अखबार न छपे और छपे तो उसमें यह सब न हो तो..." (शायद वे काशी विश्वनाथ से उतरे थे और सीधे यहीं आ गए थे।)

इतनी सुबह या तो मैंने पन्द्रह अगस्त को प्रधानमन्त्री का भाषण सुना था या ट्रिपुल

सिंह को और उसके बाद तो कई अवसर आए और वे भी अस्सी पर ही। वे बुनियादी तौर पर इसी चौराहे के जीव थे।

राजू शर्मा ने बताया कि उनमें और चौराहे पर तैनात सिपाही में कुछ तक-झक हुई थी। सिपाही चुनाव की आचार-संहिता की बात कर रहा था और ट्रिपुल सिंह का कहना था कि मैं डी.आई.जी. और कलेक्टर के नीचे किसी से बात नहीं करता। मेरा मन है भाषण देने का, तो दूँगा और ज्यादा बक-बक करोगे तो तुम्हारी गाँड़ काटकर पीपल पर टाँग दूँगा।

बात बिगड़ते-बिगड़ते बन गई। कुछ लोगों ने बीच-बचाव किया और तय हुआ कि हवलदारजी आधे घंटे में कहीं से घूम आएँ और ट्रिपुल सिंह का भी मन रह जाए।

मैं जब चौराहे पर पहुँचा तो चबूतरा खाली था और ट्रिपुल सिंह एक-दो बच्चों के साथ मोरी में कुछ टटोल रहे थे। पता चला कि भाषण के बीच में ही उनके दाँत नीचे गिर गए हैं और उनकी खोज हो रही है।

आखिरकार बगैर दाँत के ही उन्हें पीपल के चबूतरे पर खड़ा होना पड़ा और उन्होंने नए सिरे से शुरू किया...

कहाँ वह जलवावाले हँसते-हँसाते गंजेड़ी ट्रिपुल सिंह और कहाँ यह पोपले मुँहवाला सड़ा-गला बजबजाता बूढ़ा। महज माला गले में डालने से कोई ट्रिपुल सिंह नहीं हो जाता।

अस्सी की जनता 16 फरवरी के मतदान की तैयारियों में जुटी थी। चाय-पान की दुकानों पर दो-दो, तीन-तीन के समूहों में लोग खड़े थे और इधर-उधर की सूचनाएँ ले-दे रहे थे। कोई सुननेवाला नहीं था उन्हें—सुनना भी चाहता तो किसी की समझ में नहीं आता कि उनके गले की सारी तनी हुईं नसें पोपले मुँह से क्या उगल रही हैं ? और ऐसे भी लग रहा था कि उनका ध्यान जितना अपने भाषण पर है, उससे ज्यादा चबूतरे से नीचे उस मोरी पर, जिसमें उनके दाँत हैं।

भाषण के दौरान ट्रिपुल सिंह का स्वर जैसे ही कई धाराओं और कई रागों में और कई-कई रसों में बहना शुरू हुआ, भाँय-भाँय से होता हुआ साँय-साँय तक पहुँचा, वैसे ही उनके एक हितैषी श्रोता ने चिल्लाकर कहा, ''अब बस करो गुरू तिरपाल, बहुत हो गया।''

''चुप बे !'' ट्रिपुल ने डाँटा और व्याख्यान जारी रखा।

उस श्रोता के सिवा दूसरा सिर्फ मैं था। बाकी लोग सड़क पर उन्हें देखते और हँसते हुए आ-जा रहे थे। (बाद में पता चला कि श्रोता उनका चिलम-चेला था और अन्त तक इसलिए खड़ा था कि उसके पास सिर्फ चिलम थी, माल गुरु के पास था।)

इस बीच गली से सिपाही ने नेवले की तरह सिर निकालकर देखा, फिर मुड़िया कर घूम गया—दूसरी ओर।

''मिल गया,'' राजू मोरी के पास खड़ा होकर चिल्लाया, ''आपका दाँत मिल गया चाचू।'' ट्रिपुल ने जैसे ही दाँत के लिए हाथ बढ़ाया, राजू घाट की ओर भागा। ट्रिपुल

ने कूदकर पीछा किया और दोनों देखते-देखते एक गली में गुम हो गए।

इस तरह अस्सी प्रदेश का मतदान-पूर्व अन्तिम भाषण सम्पन्न हुआ भी और नहीं भी हुआ।

मित्रो, ट्रिपुल ने अपने ऊबड़-खाबड़ भाषण में जाने-अनजाने एक कहानी सुनाई थी। वह कहानी देर-सवेर पप्पू की दुकान में पहुँचेगी। फिर उस पर बहस छिड़ेगी कि वह किसके खिलाफ है—जनतन्त्र के या जनतन्त्र के तमाशे के ? हो सकता है और भी नुक्ते उभरें। लेकिन फिलहाल उसे अस्सी की जनता के लिए छोड़ें, आप वह कहानी सुनें जो मैंने सुनी थी—

त्रेता में, जिन दिनों ब्रह्मदत्त काशी में राज्य कर रहे थे, इसी अस्सी घाट पर पक्षियों की एक सभा हुई ! कोई बुजुर्ग पक्षी बोला—''बिरादरो !''

मनुष्यों में राजा है, पशुओं में भी राजा है, मछलियों में भी राजा है, हम लोगों में कोई राजा नहीं है। राजा के बिना रहना अच्छा नहीं। सोच-विचार कर हमें भी एक राजा चुनना चाहिए।

ध्यान से देखते हुए पक्षियों की नजर एक उल्लू पर गई। वह बड़ा ही धीर, गम्भीर, प्रभावशाली और दबदबेवाला लगा। सबने कहा—यही हमारा राजा हो, भई, खाँटी जनतन्त्र था उन दिनों। बुजुर्ग ने तीन बार पुकार लगाई कि जिस किसी को आपत्ति हो, बोले। तीसरी पुकार से पहले ही एक कौवा काँव-काँव कर उठा—''मान्यवर, मुझे आपत्ति है।''

''कहो, क्या आपत्ति है ?'' पक्षियों ने एक स्वर से पूछा।

कौवा बोला—''आप उसे राजा चुनने और बधाइयाँ देने से पहले यह सोच लें कि जब इतनी खुशी का समाचार सुनने पर इसका चेहरा ऐसा है, तो क्रोध करेगा तब कैसा होगा ?''

इसके बाद तो उल्लू ने कौवे को दौड़ा लिया।

मित्रो, त्रेता के जमाने से उड़ते हुए इस कलिकाल में दोनों भोंसड़ी के दिल्ली पहुँच रहे हैं।

सन्तों, असन्तों और घोंघाबसन्तों का अस्सी

सच पूछिए तो जमाना हो गया था अस्सी गए !

बीच-बीच में उलाहने सुनाई पड़ते थे सन्तों के—कि बन्धुवर, जाने कब से कहाँ-कहाँ मराते घूम रहे हो, कभी इधर भी आओगे ? दुनिया क्या-से-क्या होती ज़ा रही है और तुम्हारा पता नहीं। इससे पहले कि अस्सीघाट मियामी (अमरीका का एक समुद्री तट) का असामी हो जाए; इससे पहले कि घाट के विदेशी और चौराहे के 'स्वदेशी' देसी मुहल्ले की खाट खड़ी कर दें—आओ और देखो कि किस कदर 'गँड़ऊ गदर' मचा रहे हैं दड़बे के गदरहे।

और आखिरकार मैं जा ही पहुँचा एक दिन।

यह आज से लगभग ढाई साल पहले का किस्सा है।

मित्रो, अस्सी का अपना 'शब्द-कल्पद्रुम' है—दुनिया जानती है। इसके पास और कुछ नहीं, शब्दों की ही खेती है। वह इसी फसल के अन्न का निर्यात करता है देश-विदेश में। आज से पचास साल पहले अपने 'फॉर्म हाउस' में उसने दो शब्द उगाए थे—'व्यवस्था' और 'कार्यक्रम'। कार्यक्रम उसे अपने काम का नहीं लगा। कार्यक्रम माने दारू। बोतल खोलिए, गिलास में ढालिए, चुस्की मारिए ! कार्यक्रम चलाइए—देश को अस्थिर, अव्यवस्थित और तबाह कीजिए। अगर मुल्क को व्यवस्थित और स्थिर रखना हो, तबाही और बर्बादी से बचाना हो तो भाँग लीजिए ! भाँग, दारू की तरह कोई तैयार माल नहीं है कि खोली, ढाला और पिया। व्यवस्था करनी पड़ती है इसकी ! भिंगोने-धोने की, छानने-घोटने की, सिलबट्टे की। घंटों लगते हैं। इसलिए व्यवस्था माने भाँग ! भाँग के लिए समय और इत्मीनान चाहिए। कार्यक्रम उनके लिए जिनके पास समय नहीं है, पादने तक की फुर्सत नहीं है !

इसीलिए 'व्यवस्था' अपने पास रखी, 'कार्यक्रम' दिल्ली पार्सल किया ! तभी से दिल्ली में कार्यक्रम चल रहे हैं और वहीं से देश में चलाए भी जा रहे हैं !

ये 'कल्पद्रुम' के कुछ तिनके हैं—कुछ झड़े, कुछ सड़े, कुछ सूखे-बेजान। ऐसे जाने कितने तिनके हैं जो हवा में—अस्सी की हवा में उड़ते रहते हैं। वे कभी पकड़ में आते है, कभी नहीं आते ! मेरी भी पकड़ में नहीं आए थे पहली बार जब मैं एक 'श्रद्धेय' के

चरण-स्पर्श के लिए झुका था। आधा ही झुक पाया था कि बूढ़े पंडितजी पीछे हटते हुए मुस्कुराकर बोले—"बालक, बस चरण ही छूना, आ-चरण नहीं ! वहाँ करंट है !" बात तब मेरी समझ में आई जब बगल में खड़े दूसरे पंडित ने हँसते हुए कहा—"अब आ-चरण में कहाँ करंट ? वह तो लत्ता हो चुका महाराज !"

कभी-कभी तो तिनके डंठल का रूप ले लेते हैं और उन्हें समझने के लिए पूरे एक युग को समझने की जरूरत पड़ती है। जैसे, जब आरक्षण लागू हुआ था तो एक पंडितजी पिछड़ों और हरिजनों को 'पालागन' के उत्तर में दिल खोलकर आशीर्वाद दिया करते थे—"जा, अगले जनम में बाभन-ठाकुर के घर में पैदा हो !" उसके जाते ही भुनभुनाते थे—"भोंसड़ी के जब नौकरी के लिए गिड़गिड़ाएगा और दर-दर की ठोकरें खाएगा, तब पता चलेगा !"

यह 'कल्पद्रुम' अपने आपमें एक बगीचा है ! इस बगीचे का माली भी अस्सी है और मालिक भी !

'गँड़ऊ गदर' एक ऐसी ही गाँछ है इस बगीचे की जो पिछले दस-पन्द्रह सालों से फल-फूल रही है !

यह पारिभाषिक शब्द है 'सिम्पोजियम' का, 'सेमिनार' का, 'परिसंवाद' का, 'संगोष्ठी' के लिए। जिसमें बड़े-बड़े विद्वान और विचारक जुटते हैं, गरमागरम बहस करते हैं प्रस्तावित विषय पर—सहमत-असहमत होते हैं, 'हेन होना चाहिए, तेन होना चाहिए', मेज पीट-पीटकर या माइक पर चिल्ला-चिल्लाकर बोलते हैं और खा-पीकर अपने-अपने घर प्रस्थान कर जाते हैं। यह होता है 'गँड़ऊ गदर' यानी गंडुओं या गँडुओं की क्रान्ति। नतीजा टाँय-टाँय फिस्स !

लोकतन्त्र की सबसे बड़ी खासियत है 'गँड़ऊ गदर' अस्सी की नजर में। यही पहचान है उसकी। दुनिया उनसे नहीं चल रही है जो रात-दिन "हाय रोटी ! हाय दाल !" किए 'भए' हैं, जो सबेरे आठ बजे घर से निकलते हैं और दिन-भर ऑफिस में 'मराने' के बाद छिनरौ के शाम आठ बजे घर लौटते हैं। उन्हें कहाँ फुर्सत कि देश और दुनिया में क्या हो रहा है, इसके बारे में सोचें ? सोचने के लिए भी फुर्सत चाहिए ! लोकतन्त्र के चाकरों के पास कहाँ फुर्सत ? लोकतन्त्र हमसे है जिनके पास फुर्सत-ही फुर्सत है !

शास्त्रों का मत है कि काल दुनिया का चक्कर मारकर यहीं विश्राम करता है—भाँग-बूटी छानकर। बल्कि यूँ कहिए कि वह अपने नौकरों-चाकरों को चक्कर मारने के लिए छोड़ देता है और खुद लेटा रहता है घाट की किसी पटिया या चौतरे पर, इसीलिए जहाँ दूसरे नगरों को 'राम' का नाम लेने के लिए फुर्सत निकालनी पड़ती है वहीं अस्सीवालों को 'काम' के लिए फुर्सत का समय देखना पड़ता है। 'राम' के लिए तो फुर्सत-ही-फुर्सत है।

क्या-क्या षड्यन्त्र नहीं किए गए इस 'फुर्सत' के खिलाफ ! सबसे पहले नेहरू ने

किया ! कहा—"आराम हराम है ?" हराम उनके लिए जो हरामी थे, यहाँ तो सारा कुछ चकाचक था ! फिर सन् अस्सी में इसकी सड़कों पर टैम्पो चलाए गए, फिर नब्बे में महानगरी बसें...ये मनहूस दिन थे अस्सी के लिए। सन्देह नहीं कि थोड़ी देर के लिए फुर्सत और इत्मीनान को करारे झटके लगे, लेकिन क्या कर लिया इन कोशिशों ने ? कुछ उखड़ा इससे ?

भीड़-भाड़ और भाग-दौड़ की दुनिया में गंगा के कन्धे पर उगा हुआ यह टापू—माथे पर उगी मसबीरी की तरह ! इस टापू के जीने की एक ही शैली रही है—तुलसी बाबा के जमाने से ! जो आदमी यहाँ एक बार आया, छोड़कर नहीं गया ! शताब्दियों से चले आ रहे वही चेहरे दिखेंगे आपको ! वे तो रहेंगे ही, नयों की बढ़ोत्तरी अलग से ! कोई किसी से नहीं पूछता कि आप क्या खाते हैं, क्या पीते हैं, क्या पहनते हैं, कहाँ रहते हैं, कितनी बीवियाँ हैं, हैं भी कि नहीं, कितने बच्चे हैं, कितनी बेटियाँ हैं, आदि-आदि ! आपके दुख से वह भले दुखी हो ले, आपके सुख से उसे कोई परेशानी नहीं !

परेशान हो वह, जिसे पड़ोसी के सुखों की चिन्ता हो; रात-दिन एक करे वह जिसे—बँगला चाहिए, कार चाहिए, पद और ओहदे चाहिए; मरे वह जो ईर्ष्या-द्वेष, काम-क्रोध, लोभ-मोह का मारा हो। यहाँ तो अस्सी किसी भी वी.आई.पी. को पी.आई.जी. (पिग=सूअर) के बराबर भी नहीं समझता, समूचे त्रिकाल और त्रैलोक्य को अपने फोद पर लिये घूमता रहता है—छुट्टा साँड़ की तरह !

"घूमता रहता है।" का क्या मतलब ?

मतलब यह कि इस पान की दुकान से उस पान की दुकान, उस पान की दुकान से इस चाय की दुकान, इस चाय की दुकान से फिर उस पान की दुकान, फिर उस चाय की दुकान, फिर इस चाय की दुकान, फिर उस पान की दुकान...कभी बैठे हैं, कभी खड़े हैं, कभी खड़े हैं तो खड़े हैं, बैठे हैं तो बैठे हैं, चल रहे हैं तो चल रहे हैं और चलते हुए वहीं पहुँचे हैं जहाँ से चले थे, कभी बिना चले हुए वहीं खड़े हैं जहाँ बैठे थे। यही दिनचर्या है गँड़ऊ गदर पार्टी के इंकलाबियों या गदरहों की ! चौराहे का एक फर्लांग का रकबा इनका ब्रह्मांड है और पप्पू की चाय की दुकान धुरी। वही इनका संसद भवन भी है, अशोक हाल भी, त्रिवेणी कला संगम भी, वोट क्लब भी और सेमिनार हाल भी !

'सेमिनार हाल' में बैठे हैं गदरहों के पुरखा महाकवि ब्रह्मानन्द सहोदर ! उन्होंने सन्देश भेजा था मुझे कि चाय, पकौड़े, पान तुम्हारी ओर से, गीत मेरी ओर से—आ जाओ ! लेन-देन की बात क्या, मुहब्बत बड़ी चीज है !

कोने में बेंच के एक छोर पर महाकवि। गले में कंठी माला, खादी की अधबहियाँ गंजी, सिर पर सफेद केशों का मेघ मल्हार, भाल पर बड़ी सी गोल लाल रंग की बिन्दी, कन्धे पर पीताम्बर का भ्रम पैदा करता किनारीदार दुपट्टा। अस्सी पर उन्हें देखते ही कहते हैं लोग—"भागो, नहीं तो कविता पेल देंगे !"

ब्रह्मानन्द की शामें एक जमाने से यहीं ढल रही हैं।

कहना महाकवि का कि सूरज भोंसड़ी के सबेरे-सबेरे बन-ठनकर लाल-पीले रंगों में घर से निकलता है, सफेद झक आसमान की चोटी पर पहुँचता है और शाम ढलते-ढलते गिर पड़ता है—इसी पप्पू की दुकान में, इसी काठ की मेज पर, इसी शीशे के गिलास में।

चलता है गोला बनकर, गिरता है गोली बनकर—भाँग की हरी गोली।

पिछले कई सालों से महाकवि की शामें भी यहीं हैं और दिन भी। शामें ढलती हैं, दिन चलते हैं। वे न बीते हैं, न बीतेंगे ! दोनों 'स्थिर' और 'व्यवस्थित' हैं। भंगशास्त्र के तीन प्रचलित विधान हैं—सुबह लीजिए तो कागावासी, दोपहर लीजिए तो सत्यानाशी और शाम लीजिए तो भोगविलासी। ब्रह्मानन्द सत्यानाशी से जरा बचते हैं, बाकी चलता है।

उनकी आँखें अधमुँदी हैं, और सिर गुनगुना रहा है—दड़बे के तमाम हो-हल्ला और हड़हड़-भड़भड़ से अविचल !

उनके बगल में सरोज यादव है। और सामने—बेंच के इस पार अँग्रेज-अँगरेजिन। मेज पर चाय के गिलासों के बीच एक छोटा सा टेपरिकॉर्डर रखा है ! कैमरा भी है लेकिन अंग्रेज मर्द के कन्धे पर !

ब्रह्मानन्द ने इशारा किया, यानी बैठो !

मैंने दड़बे पर नजर डाली। सब अपनी बहसों और गप्पों में मशगूल। कोई ध्यान नहीं दे रहा था इधर, सिवा राजकिशोर के। वे चुप थे, इसका मतलब उनके कान इधर ही लगे थे। मैंने विदेशियों को ध्यान से देखा—दोनों खादी के जोगिया कुर्ते और पाजामा में थे।

"ये स्वीडेन से आए हैं। आए तो हैं संगीत-समारोहों के लिए लेकिन साहित्य-प्रेमी हैं। इन्हें मेरे बारे में पता चल गया है ! ये चाहते हैं मेरी कविताएँ टेप करना और उसका कैसेट बनाना !" ब्रह्मानन्द गुनगुनाना रोककर बोले।

(नेपथ्य : मेरे कान में सरोज—"इनसे किसी ने बता दिया है कि कविजी के यहाँ कमरा खाली है और वे किराएदार ढूँढ़ रहे हैं। कविजी कई दिनों से इनके चक्कर में हैं।")

"सच्ची बात क्यों नहीं बता रहे हैं सहोदरजी !" राजकिशोर ने ठहाका लगाते हुए सुनाया—"शरमा रहे हैं शायद ! सच्ची बात यह है डाक्साब कि स्वीडेन में नोबेल पुरस्कार देनेवाली जो कमेटी है, उसने भेजा है उन्हें। कि जाओ, सहोदरजी की कविताओं के टेप ले आओ, उनका अनुवाद करके देखते हैं। जब अनुवाद पर रवीन्द्रनाथ ठाकुर को दिया जा सकता है तो सहोदर को क्यों नहीं ?"

अशोक पांड़े ने गम्भीरता से जोड़ा—"और इधर तो भारत पर विशेष कृपा है भई ! मिस वर्ल्ड देखिए, मिस यूनिवर्स देखिए, अमर्त्य सेन देखिए, अगले साल सहोदर सेन देख लीजिएगा टी.वी. पर।"

"लुच्चे हैं सब। जल रहे हैं।" ब्रह्मानन्द ने मुझे सुनाते हुए धीरे से कहा और टेप चालू करने का इशारा किया—"एकदम टटकी चीज परोस रहा हूँ आपके आगे ! तैयार हैं न ?"

मैंने सिर हिलाया !

"कल रात ही पेली है, सुनिए।" गुनगुनाने के बाद शुरू किया उन्होंने—

"नजरहा छैला रे,
नजर लगाए चला जाए।"

सरोज ने अवाक् मुझे देखा, फिर ब्रह्मानन्द को; फिर कसमसा कर बोले—"अरे ? यह तो मेरा पढ़ा हुआ लगता है ! कहीं भारतेन्दु...?"

"बहुत विद्वत्ता मत पादो हियाँ ! कविता का आनन्द लेना हो, ल्यौ; नहीं फूटो हियाँ से !" ब्रह्मानन्द ने डाँटा—"आप तो रसिक हैं बन्धुवर, जरा ध्यान दें—इस बन्दिश पर खास तवज्जो चाहूँगा—

नजर लगी बेहोस भई मैं
जिया मोरा अकुलाय।
नजरहा छैला रे, नजर लगाए चला जाए !"

गाते-गाते सहसा ब्रह्मानन्द चुप हो गए और बोले—"ऐसा है बन्धुवर ! गलती आपकी नहीं, मेरी है। मैंने क्या चाहा था और क्या हो गया ? आप टी.वी. तो देखते हैं न ? कुछ सीरियल ऐसे आते हैं जैसे 'लाइव शो' हों। और कुछ गायक भी हैं—गजल गानेवाले, वे गाते रहते हैं और श्रोताओं या दर्शकों की ओर से 'वाह-वाह' होता रहता है। वे दिखाई पड़ें या नहीं, उनकी हँसी और ठहाके सुनाई पड़ते हैं। मैंने सोचा था, यहाँ भी ऐसा ही हो लेकिन यह दुकान चुहेड़ों और चुडुक्कों का अड्डा हो गई है। यह नहीं कि दूर देश से तुम्हारे एक जगत प्रसिद्ध कवि की कविताएँ टेप करने के लिए कुछ लोग आए हुए हैं तो उन्हें भी अपना काम करने दो और तुम भी उसका आनन्द लो ! तो देखिए, कुत्तों की तरह लड़ रहे हैं साले !

"बन्धुवर, आइए घाट पर चलते हैं, वहीं ठीक रहेगा ! क्यों ?"

मैं असमंजस में कि 'ना' कैसे कहूँ कि उन्होंने चुपके से एक चारा फेंका—"अगर चलें तो मैं आपके लिए अपना वह विश्वप्रसिद्ध गीत भी सुना दूँगा—'बनवारी हो, हमरा के लरिका भतार। लरिका भतार लेके सुतलीं ओसरवाँ, रहरी में बोलेला हुँड़ार ! बनवारी हो...' तो हुँड़ारवाला गीत; समझे ?"

इसी समय उनका पोता आ गया—उन्हें ढूँढ़ते हुए और चाकलेट के पैसे के लिए दिक करने लगा। वह बार-बार उनकी लुंगी खींच रहा था और वे बार-बार उसका हाथ झटक रहे थे ! विदेशी कुतूहल से यह देख रहे थे और रस ले रहे थे !

अन्त में खीझकर एक रुपए का सिक्का उसे पकड़ाते हुए बोले—"ल्यौ और मज़ा

करो !" फिर भी जब उसने जिद नहीं छोड़ी तो बिगड़ उठे—"देखो ! जो चाहे, सो ले लो ! जान ले लो, जहान ले लो, धरम ले लो, ईमान ले लो, मकान ले लो, दुकान ले लो, जो चाहे सो ले लो, बाकी लौंड़ मत चाटो ! फूटो हियाँ से !"

इसी खराब मूड में विदेशियों के साथ जब महाकवि चले गए तो सरोज—वकील, अध्यापक और कवि सरोज ने कहा—"कविता इनके लिए घलुए में मिली हुई नहीं, उधारी भी नहीं, रहजनी में मारी हुई चीज है ! ऐसी ही दुर्दान्त प्रतिभा को कवियों का कवि कहते होंगे !"

2

मित्रो, प्रतिभाओं की ऐसी विविध प्रजातियों की खदान है यह अस्सी ! एक बानगी और देखिए—सोचिए क्या हाल होगा उस चौराहे का जिस पर डॉ. गया सिंह लगातार तीन दिन नजर न आएँ ? पहले दिन आश्चर्य, दूसरे दिन चिन्ता, तीसरे दिन से अफवाहें...

आश्चर्य यह कि काशी में हैं और यहाँ नहीं हैं।

चिन्ता यह कि अपने आश्रम में हैं, स्वस्थ भी हैं, फिर भी नहीं हैं यहाँ।

अफवाहें कई हैं—एक यह; किसी ने एक-दो दिन पहले उनकी गली के मुहाने पर पुलिस की जीप देखी थी और बताया था कि डॉक्टर साहब ने किसी की हत्या या गुमशुदगी की रिपोर्ट दर्ज कराई है जिसकी तहकीकात के लिए पुलिस आई थी !

दूसरी यह कि उनके पिताजी की चोरी हो गई है। डॉक्टर साहब दो दिन पहले सोनभद्र गए थे—अपने महाविद्यालय में प्रवेश के लिए मिली डोनेशन की रकम बैंक में जमा करने और जब लौटे तो पाया कि पिताजी गायब !

तीसरी यह कि पिताजी खुद ही लँगोट के ढीले थे। जब डॉक्टर साहब कालेज चले जाते थे, पिताजी चहारदीवारी फाँदकर पीछे घसियारी टोला निकल जाते थे और खूब ऐश करते थे ! इसी चक्कर में मारे गए होंगे !

चौथी यह कि न फरार हुए, न चोरी हुई, न मारे गए, सच्चाई क्या है—इसे रामजी राय जानते हैं।

और मेरी जानकारी में पन्द्रह-सोलह साल पहले डॉ. गया सिंह के पिता का स्वर्गवास हो चुका था !

रामजी राय डॉ. गया सिंह के एकलव्य ! वे दूसरों के ही नहीं, उनके सामने भी उन्हें गड़बड़ सिंह बोलते थे ! एम.ए. करने के बीस बरस बाद उनके मन में तमन्ना जगी कि लोग उन्हें भी डॉक्टर साहब कहें ? इसके लिए उन्होंने डॉ. गया सिंह के निर्देशन में पी-एच.डी. का रजिस्ट्रेशन करा लिया ! अब वे भी 'डॉक्टर' कहे जाते हैं और सन्तुष्ट हैं। न उन्हें रिसर्च करना है, न थीसिस लिखनी है, न पी-एच.डी. होना है ! विषय ही नहीं मालूम तो पी-एच.डी. कैसा करना ?

तो रामजी राय सबकुछ जानते थे और मुस्कुराते रहते थे—बगैर किसी टिप्पणी के ! एक दिन मुझे परेशान देखकर अलग ले गए और अपने द्रोणाचार्य के 'पितृशोक' की पूरी कथा सुनाई !

हुआ यह कि एक दफे गया सिंह सत्यानाशी होकर (दोपहर में भाँग खाकर) अपने आश्रम में विश्राम कर रहे थे—गहरी नींद में कि अपना पैर पकड़े किसी को सिसकते और रोते हुए सुना। जब जगे तो देखा—टी शर्ट और जींस में एक युवक। वह जोर-जोर से विलाप करने लगा। गया सिंह चुप कराएँ और वह चुप ही न हो ! पूछा—"बोलो तो, बात क्या है ?"

किसी तरह रोते हुए उसने बताया कि भोर में अचानक पिताजी चल बसे !

"तो मैं क्या कर सकता हूँ ?"

"आप क्या नहीं कर सकते ? थोड़े दिन पहले ही आपने एक रिक्शावाले के क्रियाकर्म के लिए उसकी औरत को सौ रुपए दिए थे, दिए थे न ? फिर मैं तो ब्राह्मण हूँ !"

"तुम्हें कैसे मालूम कि दिए थे ?"

"ऐसी बातें छिपी थोड़े रहती हैं ? फिर आपको कौन नहीं जानता ?"

थोड़ी देर सोचने के बाद डाक् साहब ने पूछा—"कितने में काम चल जाएगा ?"

"सौ रुपए मिल जाएँ, तब भी चलेगा !"

डाक् साहब उठे और कपड़े पहनने लगे !

"बाकी अपने पास हैं और कम-बेसी होगा तो देख लेंगे !" लड़का बोला।

"माटी कहाँ है पिताजी की ?"

"सर, अस्पताल में है। दोस्त हैं वहाँ। इन्तजार कर रहे हैं मेरा।"

डाक् साहब ने चप्पल पहने, बाहर आए, किवाड़ बन्द किए और कहा—"आओ !"

"अरे, आप कहाँ चलेंगे सर, पैसे दे दीजिए हम सब कर लेंगे !"

"बक-बक मतकर, आ !" सड़क पर आकर डॉ. गया सिंह ने रिक्शा लिया और लड़के को अपने साथ बिठाया। लंका आकर अस्सी रुपए की टिकठी खरीदी, वहीं से बीस रुपए में कफन लिया और ले-देकर अस्पताल के लिए चले।

रास्ते में लड़का गया को समझाने की कोशिश करता रहा कि आप परेशान न हों, मैं अकेला काफी हूँ—सब देख लूँगा, कर लूँगा, लेकिन नहीं, दुनिया देखे कि गया सिंह में कितनी सेवा-भावना है ?

इधर लम्बे-चौड़े अस्पताल के चौराहे के एक तरफ फटी-पुरानी चादर से ढँकी लाश के पास दो नाबालिग लड़के बैठे थे और नाक-आँख पोंछ रहे थे ! बिहार के डाल्टनगंज से आए थे बिचारे, कल ही अपने बाप को लाए थे, इमर्जेंसी में भर्ती कराया था और दवा-दारू के अभाव में भोर में ही चल बसे। अब क्रिया-कर्म कैसे हो ?

आते-जाते लोग उन बिचारों पर तरस खा रहे थे और चादर पर सिक्के और रुपए फेंकते हुए चले जा रहे थे।

तभी फाटक पर एक लड़के की नजर गई ! रिक्शे पर टिकठी के साथ बैठे गया सिंह और उनका मित्र !

"अरे, चद्दर समेटो और भगो ! गयवा भोंसड़ी के खुदै आ रहा है !" उन्होंने चादर पर फैले हुए पैसे समेटे और भगे !

मुर्दा भी चादर फेंक-फाँककर उनके पीछे भागा !

"अरे, पकड़ो ! पकड़ो ! मुर्दा भाग रहा है !" गया सिंह भी चिल्लाए और उनके साथ बैठा लड़का भी ! वह रिक्शे से कूदकर उन्हें पकड़ने के लिए दौड़ा और-उन्हीं के साथ गायब हो गया।

एक छोटा सा ब्रेक !

मित्रो, डॉ. गया सिंह विद्वान भी हैं और बुद्धिमान भी ! उन्हें समझते देर नहीं लगी कि यह भारतीय संस्कृति पर हमला है ! गाँजा-भाँग की संस्कृति पर ! जब से अस्सी पर अँगरेज-अँगरेजिन आने शुरू हुए हैं तभी से मुहल्ले के लौंडे हेरोइन और ब्राउन शुगर, चरस के लती हो रहे हैं। ये डाल्टनगंज के नहीं, अस्सी के ही हैं। भागनेवालों में एक की सूरत उन्हें कुछ पहचानी-सी लगी थी। उन्होंने कई बार उसे चौराहे पर दो-चार रुपयों के लिए लोगों के पाँव पकड़ते, चिरौरी करते और घिघियाते हुए देखा था। भिखमंगे इनसे कहीं अच्छे हैं ! उनमें स्वाभिमान तो है—माँगते हैं तो अपना अधिकार समझकर, कभी-कभी डपटकर !...और ये साले माँ-बाप के नाम पर रिरियाते हैं !

डॉ. गया सिंह रिक्शे पर टिकठी लिये जब लौट रहे थे तो उनकी आँखों में चमक थी ! उनके दिमाग में वह गुत्थी एकदम से सुलझ गई थी जो अब तक रहस्य थी ! मुहल्ले के ऐसे दो-तीन लौंडे उनकी नजरों के सामने घूम गए जिनके हाथ में पेजर या मोबाइल थे ! वे कल तक निठल्ले थे—इंटर-बी.ए. करके पिछले चार-पाँच सालों से चौराहे पर टिल्लो मार रहे थे। बेरोजगार और आवारा साले। लौंडियाबाजी के चक्कर में रहते थे और चाय की दुकानों पर या तो उधारी चलाते थे या जजमान की टोह में रहते थे। अब हीरो-होंडा या येज़्डी पर घूमते हैं और कभी दिल्ली से आ रहे हैं तो कभी बम्बई से ! कहते हैं कि बिजनेस कर रहे हैं। आज उनकी बिजनेस का पता चल गया।

"राजकिशोर !" उन्होंने तेजी से गुजरते हुए आवाज दी लेकिन वह राजकिशोर नहीं, कोई और था।

गया सिंह ('सिंह' गया के नाम के साथ वैसे ही जुड़ा है जैसे सागर में हरीसिंह गौर के साथ 'डॉक्टर') दुकान पर आए, टिकठी और कफन वापस किया और सोचा—अब इन अशुद्ध और अपावन रुपयों का क्या करें ?

वे चलते हुए अस्सी नाले पर रुके और सबसे भारी-भरकम, वजनी कलँगीदार मुर्गा खरीदा। पाँच-छह आदमियों के खाने लायक ! उनके बारे में प्रसिद्ध है कि वे कभी भी चिकवे से मुर्गा नहीं कटवाते, जिन्दा लाते हैं, अपने हाथों काटते और तैयार करते हैं।

तय यही पाया कि आज रात भाँग-बूटी छनेगी, मुर्गा पकेगा और यार-दोस्तों के साथ आनन्द मंगल होगा !

इसी के बाद गया सिंह की ट्रेजेडी हुई।

मुर्गे को कमरे में बन्द करके अस्सी के मित्रो को न्योतने से पहले जब नहा-धोकर तैयार हुए तो आलस और थकान लगी ! रात को चिकेन का इरादा ड्राप किया और मुर्गे को खुला छोड़कर सो गए !

लम्बा-चौड़ा हाता था उनका—जिसमें दो-चार पेड़ भी हैं, कुआँ भी है, छप्पर भी है, झाड़-झंखाड़ भी है। मुर्गे के लिए खुला मैदान था, कहीं भी आ-जा सकता था, मटकते हुए अपने मतलब की चीजें खा-पी सकता था, उछल-कूद मचा सकता था, लेकिन नहीं; वह रात-भर उसी कमरे में कभी इस कोने, कभी उस कोने बेचैन घूमता रहा—यह ध्यान रखते हुए कि गया सिंह की नींद न टूटे। ज्यादातर वह उनके पैताने बैठा रहा और भोर में ठीक चार बजे उनके तलवे को खुरचते हुए बोला—"कुकड़ूँ-कूँ !"

जितनी ऊँची आवाज में बोल सकता था, उतनी ऊँची आवाज में।

गया सिंह उठकर बैठ गए। उन्होंने सिरहाने की बिजली जलाई। देखा—मुर्गा प्रसन्न मुद्रा में गरदन हिलाते हुए उनके सिरहाने बैठा है ! कौन जाने, बैठा है कि खड़ा है ?

"पिताजी ?" अचानक गया सिंह के कंठ से निकला !

मुर्गे ने सिर हिलाया !

गया सिंह ने भाव विह्वल होकर फिर कहा—"पिताजी !"

मुर्गा गरदन मटकाते हुए उनके तख्त के बीच में आ गया।

गया सिंह की आँखें भर आईं—"पन्द्रह साल हो गए थे आपको गए पिताजी ! और आज मिले भी तो किस रूप में ? मुझे सब याद है। इसी तरह जगाते थे आप ! ठीक भोर में चार बजे ! कहते थे—पढ़ो, इम्तहान सिर पर है। सोओगे तो कैसे चलेगा ? जब तक मैं सोया रहता था, कोई खटर-पटर नहीं होने देते थे आप ! आप बिलकुल नहीं बदले !..."

जब गया सिंह चाय पीने के लिए अस्सी चले तो फाटक तक पिताजी !

जब चाय पीकर लौटे तो फाटक पर इन्तजार करते पिताजी !

यह सिर्फ संयोग नहीं था—पूरे दिन घर में रहकर—यहाँ-वहाँ आ-जाकर गया सिंह ने देख लिया था कि यह मुर्गा नहीं, मुर्गे के वेश में पिताजी ही हैं जो मान-अपमान से परे रहकर उनके लिए बराबर चिन्तित रहते हैं ! वे भी पिताजी के खान-पान—बाजरा खुद्दी-भुट्टा, सितुही, सीप के लिए चिन्तित रहने लगे !

धीरे-धीरे 'मुर्गा सिंह' के पुनर्जन्म की कहानी चौराहे पर पहुँची !

यह भी पहुँचा कि पिताजी थोड़े मनचले मिजाज के हैं। उन्हें पता चल गया है कि चहारदीवारी के पार घसियारी टोला है—पिछवाड़े; मेहतरों और हरिजनों की बस्तियाँ, वहाँ से रात-दिन बुलावा आता रहता है उनको ! वे बेचैन और बेकरार रहते हैं चहारदीवारी

फाँदने के लिए ! और जैसे मौका मिलता है, निकल भागते हैं उधर ! कई बार पिट-पिटा कर लौटे हैं उधर से ! लहू-लुहान। पंख नुचे हुए। कलँगी छिली हुई ! मुर्गियाँ बड़ा बेमुरव्वत प्रेम करती थीं उन्हें।

इसी बीच गाँव से गया सिंह के चाचा आए और अपने बड़े भाई का हाल-चाल ले गए !

इसी बीच मुहल्ले की बिल्लियाँ आईं और ताक-झाँक कर गईं !

इसी बीच रामजी राय आए और मुर्गा सिंह का कुशल-क्षेम पूछने के बहाने देख गए कि अब वे पाँच किलो के हो गए हैं।

इसी बीच गया सिंह को अपने काम से सोनभद्र जाना पड़ा। जब वे अपनी पुरानी एम्बेसेडर में बैठे और जैसे ही स्टार्ट किया, पिताजी रास्ता रोककर आगे खड़े हो गए। वे समझाने-बुझाने के लिए बाहर निकले तो पिताजी कुछ भी सुनने को तैयार नहीं। आखिरकार गया सिंह ने रामजी राय के जिम्मे पिताजी को सौंपा और दो-तीन रोज के लिए चले गए।

जब लौटकर आए तो देखा—घर पर न तो रामजी राय हैं, न पिताजी !

3

वह पहली जनवरी, 1999 का दिन शुक्रवार था जब मेरे पास अस्सी से तन्नी गुरू और नेता अशोक पांड़े पहुँचे। सुबह-सुबह। नए साल की नई सुबह। मुँह लटकाए हुए। न दुआ-सलाम, न मुबारकबाद, न मंगलकामना। गुरू खड़े-खड़े ही बोले—“जानता हूँ, मास्टर की सुबह और रंडी की शाम नहीं खराब करनी चाहिए। यह उनके धन्धे का समय होता है लेकिन मजबूर हैं हम। शाम को घाट पर आ जाना—तीन बजे !”

“काहे के लिए ?”

“लो, यह सुनो !” उन्होंने अशोक को देखा—“मुसल्लम देश जान गया और इन्हें पता ही नहीं। किस दुनिया में रहते हो ?”

मैं गुरू और अशोक को देखता रहा—अचरज से !

“अस्सी नहीं जा रहे हो का पन्द्रह-बीस दिन से ? ‘गांडीव’ भी नहीं पढ़ते हो का ?”

अशोक ने लम्बी साँस लेकर कहा—“डाक् साब, बड़ा बुरा हुआ ! जानते ही हैं कि साधु-सन्त हो गए थे रामजी ! सभी गन्दी आदतें छूट गई थीं उनसे। बस एक ही आदत रह गई थी जिसे बहुत दिनों से छोड़ना चाहते थे लेकिन छूट नहीं रही थी। उनके साथी ही नहीं छोड़ने दे रहे थे, उनका क्या दोष ? और आप तो जानते ही हैं कि वैसे धन्धे में जो पड़ा, सो गया ! तो, वे गाजीपुर से आ रहे थे मारुति वैन से। हालाँकि ज्यादा नहीं थी, पाँच-सात किलो ही रही होगी अफीम। हो सकता है, उन्हें जानकारी ही न रही हो इसकी। हम लोगों ने कई बार समझाया था, कसम भी खिलाई थी, वे मान भी गए थे, लेकिन धोखा हो गया होगा ! लगता है, किसी मुखबिर ने खबर कर दी होगी !

तो सैदपुर के आगे बनारस के बॉर्डर पर पुलिस ने घेर लिया गाड़ी को ! दोनों ओर से फायरिंग शुरू हो गई ! इसी मुठभेड़ में मारे गए बिचारे !''

''निर्दोष ! केवल गलत सोहबत के कारण !'' गुरू ने जोड़ा।

मैं चकित से ज्यादा सन्न ! सिर झुकाए बैठा रहा !

''खैर छोड़ो यह सब ! अफसोस करने से क्या फायदा अब ?'' गुरू थोड़ी देर की चुप्पी के बाद बोले—''ऐसा है कि उसके गाँव तो तेरही हो गई, लेकिन हमारा भी कुछ फर्ज है !...आ जाना, ज्यादा को नहीं, दस-बारह लोगों को ही बुलाया है जो उनके परिचित थे !''

अशोक ने उनकी कुहनी पकड़कर खींचा—''अरे चलिए भी अब ! अभी कई जगह जाना है !''

वे चले गए !

एक झटका-सा लगा—रामजी के अचानक 'स्वर्गीय' हो जाने से और इस बात से कि नए वर्ष की शुरुआत तेरही के भोज से ही होनी थी ?

मित्रो, किसी जमाने के गुरु रहे काशीनाथ से रामजी ने कभी अपनी कथा सुनाई थी !

डाक् साहब, मों से का मतलब किताब-कापी सें ? लिखाई-पढ़ाई से का मतलब ? पढ़ै ऊ जो चूतिया होय ! डिग्री बटोरकर कौन सा तीर मार लिया है लोगों ने, इसी अस्सी पर देख लीजिए ? पान और चाय के लिए महँगे हैं ससुरे ? दाँत निपोरे घूमते रहते हैं कि किसे फाँसा जाए ?...तो बाप की खेती-बारी का पैसा—एक स्कूल से दूसरे स्कूल में नाम चढ़ता गया और पास होता चला गया। यह भी बताएँ कि खुद इम्तहान देता तो गाँव पर ही हल की मूँठ पकड़े रह गया होता ? तो सब स्कूल-कालेज करता इनवर्सिटी में पहुँचा तभी एक घटना हो गई !

हमारे ही गाँव पर एक यादव था। था तो मेरा मित्र लेकिन बड़ा हरामी। बड़ा मनबढ़। पहलवान भी था। हम घर पर थे नहीं और उसने मेरे बाप को बेइज्जत कर दिया ? पट्टीदार के बहकावे पर ? मुझे खबर लगी ! और यह देखिए, एड़ी से चोटी तक आग लग गई। किस मुँह से रहेंगे गाँव में ? कहाँ हम भुइँहार और कहाँ एक भुच्चड़ जादो ! हम कुछ नहीं बोले—सुनो, कुछ नहीं बोले लेकिन मौके की तलाश में लगे रहे। और संयोग देखिए कि दे दिया उसने मौका !

पता चला—अपने पट्टीदार बुद्धू यादव का खेत वह जबरी जोतनेवाला है—आज ही शाम ! मैं बनारस से घर पहुँचा, पानी भी नहीं पिया, बुद्धू के दरवज्जे गया और बोला—ऐसा अनेत ? ऐसी जबरी ? चलो, चलते हैं। लेकिन ऐसे नहीं, वह है पहलवान और तुम हो ससुर चमरकिट ! वह एक घूसा देगा तो तुम वहीं बइठ जाओगे, उठने लायक नहीं रहोगे ! कृष्ण ने क्या कहा है ? शत्रु से बात भी करने जाओ तो खाली हाथ मत जाओ ! इसलिए देखो, अन्दर कुछ है कि नहीं ? फरसा, कुदार, बल्लम, गँड़ासा, कुल्हाड़ी ? न हो, इसी कुल्हड़िया को ल्यौ और चदरा में छिपा लो ! कोई भरोसा नहीं

उसका !

तो क्या बताएँ डाक् साब, किस्मत भी साथ थी ! बड़ा एग्जाई मौसम ! भादों की साँझ ! झमाझम पानी। खूब घनघोर घटा। बिजली चमक रही थी ! बादर भी गरज रहे थे ! गंगा भी बढ़ियाई हुई थी उन दिनों ! सिवान में ज्वार, बाजरा, चरी, सनई और ईख की फसलें खड़ी थीं। सब लोग अपने घरों में थे और वह सुनसान में गाँव से दूर नदी किनारे ! चिल्लाओ भी तो कोई सुननेवाला नहीं !

पहुँचे खेतों पर बुद्धू के साथ ! समझाना शुरू किया ? हम मेंड़ पर, वह खेत में ! हम भी भींग रहे थे, वह भी भींग रहा था ! बड़ा समझाया—देखो, आपुस में बैर ठीक नहीं ! तुम्हारा ही भाई है। दुरजोधनवाली गलती तुम मत करो ! दे दो जो इसका हक बनता हो ! वह साला हेकड़बाज ! लगा मुझी को जद्द-बद्द सुनाने ! गालियाँ देने लगा, लगा—हाथ छोड़ देगा मुझी पर। वह मारने के लिए जब दौड़ा तब मैंने ललकारा—अब क्या ताकता है बे ? मार, नहीं तो किसी को जिन्दा नहीं छोड़ेगा ?

और डाक् साब ! तानकर मार ही तो दिया बुधुआ ने—खच्च ! उसका दाहिना पंखा झूल गया ! फिर दूसरा वार गरदन पर। फिर सिर पर ! वह वहीं खेत में गिरा और खतम ! बादर गरज रहे थे, बिजली चमक रही थी, पानी बरस रहा था, रात घिर आई थी, लोग अपने-अपने दरवज्जे पर थे, मैंने बुद्धू से कहा—काम तो गलत हो गया लेकिन इसमें किसी का क्या दोष ? समझो, कजा आई थी मर गया। मैंने लाश को घसीट कर चरी के खेत में फेंकवा दिया और कहा—अब तुम कुछ दिन के लिए अपनी किसी नातेदारी में चले जाओ और हम भी जा रहे हैं काशी ! इनवर्सिटी में !

दस दिन बाद हम दोनों पकड़े गए और पहुँचे जेल ! जेल में ही कहा बुद्धू से—गलती कहाँ हुई, कुछ पता चला ? अगर हमने लाश बढ़ियाई नदी में फेंकी होती तो सीधे बंगाल की खाड़ी में गई होती ! पुलिस को तो क्या, जमराज को भी पता न चलता ?

तो सजा हो गई लोअर कोर्ट से—आजीवन कारावास ! एकदम बेबुनियाद ! मुझे फर्जी फँसाया गया था—दुश्मनी के चलते ! अरे, मैं तो बनारस में पढ़ रहा था। गाँव पर था ही नहीं ! मुझे क्या पता, क्या हुआ, क्या नहीं ? मैं पढ़ रहा था और आप ही लोग पढ़ा रहे थे ! मैं आप लोगों के रजिस्टर में उपस्थित था। बिड़ला हॉस्टल में उपस्थित था ! सारे सबूत मेरे पक्ष में थे !

अपील हाईकोर्ट में हुई और मैं जेल में ! और सच मानिए डाक् साब ! जेल से अच्छी जगह दुनिया में कोई नहीं। देखिए तो इतिहास के सारे बड़े-बड़े काम वहीं हुए हैं। कृष्ण तो पैदा ही वहीं हुए, गाँधी, नेहरू, लोहिया, जयप्रकाश, मंडेला—सबने वहीं सीखा, लिखा-पढ़ा, काम किया, नाम किया ! मुझमें भी वहीं चेंज आया। वहीं एक उमरकैदी मिला जो नियम से 'दुर्गासप्तशती' का पाठ करता था—चूतिया ! चूतियवा की देखा-देखी मैं भी करने लगा !

जब पाठ करते-करते सात सौ इक्कीस दिन हो गए, तो एक दिन नहा-धोकर, अगरबत्ती जलाकर, पूजा-पाठ कर दुर्गा का आवाहन किया। आ गईं दुर्गाजी ! बोले

रामजी–"माँ, यह बता कब तक तेरी चिरौरी, विनती, मनौती करें ?" दुर्गाजी प्रसन्न ! नवरात्र के दूसरे दिन रामजी के कान में धीरे से बोलीं–कुछ मत कर ! बाप से कह कि पाँच बीघे खेत जज के मुँह में ठूँस दे !

इस तरह मुकदमा खारिज और रामजी जेल से बाहर !

ज्ञान की खोज में आदमी कहाँ-से-कहाँ चला जाता है ? गौतम बुद्ध को ही देखिए, कहाँ थे और कहाँ चले आए ? सारनाथ ! सो, रिहा होने के बाद रामजी भी आ गए अस्सी ! अपने गुरु व्यास मिश्र के पास। गुरु ने इन्हें नवरात्र में कामाख्यादेवी के दर्शन और बँगलामुखी की साधना की प्रेरणा दी ! रामजी यहीं से साधक हो गए !

लेकिन वह साधना क्या जिसमें विघ्न-बाधाएँ न आएँ ! लगातार तीन नवरात्र पन्द्रह-पन्द्रह दिन के लिए कामाख्या की यात्रा और सारे विकारों से दूर रहकर बँगलामुखी की अनवरत साधना ! और आनेवाली बाधाओं पर विजय पाना। बड़ा कठिन मार्ग लेकिन चल पड़े रामजी ! नगवा घाट पर शाम को पत्थर की पटिया पर बैठकर एकान्त में एकाग्र भाव से साधना करते थे ! साधना पूरी होने में थोड़े ही दिन रह गए थे कि आ गई बाधा ! जाने कहाँ से एक युवती नहाने आती थी और उन्हीं के बगलवाली पटिया पर पानी में पाँव लटका कर बैठ जाती थी ! यहाँ तक कोई हर्ज नहीं, लेकिन उसके बाद जाँघें खोलकर उनके बीच घंटे-भर पानी उलीचना शुरू कर देती थी। तीसरे दिन नहाकर चली तो पीछे-पीछे साधक रामजी ! बोले–बड़ी गर्मी है वहाँ ! उसने मुड़कर देखा और हँसी। साधक फिर बोले–'देह की सारी गर्मी वहीं है क्या ? बड़ा समय लगता है ठंढा करने में ?' बोली थोड़ा ठहरकर–'दूसरों के लिए तो सौ रुपैया है लेकिन तुम्हारे लिए पचास ही, समझो !' 'साधु-सन्त के पास कहाँ रुपया-कौड़ी ?' रामजी ने कहा !

तो, साधना तो खंडित हो गई डाक् साब ! गुरु ने भी कहा कि छोड़ो, जो हो गया सो हो गया। अब दूसरा मार्ग देखते हैं।

इसके बाद ही गुरुजी ले गए रामजी को हजरत जाहिर शहीद के मजार पर–एक रात ! फिर कई शाम और कई रातें। अब कुछ-कुछ मिलने लगा उन्हें। जब राजघाट के पास शहीद चन्दन के मजार पर पहुँचे तो एक फकीर से भेंट हुई जैसे वह इन्हीं का इन्तजार कर रहा था। उससे बहुत कुछ सीखा, बहुत कुछ जाना ! जब साधना के कठिन और कठोर मार्ग पर चल ही पड़े थे रामजी, तो क्या हिन्दू और क्या मुसलमान ? सभी साधनाओं का ठिकाना एक ही है ? उन्होंने दोनों रास्तों को आजमाना शुरू किया। उन्हीं दिनों जब वे पूजा के बाद रात की नमाज अदा करके बैठे ही थे कि बन्द आँखों के आगे उन्हें एक अलौकिक दृश्य दिखाई पड़ा–शून्य में ! बड़े-बड़े बाल, सिर पर जालीदार टोपी, छाती को छूती हुई लम्बी-नुकीली सफेद दाढ़ी ! उसकी आँखों की चमक और चेहरे से टपकते नूर से चौंधिया गईं उनकी आँखें। जिस मजहब का चेहरा था उसमें बुत कहाँ से आया ? वे परेशान !

"बस-बस ! बन गया काम, अब बाराबंकी में देवा शरीफ जाओ !" गुरु ने बताया।

रामजी देवा शरीफ के मजार हो आए ! वहाँ वही फकीर दिख गया जो नमाज के बाद ध्यान में आया था। अब वे अस्सी पर स्थिर होकर दोनों धर्मों की साधनाओं में लय हो गए ! सुबह-शाम-रात; जब देखो तब पूजा-पाठ और पाँच वक्त की नमाज ! रहने के लिए मठ, खाने के लिए चौराहे के ठेले, पीने के लिए चौराहे की चाय की दुकानें। साधू-सन्त के पास कहाँ रुपया-कौड़ी ? न उनसे कोई पैसे माँगता था, न वे किसी को देने की जहमत उठाते थे। पहनने की भी कोई समस्या न थी। चाहिए ही क्या उसके लिए ? एक लुंगी, एक गमछा और तन ढँकने के लिए बंडी। बुनकरों और फकीरों से दोस्ती काम आ रही थी। रामजी पूरी तरह 'सन्त' हो चुके थे ! चौराहे पर किसी से पूछिए 'सन्त' जी कहाँ है ? कोई नहीं पूछेगा—'कौन सन्तजी ?' हालाँकि यहाँ सभी 'सन्त' हैं लेकिन रामजी की 'सन्तई' सब पर भारी पड़ती थी ! इसलिए कि वे सारी माया त्याग चुके थे—सिवा 'एक' के ! वह माया थी 'तमंचा'। रिहाई के बाद से ही न उसने इनका साथ छोड़ा, न इन्होंने उसका ! वह इनकी कमर में वैसे ही खुँसा रहता था जैसे लोगों की जेब में कलम !

सन्त रामजी इससे भी मुक्त होने के बारे में सोच ही रहे थे कि एक दूसरी माया पीछे पड़ गई और उनसे 'नहीं' करते नहीं बन सका ! वह थी गाँव की परधानी। यानी जनसेवा की माया ! ग्राम प्रधान का चुनाव हो रहा था और उनके भक्तों की राय थी कि राजनीति संन्यास का ही दूसरा नाम है आज। उसे ईश्वर कहिए या अल्ला—जनता की सेवा उसी की सेवा है। भक्तों ने जब बहुत जिद की तो उन्होंने दो ही शर्तें रखीं—एक, मृतक यादव की बेवा और उसके परिवार के वोट जरूर मिलने चाहिए—किसी भी कीमत पर ! दो, जो वोट विरोधी को जाने हों उन्हें मतदान से एक दिन पहले कुम्भस्नान के लिए प्रयागराज भेजना चाहिए ! भक्तों ने शर्तें—आसान शर्तें—मंजूर कीं और वे प्रधान हो गए !

अब एक नए स्वाद से परिचय हुआ सन्तजी का ! वे अस्सी पर; ब्लाक प्रमुख, तहसीलदार, डी.एम. जिले में ! वे अपना आश्रम और पूजा-पाठ नहीं छोड़ेंगे ! जिन्हें गरज होती थी, यहाँ तक कि विधायक और सांसद भी—उन्हें ढूँढ़ते हुए अस्सी आते रहते थे ! क्यों ? क्योंकि गाँव और गाँव के वोट सन्तजी की मुट्ठी में थे ! सन्तजी की समझ में आ गया था कि गाँव जनतन्त्र की कुंजी है और उसे कसकर अपने जनेऊ में बाँधे रहो ! सभी पार्टियों के खजाने इसी 'मास्टर की' से खुलेंगे !

कहते हैं कि वे कांग्रेस और जनता दल में तो खुद गए थे लेकिन भाजपा खुद गई उनके पास !

दो-चार महीने पहले किसी ने बताया कि सन्त रामजी किसी मठिया के महन्थ होने की जुगाड़ में हैं। काशीनाथ से मिल गए एक रोज ! गले में ग्यारह मालाएँ, ललाट पर अलग-अलग रंग के तीन टीके, कलाई में रच्छा के मोटे धागे।

"कब महन्थ हो रहे हैं सन्तजी ?" रामजी से पूछा काशीनाथ ने।

रामजी हँसे—"महन्थ और मैं ?"

"क्यों ?"

"बैठिए, बताते हैं अभी !" रामजी ने शुरू किया "सुनिए, एक किस्सा है बाल्मीकि रामायण का। राम का दरबार लगा था। चारों भाई अपने-अपने आसन पर। सभी मन्त्री भी अपनी जगह। उसी में फटे सिरवाला कुक्कुर मुँह में कागज दबाए फरियाद के लिए पहुँचा। राम ने लक्ष्मण से कहा—"पूछो, क्या बात है ?" कुत्ते ने बताया—"महाराज ! एक ब्राह्मण ने मारा है। यह माथा देखिए। राम चिन्तित ! ब्राह्मण पर न तो कोई दफा लगाई जा सकती है, न उसे सजा दी जा सकती है। राम ने लक्ष्मण से पूछा—"भाई लखन ! तुम्हीं बताओ ब्राह्मण को क्या सजा दी जाए ?" कुत्ते ने टोका—"नहीं महाराज ! सजा आप नहीं, हम बताएँगे !" "तुम्हीं बोलो !" राम ने कहा। कुत्ता बोला—"महाराज ! उसे किसी मठ का महन्थ बना दो !"

पूरी सभा इस सजा से चौंक गई ! यह सजा है कि पुरस्कार ?

"क्यों ?" सबने एक स्वर से पूछा !

कुत्ते ने कहा—"महाराज ! पिछले जन्म में मैं भी महन्थ था। देखिए, इस जन्म में कुक्कुर हूँ। आप उसे महन्थ बना देंगे तो अगले जन्म में वह भी कुत्ता होगा !"

"तो डाक् साब ! मैं ऐसे ही ठीक हूँ ! मुझे कुत्ता नहीं होना है !"

रामजी ने बंडी की जेब से खैनी की डिबिया निकाली, एक चिटकी होंठ के नीचे दबाई और शरारत से हँसकर कहा—"हाँ, महन्थ होने पर एक काम हो सकता है। जन-कल्याण ! आप सबका भला ! बात यह है कि मठ में बड़ी माताएँ मिलती हैं—बीस-बीस, पच्चीस-पच्चीस साल की। पार्वती माता, राधा माता, सरस्वती माता, रुक्मिणी माता ! माताजी-माताजी चौबीस घंटे लगाए रहते हैं ससुरे ! भक्त-सन्त आए हैं माताजी ! ये कलेक्टर हैं दरभंगा के ! रात-भर रहेंगे ! सेवा-टहल में कोई कमी न हो ! पहले प्रसाद दीजिए, भोग बाद में लगाएँगे !..."

"आप जैसी प्रतिभा भाजपा में कैसे गई राय साहब ?" शैलेन्द्र ने पूछा हँसते हुए !

रामजी ने जाँचती निगाहों से उसे देखा—"क्यों ? मेरी जैसी प्रतिभा के लिए ही वह पार्टी है।" फिर धीरे से मेरे कान में बोले—"मेरा पौरा ही ऐसा है डाक् साहब ! कि जिस पार्टी में गया उसका 'राम नाम सत्य' हो गया ! पहले कांग्रेस में गया, उसका देख लीजिए; उसके बाद जनता दल में गया, उसे भी देख लीजिए, अब इसमें आया हूँ, थोड़ा इन्तजार कर लीजिए !"

"आप उसी में हैं और उसी का अनभल चाहते हैं ?" शैलेन्द्र बोला।

"लौंडे हो, तुम नहीं समझोगे..." रामजी ने पीक थूँकी और कहा—"जानते हैं यह लुंगी किसकी दी हुई है जो पहने हूँ ? सुलेमान की ! बुनकर था ! मेरा दोस्त था ! बजरडीहावाले दंगे में उसे मार डाला सालों ने ! तो यह कैसे भूल सकता हूँ मैं ?"

"आप गालियाँ क्यों देते हैं इतनी ?" शैलेन्द्र का प्रश्न का !

"लंड़चटई मत करो ! भोंसड़ी के !" उन्होंने गुस्से से देखा—"जब देता था तब देता

था। और मैं देता भी कहाँ था ? मेरे मुँह से निकल जाती थीं !"

रामजी, काशीनाथ और शैलेन्द्र बातें कर रहे थे और इन्हीं के सामने रामजी पर मुस्कुराते हुए समाजवादी पार्टी-पलट कांग्रेसी वीरेन्द्र श्रीवास्तव आ-जा रहे थे। भुनभुनाते हुए—"ऐ खुदा ! अगर नेता बनाना तो मजुमदार मत बनाना ! गर औरत बनाना तो छिनार मत बनाना। गर आदमी बनाना तो भूमिहार मत बनाना। गर भूमिहार बनाना तो रामजी राय मत बनाना।"

"सुन लीजिए, श्रीवास्तवजी क्या भुनभुना रहे हैं ?"

"कैसे साहित्य के विद्यार्थी रहे हो तुम ?" रामजी बिगड़ उठे शैलेन्द्र पर, "इसे 'भुनभुनाना' कहते हैं ? 'भनभना' 'भनभना' बोलो। मच्छर की तरह भनभना रहा है नाच-नाच कर। जब से सबकी चोरी-चोरी पार्टी ऑफिस को ही बेंचकर सात लाख रुपए अकेले डकार गया है मजुमदार, तभी से पगलाया घूम रहा है यह।"

आदि-आदि !

तीन बजे मेरा यह सारा 'पुण्य-स्मरण' बेकार चला गया !

रामजी पप्पू चायवाले की दुकान के बगल में भड़भूजे की दुकान पर छोले-पकौड़े खाते दिखे—तेरही मनानेवालों की भीड़ के बीच ! 'कितना खुश हो रहा हूँ आपको देखकर' मैंने कहा और वे दोने फेंककर खड़े हो गए—ग्यारह मालाओं, तीन टीकों और गमछे में बँधे फूलों-बेलपत्रों के साथ !

"डाक् साब ! मैं भूमिहार हूँ !

सौ बरिस अड़ा
सौ बरिस खड़ा
सौ बरिस पड़ा
सौ बरिस सड़ा।

भोंसड़ो के चार सौ साल जिऊँगा मैं, क्या कर लोगे मेरा ? यही कह रहा हूँ इन सबसे। अभी-अभी गाँव से चला आ रहा हूँ ! पता चल गया था मुझे ! आपको नहीं मालूम, जब भी दो-चार दिन के लिए इधर-उधर जाता हूँ, अशोक नगनथैयावाले को दस रुपया थमाकर मुहल्ले में डुगडुगी पिटवा देता है कि रामजी राय इतने दिनों से लापता हैं ! जो कोई खबर लाएगा उसे सौ रुपए इनाम ! देखिए तो इसके पाकेट में अठन्नी भी न होगी ! हाँ, अब की ज्यादा दिन लग गए !"

फिर सबसे अलग ले जाकर धीरे से बोले—"असल बात यह है कि डॉक्टर गड़बड़ सिंह वाला मुर्गवा अशोक पँड़वा के घर में है ! आज उसकी सद्‌गति लगनी है। मौका मिले तो आप भी आ जाइएगा !"

4

तो पहली जनवरी, '99 की शाम !

नए साल की पहली शाम।

मित्रो, दो स्वयंसेवी सन्तों की रंजक कथा कहने में यह बताना तो भूल ही गया कि हर गदरहा किसी-न-किसी पार्टी का सदस्य है लेकिन बँधुआ किसी का नहीं है। इतनी गुंजाइश बराबर रखता है कि संकट की घड़ी में 'इससे' 'उसमें' या 'उससे' 'इसमें' आ-जा सके। यही गुंजाइश लोकतन्त्र की ताकत है और ये हमेशा उसे ताकतवर बनाने की फिराक में रहते हैं। जो इस गुंजाइश को नहीं समझता, वह सिद्धान्त के मर्तबान में पड़ा-पड़ा अँचार हो जाता है—रामवचन पांडे की तरह। वे पिछले तीस साल से 'इसमें' ही रह गए, 'उसमें' या किसी में नहीं जा के। आज हालत देख लीजिए उनकी !

सेमिनार हाल यानी पप्पू के दड़बे के बाहर सड़क पर बेइन्तहा भीड़। चाय के नशे में हँसती-गाती-झूमती भीड़। अन्दर और बाहर की गूँजती हुई आवाजें बोल रही थीं कि देश खुश है, मस्त है—साल के नया होने से उतना नहीं, जितना अभी-अभी के चुनावी नतीजों से। चार राज्यों में विधानसभा के चुनाव और भाजपा साफ ! सत्ता में होते हुए साफ ! और तो और, दिल्ली और राजस्थान जैसे अपने गढ़ में साफ। वाह र्ज्जा जियो ! हर हर महादेव ! भोंसड़ी के और बेंचो अस्सी-नब्बे रुपए किलो प्याज ! मत दो नमक ! मत खिलाओ दाल और आलू और तरकारी ! फैलाओ ड्राप्सी !

इस खलबलाती भीड़ में सब थे, नहीं थे तो भाजपाई !

इन 'सब' में दो लोग और थे—जो थे जरूर, लेकिन अकेले-अकेले ! अपने-अपने कारणों से अकेले !

एक थे आई.पी.एफ. के कॉमरेड चित्तरंजन—बलिया के वकील ! लखनऊ से लौटे थे। बेहद उदास, चुप और चिन्तित। माले के कॉमरेड विनोद मिश्र का अन्तिम दर्शन करके आए थे ! उनका लखनऊ में 'हृदयाघात' से देहान्त हो चुका था। जन-आन्दोलनों और जनक्रान्तियों को गहरा आघात लगा था इस हादसे से ! नगर के मार्क्सवादी भी आहत थे ! हम सभी ! जो चित्तरंजन के 'शोक' में शरीक हो रहा था, उससे यह कहना वे नहीं भूलते थे कि यह पहली घटना है जब एक क्रान्तिकारी की मौत 'हार्ट अटैक' से हुई है ! इसका मतलब है कि वे कितने संवेदनशील थे—संवेदनाओं से भरपूर : इसे देखिए, समझिए !

दूसरे थे समाजवाद के रामवचन पांडे ! दिल्ली से लौटे थे मैदान फतह करके। खूब उत्साहित और उल्लसित। चेहरे पर विजयपताका थी लेकिन भीड़ में एक भी आदमी नहीं, जो देखे। वे गए थे कांग्रेसी मजुमदार के साथ, ठहरे थे किसी भाजपाई सांसद के यहाँ, मीटिंग थी राजद की। उन्होंने काशीनाथ को आवाज दी "गुरुजी !"

काशीनाथ के पहुँचने से पहले ही शुरू हो गए पांड़ेजी—"क्या कह रहे थे चित्तरंजन ? यही कि कॉमरेड मिश्रा के पास दिल था ? अपने दिल की बात नहीं की

उन्होंने ? उसकी बात नहीं की जब वे पागलों की तरह सड़क पर घूम रहे थे ? ये लोग दिल की बातें किसी से नहीं करते ! कभी भी नहीं ! आपस में भी नहीं। देखिए, आज भी उनके चेहरे पर रौनक नहीं लौटी है !'' काशीनाथ ने उन्हें रोकना चाहा तो वे और भी भड़के उठे—''आपको बुरी लग रही हैं ये बातें, लेकिन बताइए—एक भी आइसा या माले या आई.पी.एफ. का लड़का है जो बेकार है ? सब या तो मीडिया में हैं या अखबार में या प्रशासन में, नहीं तो एन.जी.ओ. में। आर.एस.एस. वालों की तरह।'' फर्क सिर्फ इतना है कि आई.पी.एफ. वाले इन धन्धों में अपनी योग्यता से गए हैं और आर.एस. एस. वालों को जबरन ठूँसा गया—बिना यह सोचे कि वे कितने नालायक हैं ? लायक हैं भी या नहीं। क्रान्ति वे कर रहे हैं जो अपढ़ और गँवार हैं। मार भी वही रहे है, मर भी वही रहे हैं। हाँ, आइसा ने इतना जरूर किया कि सारा छात्र-आन्दोलन जो समाजवादी युवजन सभा के हाथ में होता था, उसे खत्म कर दिया और अपने हाथ में ले लिया ! नतीजा देख लीजिए ! असल में हम लोग जो सिद्धान्तों पर ही रह गए, न घर के काम के रह गए हैं, न आज की राजनीति के काम के ! आइए चलिए, अन्दर बैठते हैं।''

अन्दर जाने के बाद पांड़ेजी का मूड बदला ! बैठने के बाद बोले—''गुरूजी, गौर किया आपने ? राजस्थान, दिल्ली, मध्य प्रदेश, मणिपुर—इन चार प्रान्तों में चुनाव हो गए। हर पार्टी ने रुपए लेकर सीटें बेचीं। यह भी पता नहीं किया कि उसके घर के वोट भी उसे मिलेंगे या नहीं। इन्हीं में कुछ राष्ट्रीय क्या, अन्तर्राष्ट्रीय नेता भी थे जो अपनी ही विधानसभा के 180 बूथों में से 60 से अधिक के बारे में नहीं जानते ! लेकिन इन्हीं में से कई जीते भी क्योंकि इनकी नेतागिरी प्रेस पालिटिक्सवाली नेतागिरी है। ये अखबारों में अच्छा-से-अच्छा बयान देते हैं। इनके चौथे ग्रेड के वे मित्र हैं जो भ्रष्ट, खूनी और दलाल हैं। ये उनके लिए जगह-जगह सभाएँ आयोजित करते हैं। और उस सभा में ऐसे ही लोगों के खिलाफ भाषण करते हैं। ये सुनते हैं, तालियाँ बजाते-बजवाते हैं और 'जिन्दाबाद' बोलते हुए अगले सभामंच के लिए चल देते हैं—अपनी कारों और जीपों के काफिले के साथ !''

''बहुत कुछ बदल गया है गुरुजी ! नेहरू, लोहिया, जयप्रकाश नारायण के लिए भीड़ नहीं जुटानी पड़ती थी। भीड़ अपने आप आती थी। अब नेता भीड़ अपने साथ लेकर आता है—कारों में, जीपों में, बसों में, ट्रैक्टर में। किसी की सभा को देख लीजिए तो दरी-चौकी बिछानेवालों और तम्बू-कनातवालों को निकाल दीजिए तो भीड़ वही रहती है जो कारों-जीपों में नेताजी के साथ चलती है। हर जगह वही चेहरे।''

इसके बाद थोड़ा रुककर बोले पांड़ेजी—''हमारे बिहार की हालत दूसरी है। वहाँ वही नेता हो सकता है जो जमीनी हो ! जमीनी का मतलब जो खुद जुताई, बुवाई, कटाई दँवाई करे। जो खुद डाका डाले, चोरी करे, दस-पाँच कतल करे—यह नहीं कि अपने तो पाक-साफ बना रहे और दूसरों से यह सब करवाता रहे। इस माने में बिहार पूरे देश की राजनीति का मॉडल है ! नीति-निर्देशक ! यह राजनीति अन्ततः इसी रास्ते जानी है।''

''आप उसी राजद की मीटिंग में दिल्ली गए थे और ऐसा बोल रहे हैं।'' काशीनाथ

ने हस्तक्षेप किया बीच में !

"राजद की नहीं, 'तीसरा मोर्चा' की। लेकिन उसकी बात क्यों करें अब ? चार प्रान्तों में चुनाव हुए, चार-चार खेल हुए, इन खेलों में तो उसे सीटी बजाने का भी मौका नहीं मिला। कहीं रेफरी न होता, न होता, लाइनमैन तो होता। मैदान में न सही, उसके बाहर से ही झंडी हिलाने का मौका मिलता ! कम्युनिस्ट और समाजवादी तो यह भी नहीं हुए।"

"लेकिन मैंने तो सुना कि आप कांग्रेस में भी सम्भावना तलाशने गए थे ?"

"है तो !" पांड़ेजी हँसे, "लेकिन कांग्रेसियों का हाल जेल से छूटे हुए उस चोर जैसा है जिस पर अपराध भले साबित न हुआ हो; वह जीवन-भर इस अपराधबोध से मुक्त नहीं हो पाता कि वह चोर है ! ऐसे में कौन सोचेगा उसके बारे में !..."

इसी बीच हाथ में सान्ध्यकालीन अखबार लिये आगे-आगे राधेश्याम पांड़े और उनके पीछे-पीछे वीरेन्द्र श्रीवास्तव। दोनों में छत्तीस का आँकड़ा है—इसे सब जानते हैं।

राधेश्याम अँचार की दूसरी किस्म हैं। इनका मर्तबान 'स्वयंसेवक संघ' है जहाँ कोई 'इसमें' 'उसमें' 'जिसमें' 'किसमें' नहीं होता !

"नमस्कार डाक् साब !" राधेश्याम ने पांड़ेजी के आगे अखबार फेंकते हुए कहा—"तो सरकार जा रही है ! जब से अटलजी प्रधानमन्त्री हुए हैं तब से भोंसड़ी के आस लगाए हैं कि सरकार अब गिरी कि तब गिरी। लीजिए, देखिए अखबार..."

पांड़ेजी ने अखबार को न देखा, न उसे छुआ।

" 'पंचतन्त्र' वाली कहानी तो याद है न आपको ? एक सियार अपनी सियारिन के साथ चूहों की ताक में नदी किनारे बैठा था कि एक तगड़ा कद्दावर साँड़ पानी पीने पहुँचा। सियारिन की नजर उसकी पिछली टाँगों के बीच झूलते मांसपिंड पर गई। बोली—स्वामी, चूहा खाते-खाते मन भर गया है। सामने देखो—साँड़ की टाँगों के बीच में लटका हुआ फल। लगता है, पक गया है बस गिरने ही वाला है ! उसका पीछा करो, आज नहीं तो कल गिर जाएगा। और दसियों साल तक भोंसड़ी के पीछे-पीछे घूमते रह गए और वह नहीं गिरा ! क्यों ? क्योंकि 'शिथिलौ च सुबद्धौ च' था। जब सोलह पार्टियों को साथ लेकर चलना होगा तो शिथिल तो होगा ही; लेकिन सुबद्ध है ! गिरेगा नहीं, करते रहो इन्तजार !"

जब तक राधेश्याम की कथा चलती रही, वीरेन्द्र मुस्कुराते रहे; जैसे ही खत्म हुई उन्होंने जोरदार ठहाका लगाया—"अरे राधेश्याम ! कुछ तो शरम करो ! डूब मरो चुल्लू-भर पानी में ! अपने नेता को चाहे जो बनाओ, यह तो न बनाओ ! कोई और उपमा नहीं है तुम्हारे पास ? छिः छिः, राम ! राम !"

इसके बाद दड़बे में जो अर्थ का अनर्थ शुरू हुआ उससे राधेश्याम हतप्रभ ! पंचतन्त्र का वह कद्दावर साँड़ 'सिंगल' उनकी पकड़ से छूट चुका था और सेमिनार हाल में तहलका मचाए था। अपने लटकते हुए मांसपिंड के साथ।

5

"हाँ तो गुरुजी ! एक बात बताइए," माहौल जैसे ही शान्त हुआ, पांड़ेजी ने फिर शुरू कर दिया, "यह बताइए कि कभी कौरा खानेवालों ने शासन किया है, जो करेंगे ? कौरा का मतलब समझते हैं कि नहीं ? गाँव में हर घर में एक कुक्कुर होता था जो घर, दुआर, खलिहान अगोरने का काम करता था ! अब भी होता है वह। मालिक जब दोपहर या रात में खाना खाता था और हाथ-मुँह धोने के लिए चौक से उठने लगता था तो अन्तिम कौरा कुक्कुर के लिए लिये जाता था और आवाज देता था—वह जहाँ कहीं होता था, दौड़ा हुआ आता था—वही कौरा ! इनके यहाँ प्रचारक ऐसे ही हैं। साथ में एक कुर्ता और धोती रख लेते हैं और साइकिल से घूम-घूम प्रचार करते हैं। जहाँ कहीं मीटिंग रखते हैं, उसके खाने-पीने की जिम्मेदारी उस क्षेत्र के संघी की होती है। वह हर घर में एक पोलीथिन भिजवा देता है—"बहनजी, इसमें दो आदमियों के लिए दस पूड़ियाँ और सब्जी रख दीजिए, आकर ले जाएँगे !" जीवन-भर उसे आटे-दाल के भाव का पता ही नहीं रहता, केवल दूसरों का कौरा खाता रहता है। ऐसे लोगों के हाथ में शासन जाएगा तो यही होगा ! चिल्ला रहे हैं लोग कि आलू गायब है, नमक गायब है, प्याज नहीं मिल रही है और ये भोंसड़ी के बनियों के हाथ में ताली (मालिकाना) थमाकर मलाई काट रहे हैं।"

"आप खामखाह गालियाँ दे रहे हैं इन्हें।" कांग्रेसी वीरेन्द्र बोले, "इसके लिए भाजपा को कोई दोष नहीं दे सकता ! देश उसके एजेंडे पर था ही नहीं। उसके एजेंडा पर था राष्ट्रीय स्वाभिमान और गोसंरक्षण ! देश भोंसड़ी के रसातल में जाता है तो जाए, ये अयोध्या और पोखरन जाएँगे !"

"हम न अयोध्या जाएँगे, न पोखरन; अब हम रोम और इटली जाएँगे वकील साहब ! आप 'शिथिलौ च सुबद्धौ च' के गिरने की आस लगाए रहिए !" राधेश्याम दूसरे कोने से चिल्लाए !

"और क्या कर सकते हो तुम लोग ?" जब से राजस्थान, दिल्ली, मध्य प्रदेश और मणिपुर में जनता ने डंडा किया है तब से दो फाड़ हो गई है तुम्हारी !...और चुनावी मुद्दा ढूँढ़ रहे हो ? क्यों ? अयोध्या ने किसी तरह प्रधानमन्त्री दे दिया और अब ऐसा मुद्दा हो जो बहुमत की सरकार दे दे। देश का कबाड़ा हो जाए लेकिन तुम्हें सरकार जरूर मिले। डूब मरो गड़ही में सालो !" हिकारत से वीरेन्द्र ने बेंच के पीछे थूँका और रामवचन की ओर मुखातिब हुए—पांड़ेजी, आपको बताने की जरूरत नहीं है कि "6 दिसम्बर की अयोध्या की घटना की देन क्या है ? जो मुसलमान नहीं थे या कम थे या जिन्हें अपने मुसलमान होने का बोध नहीं था, वे मुसलमान हो गए रातोंरात। रातोंरात चन्दा करके सारी मस्जिदों का जीर्णोद्धार शुरू कर दिया। देश की सारी मस्जिदों पर लाउडस्पीकर लग गए। मामूली से मामूली टुटही मस्जिद पर भी लाउडस्पीकर लग गया। जिस मस्जिद में कभी नमाज नहीं पढ़ी जाती थी, उससे भोर और रात में अजान सुनाई

पड़ने लगी। जो नमाज में नियमित नहीं थे, वे नियमित हो गए।...और सुनिएगा ? गाजीपुर, दिलदार नगर, बक्सर, भभुआ, आजमगढ़—अरे, आप तो उधर के ही हैं, सब जानते हैं—इस पूरे इलाके में हिन्दू से मुसलमान हुए लोगों की कितनी बड़ी तादाद है ? वे यह भी जानते हैं कि हम एक ही घराने और परिवार के रहे हैं। वे एक जमाने से ठाकुरों-भूमिहारों के यहाँ बिना किसी भेद-भाव के आते-जाते थे। न्योता-हँकारी, तीज-त्योहार साथ मनाते थे। एक ही खटिया-मचिया थी, जिस पर बैठा करते थे। कभी फर्क ही नहीं मालूम पड़ता था दोनों के बीच। लेकिन चीजें बदल गईं उस घटना के बाद ! राधेश्याम पड़वा ! है कोई इसका जवाब तुम्हारे पास ?"

"ए राजकिशोर जी !" राधेश्याम ने मदद के लिए आवाज दी राजकिशोर को जो सड़क के उस पार दूसरी दुकान पर खड़े-खड़े नीबू की चाय पी रहे थे।

"अरे ! तुम्हारे पास कोई जवाब ही नहीं है ! राजकिशोर क्या देंगे ? मैं ही दे रहा हूँ !" वीरेन्द्र तैश में राधेश्याम के पास चले गए—"कम्पटीशन शुरू हो गया है जी.टी. रोड के किनारे मन्दिर, मस्जिद, मजार बनाकर जमीन हड़पने का ! वे भी हड़प रहे हैं लेकिन तुम्हारे मुकाबले में वे कहीं नहीं हैं। मस्जिद खड़ी करने में तो समय लगता है; यहाँ तो एक ईंट या पत्थर फेंका, गेरू या सेनुर पोता, फूल-पत्ती चढ़ाया और माथा टेक दिया—'जै बजरंगबली !' और दिन-दहाड़े दो आदमी ढोलक-झाल लेकर बैठ गए—अखंड हरिकीर्तन ! भगवान धरती फोड़कर प्रगट भए हैं अब सरकार चाहे भी तो झाँट नहीं उखाड़ सकती ! समझा ? अयोध्या का फायदा यह हुआ कि चन्दौली से कछवा के बीच जी.टी. रोड के किनारे-किनारे सैकड़ों एकड़ जमीन कब्जिया लिया तुम लोगों ने सेनुर पोत-पोतकर !...और एक फायदा हुआ है—नगर के हर गली-मुहल्ले में दो-दो चार-चार व्यास और मानस-मर्मज्ञ पैदा हो गए हैं भोंसड़ी के। जिन जजमनिया निठल्लों को कल तक पादने का भी सहूर नहीं था, वे घूम-घूम रामकथा कह रहे हैं और एक-एक दिन के पचीस-पचास हजार लूट रहे हैं। ये वाणी के तस्कर चूतिया बना रहे हैं बूढ़ी-विधवाओं और सेठों-मारवाड़ियों को ! और सुनोगे ? अभी तक तो लौंडों को बर्बाद कर रहे थे तुम लोग, इधर देख रहा हूँ कि बेटे-पतोह के सताए तमाम रिटायर्ड बूढ़े सबेरे-सबेरे हाफपैंट पहनकर बौद्धिक कर रहे हैं पार्क में ! स्वास्थ्य और परलोक दोनों बना रहे हैं ! और यह भी बताएँ कि ललुआ को झूठे बदनाम किया तुम लोगों ने, चारा-घोटाले का अरबों रुपया तो यू.पी. खा गया है गोसंरक्षण के नाम पर !...ए अशोक ! मेरे चाय के पैसे राधेश्याम से ले लेना ! आजकल सरकार हैं ये।"

वीरेन्द्र के चुप होते ही दड़बा सकते में। सकते में इसलिए नहीं कि उनका 'भस्स-भस्स' और 'साँय-साँय' स्वर राधेश्याम को देखते ही 'ठाँय-ठाँय' और 'धाँय-धाँय' हो गया था बल्कि इसलिए कि बोलते-बोलते अचानक उनका चाय की ओर मुड़ जाना किसी की समझ में नहीं आया !

जबकि फाटक पर देख लिया था उन्होंने डॉ. गया सिंह को !

दो ही रास्ते बच रहे थे उनके सामने, या तो आधी रात तक डॉ. गया सिंह का

विस्फोटक भाषण सुनें या चाय पीकर चुपके से खिसक लें—तेरही के भोज में ! और यही किया उन दोनों ने !

6

मित्रो, डॉ. गया सिंह माने 'स्पीडब्रेकर'। बात या बहस की चाहे जैसी स्पीड हो, उसमें ब्रेक। सन्दर्भ-प्रसंग की ऐसी-तैसी। वे जब बोलते हैं तो किसी की नहीं सुनते—न उसके पहले, न उसके बाद ! कोई उन्हें भी नहीं सुनता—क्योंकि माना जाता है कि उनका बोलना, सुनने की नहीं, देखने की चीज है। इसलिए भी नहीं सुनता कि पंचम सुर में निकलनेवाली उनकी बातों में इतना वेग होता है कि वह एक कान को छेदती हुई दूसरे कान के पार हो जाती हैं—उसे मुड़कर दिमाग की ओर जाने का अवकाश ही नहीं रहता !

लेकिन सन्त लोग उन्हें 'स्पीडब्रेकर' नहीं बोलते ! वे इतने मामलों में इतनी बार कचहरी से 'स्टे' ला चुके हैं कि सन्त उन्हें 'स्पीडब्रेकर' के बजाय 'स्टेफ्री' (जो 'स्टे' लाने के लिए फ्री हो) कहना ज्यादा पसन्द करते हैं !

तो, जैसे ही गया बैठे, वैसे ही भास्कर श्रीनिवासन ने उन्हें अपनी पुड़िया पकड़ाई !

गया सिंह ने उसे खोलकर बिछाया और उस पर ठोंगे की सारी मूँगफली उँड़ेल दीं और फोड़कर खाने लगे !

मित्रो, इसे क्षेपक ही समझिए लेकिन जान लीजिए कि भास्कर श्रीनिवासन और वह जो दड़बे के बाहर सड़क पर सन्तों को देखकर घंटे-भर से हँस रहे हैं—क्या चीज हैं ? लेकिन इन्हें जानने के पहले यह जानिए कि संसार क्या है ? यह बहस तब से चल रही है जब से संसार है ! क्या है संसार ? कागज की पुड़िया—लहरतारा का जुलाहा बोला था ! बोला था, दिखाया नहीं था ! दिखाया श्रीनिवासन और उदय पांड़े ने ! एक ने कागद की पुड़िया दिखाई, दूसरे ने पत्ते की ! और दिखाई ही नहीं, आज भी दिखाते चल रहे हैं !

श्रीनिवासन कहीं कोयले की खदान में वेलफेयर अफसर थे। इकहरे बदन के साँवले तेज-तर्रार नौजवान ! वहाँ लेबरों ने हड़ताल की, जुलूस निकाले, धरने दिए और सभाएँ कीं। देख-देखकर श्रीनिवासन जोश में आ गए और उनके मंच से जोरदार भाषण किया ! दूसरे दिन सस्पेंड हो गए ! 'जिसे कहीं नहीं जाना हो, वह अस्सी आए' स्टाइल में वह अस्सी आ गए ! दाढ़ी-बाल इतना बढ़ाया कि इंटेलैक्चुअल लगने लगे ! यहीं से 'तिगटा' का जन्म हुआ। उन्होंने हाथ से लिखा एक पेज का (पन्ने का नहीं) अखबार निकालना शुरू किया। अनियतकालीन ! वे रात-भर एक पेज लिखते, अगले दिन सौ-दो सौ फोटोस्टेट कराते, पुड़िया बनाते और हफ्ते-भर बाँटते। घाट पर, चौराहे पर, चाय की दुकानों में। अनियतकालीन इस अर्थ में कि इसका निकलना उनके मूड पर है। हफ्ते में कभी एक बार, कभी तीन-चार बार !

कहना सन्तों का कि देस का ही नहीं, विदेस का भी कोई विद्वान इसकी एक लाइन तो क्या, एक शब्द भी मुकम्मल पढ़ दे तो गंगा समेत पूरा अस्सी उसके नाम ! कारण, पूरा पेज खरोष्ठी लिपि में। किधर से पढ़ेंगे पेज को ? ऊपर से, नीचे से, बाएँ से, दाएँ से, चारों में से किसी कोने से पढ़ के दिखा दो तो पेशाब से मूँछें मुड़वा दें ! जैसे संसार अनादि और अनन्त, वैसे पेज ! नाम अखबार का 'तिगटा'। 'तिगटा' माने "हे हे हे तिगटपन पट्टू छे ! पटापट्टू खटाटट्टू गुडुप छे !" क्या समझे ?

श्रीनिवासन न साधू हैं, न संन्यासी; न जोगी हैं, न बैरागी, सच्चे इंटेलैक्चुअल हैं ! कभी मुस्कुराते-हँसते नहीं देखे गए। हमेशा धीर-गम्भीर। धुन के पक्के ! अखबार निकालना और मुफ्त में बाँटना—कोई देखे, न-देखे; पढ़े-न पढ़े। आएँगे, बैठेंगे, चुपचाप चाय पिएँगे—आप बगल में हँसते रहिए, गाते-बजाते रहिए। कभी आप चाहेंगे तो वे 'तिगटा' के बारे में बता भी देंगे—तिगटा इस समय कहाँ है ? कैसे है ? क्या कर रहा है ? जब आएगा तो संसार क्या-से-क्या हो जाएगा ! फिलहाल यह पुड़िया देखिए !

दूसरी पुड़िया देखिए उदय पांडे के हाथ में ? उनके लिए संसार कागद की नहीं, पत्ते की पुड़िया है। कागद तो गल भी जाता है, बह भी जाता है लेकिन पत्ता न बहता है, न गलता है—सूखता है और उड़ जाता है जीवन की तरह ! पत्ता पान का भी होता है और महुए का भी जिसमें भाँग की चालीस गोलियाँ रहती हैं। दोनों उड़ाते हैं उदय। वे संस्कृत के किसी प्रोफेसर के बेटे हैं जो रिटायर्ड हो चुका है। वे यानी उदय चालीस गोलियों से फिलहाल सन्तोष कर रहे हैं। जितनी उमर, उतनी गोलियाँ। इसके लिए प्रतिदिन उन्हें चालीस रुपए मिलने चाहिए। घर से मिले तो मिले, नहीं किसी का रिक्शा लेंगे, खींचेंगे और जैसे ही चालीस रुपए हो जाएँगे, उसे गोली मार देंगे ! शाम होते ही सीधे आएँगे पप्पू की दुकान के सामने—सड़क पर; और खड़े हो जाएँगे ! जिनको बतियाना हो, बतियाएँ; बहस करना हो, बहस करें; गाना हो, गाएँ—वे दूर खड़े होकर दुनिया का तमाशा देखेंगे, और हँसेंगे। श्रीनिवासन के उलट। न चिन्तन करते हैं, न दाढ़ा-दाढ़ी बढ़ाते हैं, सिर्फ हँसते हैं और तब तक हँसते रहते हैं जब तक दुकान में ताला नहीं बन्द हो जाता !

अस्सी का मानना है कि ये दोनों आनन्द जाति के सन्त हैं, चाहो तो एक को चूतियानन्द कह लो और दूसरे को पुड़ियानन्द ! डॉ. गया सिंह खुश हैं ! वे भी जिन दिनों 'आगयानन्द' थे, उन्हीं दिनों उन्होंने एक खोज की थी ! अस्सी घाट पर कहीं बाबा के जमाने में एक बेर का पेड़ था—पाँच सौ साल पहले ! प्रातःकाल बाबा जब शौच के लिए जाते थे तो लोटे का बचा हुआ जल बेर की जड़ों में डाल देते थे ! उस पर रहता था एक प्रेत। बाबा के उपकार से अति प्रसन्न ! सो, बाढ़ में पेड़ तो बह गया लेकिन प्रेत की मुश्किल कि कहाँ जाए ? अब कहाँ आशियाना बनाए ? घाट के जो भी दो-तीन पीपल थे सब पर देवी-देवताओं का निवास। कहाँ जाए ? इस तरह भटकते हुए उसकी दृष्टि गई मुहल्ले की विकट और उद्भट प्रतिभाओं की ओर। उसने उन्हीं के तन-बदन को अपना आशियाना बनाना शुरू किया और तब से हर साल एक-दो प्रतिभाएँ उसकी

चपेट में आ जाती हैं।

कभी गया सिंह भी आ गए थे उसकी चपेट में ! उन्हें दूर से ही आते देखकर खिसक लेते थे लोग—"देखो, आ गया ! आ गया ! चलो अब !" वे दिन थे जब 'चीखने-चिल्लाने' को ही 'भाषण' समझा करते थे गया सिंह ! श्रोता हों, न भी हों या जो भी हों !

वे प्रेत से कैसे छूटे या प्रेत उनसे कैसे छूटा—इसकी कथा सुनाते हैं राजकिशोर !

राजकिशोर एक बार घाट पर जा रहे थे कि पीपल के तने के पास जहाँ हनुमान की मूर्ति है, उसके आगे गया सिंह खड़े हो गए !

"कुछ सुना आपने ?" गया ने उनकी आँखों में देखा।

"कुछ भी तो नहीं !"

" 'क्या ? क्या ?' यह कौन बोला ?"

राजकिशोर चकित ! कोई नहीं बोला था !

"मूर्ख हैं आप ! हनुमानजी ने पूछा और मुझसे—'क्या ? क्या ?' "

राजकिशोर ने ठहाका लगाया—"हनुमानजी ने नहीं, उनके ऊपर बैठा कौवा बोला था—क्या-क्या नहीं, काँव-काँव !"

गया सिंह ने उनसे भी जोरदार ठहाका लगाया—"इतना ही मूर्ख होता तो मैं भी भाजपा में नेता रहता !" और मुड़कर जब तने की ओर बढ़े तो कौवा उड़कर डाल पर बैठ गया ! गया सिंह ने उसे डाल की छाल पर चोंच रगड़ते देखकर कहा—"देखो, कान साफ कर रहा है ! अलग से कान नहीं होते कौवे के, चोंच में ही रहते हैं ! सुनना चाहता है कुछ ! और वह क्या सुनना चाहता है, हनुमानजी सुनना चाहते हैं !"

राजकिशोर कुछ कहें इसके पहले ही गया सिंह शुरू हो गए—"बबवा का जवाब नहीं है राजकिशोर गुरू ! लिखा 'रामचरितमानस' और स्थापित किया हनुमान को, राम को नहीं ! राम को कौन पूछता है 'विश्वहिन्दू परिषद' और अशोक सिंहल के सिवा ? कितने मन्दिर हैं राम-जानकी के ? रामनवमी के सिवा कहाँ हैं राम ? और हनुमान को देखो—हर मंगलवार ! हर शनिवार ! आधी रात तक संकटमोचन में पैर रखने की जगह नहीं ! जबकि देखो, तो 'हनुमान' कवि की कल्पना और अनुभव के सिवा कुछ नहीं हैं। कहाँ थे हनुमान तुलसी से पहले ! गुरू, इन्हीं जंगलों के बन्दरों में हनुमान मिले थे बबवा को। पूरी पोथी भरी पड़ी है बन्दरों के हाव-भाव से, उनकी उछल-कूद से, उनकी खुरापातों और करतबों से। और कौन जाने, चने-वने खिलाकर बाबा ने परचा लिया हो और दोस्ती बढ़ा ली हो कि ये रहेंगे तो चोर-चाई, लुच्चे-लफंगे पास फटकरने की हिम्मत नहीं करेंगे। सोचो तो एक कवि की कल्पना क्या हो सकती है ? यही कि वह जिसे प्यार करता है, जिस पर लहालोट है, जो उसके हर सुख-दुख का साथी है—वह ईश्वर हो जाए ! इंसान को भगवान तो कोई भी बना सकता है लेकिन जिस बानर को इंसान बनने में अरबों-खरबों साल लगे उसे बबवा ने सीधे भगवान बना दिया।..."

"कौवा उड़ गया है, अब चलिए !"

उन्होंने पलटकर राजकिशोर को देखा—"कौवा उड़ गया है, हनुमान तो बैठे हैं ?"

"अब हो गया, चलिए !"

गया सिंह ने राजकिशोर से अपनी कुहनी छुड़ाई और लम्बी साँस ली—"और एक इसी अस्सी का है कसिया चूतिया, उसे भगवान को भी दे दो, तो झंडू बना के रख देता है। सोचता हूँ, अब मैं भी कलम उठा लूँ !"

"सोलह साल हो गए आपको सोचते हुए, कलम है कि शिव का धनुष ?"

जिस शाम किंवा रात गया सिंह को यह ज्ञानोदय हुआ था, मैं घाट पर ही था और अकेले नहीं—साथ में महाकवि कौशिक भी थे, सरोज यादव भी, एस.पी. मिश्रा भी और शिव प्रसादजी भी ! ठंढ ऐसी ही थी और हम पालिका द्वारा बाँटी गई लकड़ियों के अलाव के चारों ओर बैठे थे !

याद इसलिए है कि इसी दिन कौशिक ने अस्सी के जन्म की कथा सुनाई थी !

नितान्त लौकिक जो न इतिहास में है, न पुराण में !

लेकिन मित्रो, कथा-श्रवण से पहले इस अस्सीघाट के बारे में ! मुझे इस घाट का भाट समझिए और प्रशस्ति-वाचन सुनिए !

ऐसे तो घाट ही घाट हैं नगर में, इन्हीं में से कोई एक 'राजाघाट' भी है लेकिन सच मानिए तो घाटों का राजा एक ही है—अस्सीघाट ! यहाँ से नगर या तो शुरू होता है या खत्म होता है। क्या ही चौड़ा और क्या ही चौरस ! हर साल गंगा पीछे खिसकती जाती है—इससे कहते हुए कि और आगे आ, और आगे आ। देखो तो सीढ़ियों के पहाड़ भी हैं, पठार भी हैं और मैदान भी ! चाहे जितना टहलो और चाहे जितना बैठो ! बैठने के लिए सीढ़ियाँ भी हैं, पत्थर के लम्बे-चौड़े चौतरे भी हैं, लकड़ी के तख्ते और पटरे भी हैं, मिट्टी के ढूह भी हैं और किनारे बँधी छोटी-बड़ी सैकड़ों नौकाएँ भी !

एक पीपल का पेड़ भी है घाट पर ! काफी बुजुर्ग ! इसे बाढ़ के दिनों में देखिए तो मजा आ जाए ! गजब का तालमेल है इसका लहरों के साथ ! लहरें जब उछलतीं या खेलती हैं तो यह अपने आप पत्तों से तालियाँ पीटता है, जब नाचती हैं तो टहनियों से बैंजो बजाता है और जब चुप रहती हैं तो खड़ा-खड़ा गुनगुनाता रहता है। लहरें जब उसे छूने के लिए लपकती हैं तो हाथ बढ़ाकर उन्हें ऊपर खींच लेता है। खाली वक्तों में कभी-कभी कनखी देखता है—बाएँ तो राजघाट का पुल; दाएँ तो रामनगर का किला; सामने तो रेत का मैदान और पार का कछार !

रागों, रंगों और रेखाओं और चिड़ियों की चह-चह का अद्‌भुत कोलाज है यह घाट ! सुबह-शाम यहाँ पेंसिल, ब्रश और कैनवास लिये चित्रकार भी बैठे मिलेंगे, कैमरा लटकाए छायाकार भी, रियांज मारते गायक-वादक भी, पुजैया के गीत गातीं औरतें भी, धुनी रमाए जोगी भी ! बाकी तो मल्लाह हैं, अखाड़िए पहलवान हैं, साधू-संन्यासी हैं, कीर्तनियाँ हैं, भिखमंगे हैं...

धूप, अगरबत्ती और गाँजे की गन्ध में रची-बसी रहती है यहाँ की ठंढ और हवा। और इसी में शामिल रहती हैं मन्दिर की घंटियों और चप्पुओं और पानी के हिलकोरों की आवाजें और मछलियों की उछाल की चमक !

लेकिन हाँ, जग्गू मल्लाह के शब्दों में पिछले कुछ वर्षों से यह घाट 'अँगेरज-अँगरेजिनों का परमामिंट एग्जाई जमीनी हाउसबोट' हो गया है। रोज शाम को ढाई-तीन सौ अंग्रेज जोड़ों में या अकेले सीढ़ियों पर बैठते हैं और देर रात तक बैठे रहते हैं।

तो, उस शाम भी यही माहौल था जब हम ठंढ में अलाव के पास बैठे थे और कौशिक ने अस्सी के जन्म की कथा सुनाई थी !

7

सन्तों, जहाँ पानी, वहाँ प्रानी ! जहाँ घाट, वहीं हाट ! इतिहास यही कहता है ! इतिहास कहता है कि गंगा के गर्भ से पैदा हुआ है यह नगर ? वह इसकी माँ है। माँ इसलिए है कि नगर की तीन-चौथाई आबादी उसी के सहारे है। पंडे, पुरोहित, नाई, धोबी, मल्लाह, मछुआरे, बढ़ई, माली, डोम, मेहतर, बिसाती, साधू, सन्त, भिखमंगे, गाइड, मालिशिए—जाने कितने पेशे और कितनी जाति के लोग उसी के सहारे सदियों से जी-खा रहे हैं। ये तो जी-खा रहे हैं लेकिन बची हुई एक-चौथाई आबादी—जिसमें बालू और नहर और पुल और बाँधों के ठेकेदार, इंजीनियर, अफसर भी हैं और पर्यावरण, प्रदूषण और 'स्वच्छ गंगा' अभियान की देसी-विदेसी, सरकारी-गैर-सरकारी संस्थाएँ भी—इसे तबीयत से खा-पी रही हैं। जीने-खानेवाले दूसरे हैं और खाने-पीनेवाले दूसरे। लेकिन ये आज की बातें हैं, कल की नहीं।

कल की देखो तो काशी में क्या था श्मशान के सिवा ? कुछ था क्या ? था तो श्मशान ! काशी माने महाश्मशान ! इतिहास या पुराण चाहे जो कहें, लोग यही कहते हैं। कहते हैं कि यहाँ सिर्फ मुर्दे आते थे—वे भी आते नहीं थे, लाए जाते थे। कन्धों पर, बैलगाड़ियों में। दूर-दूर से ! गंगा थी और किनारे-किनारे जंगल थे। लकड़ियों की कमी न थी ! लोग मुर्दे लाते थे, फूँकते-तापते थे और दिन रहते लौट जाते थे !

इस तरह देखो, तो आग और धुएँ और राख से उठा है यह नगर !

> मित्रो, मूलकथा आगे बढ़े, इसके पहले एक छोटा सा क्षेपक ! काशी के मुर्दाकाल के दिनों का। भादों की अँधियारी रात ! ऐसी रात में जो कुछ हो सकता था, सब हो रहा था यानी घनघोर पानी बरस रहा था, बिजली कड़क रही थी, हवाएँ गुम थीं, चिता जल चुकी थी लेकिन मुर्दा लानेवाले बाप, चाचा, भाई, नातेदार-रिश्तेदार लौट नहीं सके थे और अँधेरे और बारिश में ही फँसकर रह गए थे—घाट पर ! कुछ बुक्की मारे सहमे-सहमे

बैठे थे और कुछ चारों दिशाओं में खड़े-खड़े पहरे दे रहे थे ! जंगलों में हर तरफ से जानवरों की डरावनी आवाजें आ रही थीं। जब रात आधी चली गई तो उन्होंने शिव और उनकी बारात को चिता के चारों ओर नाचते-गाते, उछलते-कूदते और खुशियाँ मनाते देखा। शिव उनके कुलदेवता थे और उन्हीं के कुल का एक बेटा मरा था जिसके लिए वे तो नाच-गा रहे थे और ये थे कि रोए जा रहे थे ! कहते हैं, इन्हीं रोनेवालों में अस्सी के सन्तों के पुरखे भी थे। यह दृश्य देखकर उनकी आँखें खुलीं। ज्ञान हुआ कि जिन्दगी हाय-तोबा मचाने के लिए नहीं, मस्त रहने के लिए मिली है। जीने के लिए गंगा का पानी भले हो, पीने की चीज तो आँखों के आँसू ही हैं।

अब आइए मूलकथा पर !...तो काशी महाश्मशान था और डोम यहाँ का राजा था ! और राजा भी ऐसा-वैसा नहीं, उसकी हैसियत ऐसी थी कि हरिश्चन्द्र जैसे राजा को भी खरीदकर अपना नौकर रख सके ! उसके सिवा यहाँ रहे होंगे तो निषाद, केवट और घाट कमानेवाले पंडे। आगे चलकर जब काशी तीर्थ और धर्म और मोक्ष का क्षेत्र घोषित हुआ तो इसकी महिमा ने देश-भर के राजाओं-सामन्तों का ध्यान आकृष्ट किया। उन्होंने घाटों के किनारे-किनारे अपने महल और मन्दिर बनवाने शुरू किए ! जिस राज्य या प्रदेश के मन्दिर, उस प्रदेश और जाति के मुहल्ले। इस तरह उत्तर से लेकर दक्षिण तक गंगा किनारे सिन्धियों, अगरवालों, गुजरातियों, महाराष्ट्रियों, पंजाबियों, बंगालियों, तमिलों, कन्नड़ों, नेपालियों वगैरह के मुहल्ले बसते गए और सदियाँ बीतती गईं। बाद में आए मुसलमान और उन्होंने भी जहाँ-जहाँ खाली जगहें देखीं, अपने मुहल्ले बसा लिये।

इस तरह राजघाट से लेकर सोनारपुरा तक के क्षेत्र पर देश के सारे राज्यों और जातियों का कब्जा !

महाकवि ने बड़े क्लेश के साथ कहा कि कहना तो नहीं चाहिए लेकिन कहने में कोई हर्ज भी नहीं कि पूर्वांचल देश का सबसे बड़ा चूतिया ! पूर्वांचल का मतलब आज का पश्चिमी बिहार और पूर्वी उत्तर प्रदेश ! इसकी बुद्धि इसकी मूँछों में रहती आई है, खोंपड़े में नहीं। यह गैंडा है। कहते हैं, गैंडा जब अपने अड्डे से चलता है तो रास्ते में घास-पात-जड़ी-बूटी खाता हुआ तीस-पैंतीस किलोमीटर तक चला जाता है और जब 'निपटान' लगती है तो उतनी दूर से भागता हुआ अपने अड्डे पर आता है। निपटता अड्डे पर ही है, रास्ते में नहीं। यही हाल पूर्वांचल का था ? वह आता था काशी हाट-बाज़ार करने के लिए, दर्शन-पूजन के लिए, कोर्ट-कचहरी के लिए, लेकिन निपटता अपने गाँव पर ही था ! तो पूर्वांचल देश का सबसे बड़ा चूतिया, एकदम कंडम, जाहिल, निकम्मा, बेवाहियात ! जब सारे राजाओं, सामन्तों, व्यापारियों ने कब्जिया लिया पूरा

काशी, तब गोरखपुर, देवरिया, बस्ती, फैजाबाद, बलिया, बक्सर, छपरा, सासाराम, आरा वगैरह-वगैरह के ताल्लुकेदारों-जमींदारों को सुध आई—आई कि भोंसड़ी के काशीधाम अपना, देस-जबार अपना और अपना ही वहाँ कोई ठिकाना नहीं !

"ठिकाने के लिए बच गया था सोनारपुरा—हरिश्चन्द्र घाट के दक्खिन का इलाका। बस वही खाली पड़ा था गंगा के किनारे और उस इलाके में झाड़-झंखाड़ और जंगल। रात-भर सियारों की हुआँ-हुआँ, लोमड़ियों-सूअरों की भाग-दौड़ और दिन-भर लंगूरों-बन्दरों के उत्पात। हालत यह थी कि शाम ढलते ही इस जंगल से गुजरने का साहस नहीं था किसी में ! अगर थे तो पास-पड़ोस के अहिर और ग्वाले जो दिन में गाय-भैंस चराने आते थे और शाम से पहले ही लौट जाते थे। रहजनी और छिनैती आम बात थी उन दिनों ? आजादी के समय तक कुछ इलाकों का यही हाल था !"

"कौशिक गुरू, इसी से पता चलता है कि अहिर कितने बकलंड होते हैं ?" सरोज यादव ने बीच में ही हस्तक्षेप किया "देखिए जरा इन्हीं जंगलों में गाय-गोरू चराने के लिए आते थे, चराते भी थे, पाही भी बनाई थी जगह-जगह लेकिन यह विचार कभी नहीं आया कि इन इलाकों में अपने भी दो-चार मुहल्ले हों ! भोंसड़ी के बसे भी, तो नगर के बाहर—सीर करहिया में !"

"बकवास मत करो, बाभनों के बाद दूसरा नम्बर अहिरों का ही है नगर में ! पहले बात खत्म करने दो !" कौशिक ने डाँटा—"तो क्या समझा ? यही खित्ता था अस्सी—भदैनी ! पूरबियों का जम्बूद्वीप ! इसी में पूरब के जमींदारों-ताल्लुकेदारों ने अपने-अपने मन्दिर बनवाए, उनके बगल में कोठरियाँ बनवाईं, दीया-बाती और पूजा-पाठ के लिए पुजारी-पुरोहित बिठाए ! ये अपने जजमानों के कल्याण के लिए पूजा-पाठ और धरम-करम करते रहे और अपने बच्चों को संस्कृत, कर्मकांड और ज्योतिष सिखाते-पढ़ाते रहे। न जमीन-जायदाद की चिन्ता, न राशन-पानी की, न कपड़े-लत्ते की। यह सारा कुछ जजमान के जिम्मे था। वह समय-समय पर इनकी जरूरत के सामान भिजवाता रहा और ये निश्चिन्त मलाई काटते रहे !"

"इसी में एक बात और जोड़ लीजिए कौशिक गुरू !" एस.पी. मिश्रा बोले—"इन्हीं के पूजा-पाठ के भरोसे वह रिआया पर अत्याचार और जुल्म भी करता रहा—कि चाहे जो पाप करो, उन सबके प्रायश्चित्त का विधान हमारे पुरोहित के पास है !"

"चाहे कोई बात करो, ये कम्युनिस्टवे भोंसड़ी के अपनी फिलासफी पेलने से बाज नहीं आते ! खैर...आजादी तक तो सबकुछ चकाचक था बन्धुवर, हालत बिगड़ी जमींदारी खत्म होने के बाद। बाबूसाहबों को जब खुदै नहीं पोसा रहा था और दाँत निपोरने लगे थे तो अपने पुरोहितों के लिए क्या करते ? और इधर इनकी आदत हो गई थी खराब ! न जिन्दगी में कभी कुछ किया, न बाल-बच्चों को करने दिया। घर में भूँजी भाँग नहीं रह गई थी और तुर्रा यह कि बाबाजी हैं ! जजमानी की कमाई बन्द और इधर कोई बँधी-बँधाई आय नहीं !"

"हालत तो इतनी खस्ता थी गुरू कि मैं देखता था इसी मुहल्ले में—लोग सिरहाने

पंचांग लिये बैठे हैं और मक्खियाँ मार रहे हैं !'' शिवप्रसादजी ने टिप्पणी की !

''मक्खियाँ जरूर मार रहे थे लेकिन नजर मधुमक्खियों पर थी ! और बहुत देर नहीं हुई जब पकड़ में आ गईं वे !'' मिश्राजी जोश में आ गए—''टाटा, बिड़ला, डालमिया, अम्बानी, मोदी, जैन-फैन, गोयनका-फोइनका, ठेकेदार-फेकेदार, मन्त्री, नेता, अभिनेता, अफसर, सेठ दुनिया-भर के मारवाड़ी—लाखों-करोड़ों में तो है इनकी गिनती ! जमींदार भोंसड़ी के क्या थे इनके आगे ? और वे दे भी क्या सकते थे ? सिद्धा, आँटा, चावल, दाल, बछिया, गाय ! ये क्या हैं कार, फ्रिज, टी.वी., हीरा-पन्ना-मोती के आगे ? ये दो-तीन महीने में कम-से-कम एक चक्कर मार आते हैं अपने नए जमींदारों के यहाँ !''

''और मिश्राजी, यह भी गौर कीजिए कि जब से 'विश्व हिन्दू परिषद' आया है और राधेश्याम पंड़वा की सरकार आई है तब से इनका सेंसेक्स आसमान छूने लगा है !'' सरोज यादव ने हामी भरी !

''छू तो रहा है लेकिन सिर्फ बाभनों का नहीं, उन सारी जातियों का जिनके घर घाट पर हैं।'' शिव प्रसादजी ने अपनी असहमति जाहिर की—''और यह भी नोट कीजिए कि जो छू रहा है, वह विहिप और भाजपा के कारण उतना नहीं, जितना उनके कारण जो ऊपर बैठे हैं—उन सीढ़ियों पर ! ऊपर देखिए...अँगरेज-अँगरेजिनों को।''

''वे किसके कारण हैं यहाँ, यह तो बताइए ? इसी विहिप और भाजपा के कारण ! पहले कहाँ थे ये ?''

इसके बाद तो न इनके मुँह इनके अपने मुँह रह गए, न इनकी बातें इनकी अपनी बातें। शिवप्रसादजी के मुँह में अटलजी और सिंहल बैठ गए और सरोज के मुँह में लोहिया और मुलायम और फिर कौन किसकी सुनता है ?

बहस गरमाते देखकर कौशिक ने कान पर जनेऊ चढ़ाया और अँधेरे में चले गए ! लेकिन जैसे ही उनके कान में मनमोहन सिंह का नाम पड़ा, उनके अन्दर बैठे हाईकमान को खाँसी आने लगी ! यानी अभी आते हैं तो बताते हैं !...

मित्रो, आगे यह न पूछिए कि अलाव कब तक जलता रहा और गदर कब तक चलता रहा; पूछिए यह कि उस दड़बे में क्या हुआ जिसमें गया सिंह 'तिगटा' पर मूँगफली फोड़ रहे थे ?

8

मित्रो, वह शून्यकाल था दड़बे की लोकसभा का—जब सन्त 'साधुबेला गली' के एक मकान में मुर्गे की टाँग से जूझ रहे थे, असन्त मूँगफली और भूँजा खा रहे थे और घोंघे दुकान के बाहर चाय सुड़क रहे थे !

यह शान्ति सूरदास मिठाई लाल के मनमाफिक थी ! एक दिन पहले गाँव से लौटे थे और उनके चेहरे के तेज को देखकर लगता था कि ट्रेन में अच्छी कमाई हुई है !

उन्होंने पहले मेज पर तबला बजाया, फिर मुँह से तबले के बोल निकाले, फिर कहीं से रोक-टोक न देखकर जाने किस जमाने की एक पुरानी-धुरानी कव्वाली शुरू कर दी—"हर हाल में जो खुशहाल रहे, मस्ताना उसी को कहते हैं !" इस बीच दड़बे में सिर्फ दो ही आवाजें उठती-गिरती रहीं—मूँगफली फोड़ने की और मिठाई लाल के गले की। जिस समय 'परवाना' 'दीवाना' 'मैखाना' से होते हुए वे "जो चाय पिलाए घलुए में, मर्दाना उसी को कहते हैं ?" पर पहुँचे, उसी समय एक अँगरेजिन के साथ नेता अशोक पांड़े ने प्रवेश किया !

माँग में भरपूर सेनुर और माथे पर बड़ी चमकती टिकुली। लाल साड़ी और छींट का ब्लाउज। साड़ी पहनी हुई नहीं, जैसे-तैसे लपेटी हुई और लम्बाई के हिसाब से उटँग ! ब्लाउज भी लम्बाई में छोटा और साइज में ढीला-ढाला। पीठ आधी खुली हुई। 'ब्रा' विहीन छातियाँ काफी वाचाल लगीं दड़बे को। चेहरे से उम्र कोई पैंतालिस के आस-पास लग रही थी !

ब्रह्मानन्द सहोदर को पलकें खोलने में थोड़ी मशक्कत हुई !

अशोक ने उनकी ओर इशारा करते हुए परिचय दिया—"पोएट लारिएट ऑफ अस्सी।"

"लारिएट नहीं, लाँडिएट," गया सिंह ने संशोधन किया !

अँगरेजिन ने भव्य मुद्रा देखी और मुस्कुराते हुए चरण-स्पर्श किया।

"बस-बस ! वहीं तक! आगे 'डैंजर जोन' है !"

वह भी हँसी और अशोक भी !

"सहोदरजी ! आप बनारस पर किताब लिख रही हैं। हफ्ते-भर से लगा हुआ हूँ इनके साथ ?" अशोक ने कहा !

"बालक, साथ लगने से कुछ नहीं होता ! आगे लगो, चाहे पीछे लगो जैसी प्रवृत्ति हो, तब होता है !"

"बड़े मजाकिया हैं आप तो !" कहते हुए वह अशोक के बगल में उनके सामनेवाली बेंच पर बैठ गई !

दड़बे ने उसे आश्चर्य से देखा। इतनी अच्छी हिन्दी—बिना अँटके हुए—किसी विदेशी को बोलते पहली बार सुन रहा था दड़बा !

बेहतर हो, अस्सी और विदेशियों के रिश्ते को जान लें आप ! सन् अस्सी के जमाने में बनारस में या तो टूरिस्ट बसों में सैलानी दिखाई पड़ते थे या विश्वविद्यालयों में दाखिला लेनेवाले छात्र ! नगर उन्हें थोड़ा कुतूहल से देखता था—उनके अजीबोगरीब लिबास, कन्धे पर लटके कैमरे, कानों में लगे वाकमैन, उनकी गिटपिट भाषा। छात्र-छात्राएँ अकसर आते थे अस्सी पर इस दड़बे में—अपने भारतीय दोस्तों के साथ; मौज के लिए, रंग-पानी के लिए, भंग के मजे के लिए, बहस और नोक-झोंक का तमाशा देखने के लिए। उनके इस आने-बैठने-जाने का सन्तों पर कोई असर नहीं पड़ता था ! वे अपनी बहसों में मशगूल रहते थे !

धीरे-धीरे उनका आना बन्द हो गया ! शायद राजनीतिक बहसों की बोरियत के कारण ! शायद इस कारण कि यहाँ 'इंटेलिजेंस' के आदमी भी आया करते हैं !

और आज तो सैकड़ों-हजार की तादाद में विदेशी हैं—कोई ऐसा देश नहीं जिसके दो-चार लड़के-लड़कियाँ न हों यहाँ; वे घूमते रहते हैं—सड़क पर, फुटपाथ पर, दुकानों पर, घाट पर; बनारसी लिबास में, गंजी-लुंगी, गमछा, निक्कर, झुल्ला, चोंगा—किसी भी पहनावे में मटरगश्ती करते रहते हैं; वे किसी टुटपुँजिया दुकान पर चाय भी पी लेंगे लेकिन जाने क्या है कि इस भीड़-भाड़वाली दुकान पर आने से बचेंगे ! और इसकी परवाह भी नहीं करता कोई !

"आप इतनी अच्छी हिन्दी कैसे बोल रही हैं ?" ब्रह्मानन्द बोले !

"अरे ? आप नहीं जानते क्या ? आप ही हैं कैथरीन शर्मा ! बाबा की बीबी !" अशोक ने परिचय दिया जैसे दड़बे में बैठे सब लोग जानते हों।

ब्रह्मानन्द कुछ देर सोचते रहे—"किस बाबा की बे ? सैकड़ों बाबा तो इसी अस्सी पर हैं !"

"बारबर बाबा !"

ब्रह्मानन्द का मुँह देर तक खुला रहा, उसके बाद उसमें से निकला—"ओह ! तो बारबर बाबा !"

बारबर बाबा

कैथी का 'प्रोजेक्ट' जानने से पहले बारबर बाबा के बारे में !

बारबर बाबा का नाम लाढ़ेराम शर्मा था लेकिन यह उनका असल नाम नहीं है ! लाढ़ेराम घाट का शब्द है। इसका अर्थ है—टका, रुपैया, पैसा ! "का करी रेती, का करी मेला ? लाढ़ेराम गुरु, बाकी सब चेला।" तो पैसों के लिए 'लाढ़ेराम' पंडों के बीच का कूट शब्द है। "का गुरू, आज सबेरे से लाढ़ेराम का मुँह नहीं देखा !"

यह 'लाढ़ेराम' नाम नाकेराम शर्मा के लिए कब चल पड़ा—कोई नहीं जानता। लेकिन यह हर कोई जानता है कि चौराहे पर एक 'हेयर कटिंग सैलून' था—हजारी चायवाले के बगल में। सैलून में जगह बस इतनी थी कि एक बेंच डाला जा सके और उसके आगे काठ की कुर्सी और सामने दीवार पर शीशा; कुर्सी और बेंच के बीच में खड़ा होकर नाई दाढ़ी-मूँछ-बाल काट सके और गाहक बेंच पर बैठकर अपनी बारी का इन्तजार कर सके !

लेकिन ऐसी नौबत शायद ही कभी आई हो जब किसी गाहक को अपनी बारी का इन्तजार करना पड़ा हो ! क्यों ? क्योंकि चौराहे पर ही तीन-चार और भी सैलून थे—पुराने और जमे-जमाए ! लिहाजा सैलून की बेंच नाकेराम उर्फ नक्का के ही बैठने के काम आती थी ! हाँ, सोमवार को जब बन्दी का दिन होता था, नक्का व्यस्त हो

जाता था–रिक्शे, ठेलेवालों और किरानियों की दाढ़ी-मूँछ पर। उसी दिन बेंच के दिन भी लौटते थे !

इस तरह कब तक चलता ? लिहाजा सैलून बन्द हो गया और एक दिन उस पर बोर्ड दिखाई पड़ा–'जनरल स्टोर' ! नक्का कहाँ गया–न किसी को दिलचस्पी थी, न किसी को पता !

किसी को नहीं पता चला कि कब नक्का दुबारा एक चमड़े के थैले में शीशा, कंघी, उस्तरा, कैंची, नहन्नी, शेविंग क्रीम लिये हुए अस्सीघाट पर आया और नाकेराम शर्मा से लाढ़ेराम शर्मा हो गया ! यह नब्बे के आस-पास की बातें हैं ! उसी घाट पर जगन्नाथ मल्लाह भी था जो इक्के-दुक्के विदेशी सैलानियों को अस्सी से राजघाट तक की सैर कराता था गंगा में। ऐसे वक्तों में कभी-कभी नक्का भी साथ हो लेता था जग्गू के ! विदेशी इन्हीं की देख-रेख में घूमते भी थे और साथ खाते-पीते भी थे ! घाट पर, नगर में, सारनाथ, मिरजापुर की दरियों और पिकनिक स्पाटों पर ! कहते हैं–कुछ-एक बार इन्होंने थानों की भी सैर की थी–चरस, हेरोइन और अफीम की रिपोर्ट पर ! लेकिन घाट के लोग यही बताते हैं कि जग्गू और नक्का में सिर्फ गाँजे की ही दोस्ती थी, बस !

कैथरीन से लाढ़ेराम की मुलाकात यहीं हुई थी–अस्सीघाट पर ! अंग्रेजी के सिवा दूसरी भाषा न जाननेवाली, 'सारनाथ' पर किताब लिखने की इच्छा रखनेवाली, पतली सुन्दर, भरी-पूरी अमरीकी युवती और उससे दस साल छोटे सुगठित काठी के लम्बे लाढ़ेराम–प्रेम का अँखुआ इनके बीच कब और कैसे फूटा, किसी को कानोकान खबर नहीं लगी ! यह जानकारी बहुत बाद में मिली कि कैथरीन के सामने दो समस्याएँ आईं थीं–वीसा की और आवास की ! संयोग से लाढ़ेराम का परिचय यूनिवर्सिटी में हिन्दी डिप्लोमा पढ़ानेवाले प्रोफेसर से था ! वे हर तीसरे दिन दाढ़ी बनाया करते थे उनकी–उनके घर जाकर ! प्रोफेसर साहब ने डिप्लोमा में उसका ऐडमिशन कर लिया और कैथरीन को 'स्टूडेंट वीसा' मिल गया ! आवास की समस्या हल कर दी जगन्नाथ ने–अपनी एक कोठरी खाली करके !

इस तरह कैथरीन ने अगले दो वर्षों में हिन्दी और 'इंडियन फिलासॉफी' सीखी और लाढ़ेराम ने अँगरेज-अँगरेजिनों की भाषा, उनकी रुचियाँ, इच्छाएँ, जरूरतें और सपने !

लाढ़ेराम कमपढ़ जरूर थे लेकिन तजुर्बेकार थे। उन्होंने चौराहों, गलियों और घाटों पर उस्तरे और कैंचियाँ चलाई थीं। उनके साथ गाँजे का दम लगाया था और चरस-हेरोइन का स्वाद भी चखा था ! 'ग्लोबलाइजेशन', 'लिबरलाइजेशन', 'मल्टीनेशन-लाइजेशन'–और भी दूसरे ढेर सारे 'आइजेशनों' को विद्वानों ने अपने ढंग से समझा होगा, लाढ़ेराम ने उसे अपने ढंग से समझा। उन्होंने अपने तजुर्बे से समझा कि नगर के बड़े-बड़े होटलों और लम्बी-लम्बी गाड़ियों में घूमनेवाले अँगरेज-अँगरेजिन दूसरे हैं और घाट पर गंजी, कुर्ता और लुंगी में बैठनेवाले और फुटपाथ पर चाय पीनेवाले दूसरे !

क्या वे सचमुच उकताए, घबराए, भागे हुए लोग हैं 'मशीन' और 'मनी' से ? ऐशो-आराम की जिन्दगी से ? दौलत की दलदल से ?

हो भी सकता है, नहीं भी हो सकता !

लेकिन क्यों नहीं हो सकता ? इसलिए नहीं हो सकता कि अस्सी के अँगरेज-अँगरेजिनों की एक खास उम्र थी—तीस-पैंतीस के करीब ! 'इंडियन कल्चर', 'इंडियन म्यूजिक', 'इंडियन स्कल्प्चर', 'इंडियन डांस', 'इंडियन देवी-देवता', 'तन्त्र-मन्त्र', 'ध्यान, योग, साधना'—ये सबके सब उनके शौक भी हो सकते थे और मजबूरी भी ! ज्यादातर अपने मनीआर्डर का इन्तजार करते थे—बेकारी भत्ते के रूप में मिलनेवाले एक हजार डालर का। अस्सी पर एक आदमी के लिए सौ डालर ही कम नहीं थे महीने में। चाहे जैसे रह लो, चाहे जहाँ खा लो, चाहे जहाँ सो लो ! यहाँ हजार डालर माने अमीर लेकिन उनके यहाँ ? क्या इतने में सम्मान के साथ जीना मुमकिन है वहाँ ?

वे आते और मेलजोल के लिए छोटी और निचली जातियों को ही चुनते ! इसकी दूसरी भी वजहें हो सकती थीं, लेकिन यह तय है कि जो सेवा और इज्जत उनको इनसे मिल रही थी, वह न तो ऊँची जातियों में मिलती, न उन्हें अपने देश में !

लाढ़ेराम को लगा कि ये अपने घर और देश और समाज में उसी तरह कचड़ा हैं जैसे अपने समाज में हम !

बहरहाल, आगे का किस्सा ये कि उधर कैथरीन ने डिप्लोमा की पढ़ाई खत्म की और इधर उसके साथ लाढ़ेराम लापता। किसी को क्या पड़ी थी कि पता करता--वे कहाँ गए हैं ? क्या करने गए हैं ? कभी किसी ने पूछा भी•तो जगन्नाथ ने बताया कि वे सधुआ गए थे और अज्ञातवास पर चले गए हैं।

वे लौटे सालों बाद—हिमालय से। कैथरीन के साथ। एकदम बदले हुए। धज ऐसी कि कोई पहचान न पाए। घुटनों तक गेरुए रंग का लम्बा चोंगा, गेरुआ लुंगी, साईं बाबा जैसे छितराए घुँघराले बाल, दाढ़ी-मूँछ सफाचट, निखरा दमकता रंग। कौन कह सकता था कि किसी जमाने में ये नाकेराम और लाढ़ेराम रहे होंगे ? अब वे बारबर बाबा थे--योगिराज और जगत्प्रसिद्ध तान्त्रिक। आगे-पीछे दस-बारह अँगरेज चेले-चेलियाँ !

गंगा पार सात एकड़ फॉर्म में उनका 'योगाश्रम' बनना शुरू हुआ था जो साल पूरा होने के पहले ही तैयार हो गया। बाबा विदेशियों में कितने पापुलर हो गए थे—इसका पता लोगों को इससे चलता कि जो भी अँगरेज स्टेशन पर उतरता, योगाश्रम का ही पता पूछता !

भला यह कैसे हो सकता था कि उस पार इतनी बड़ी घटना हो और इस पार अस्सी चुप ! दड़बे में बाबा के 'अज्ञातवास' के दिनों के कारनामों के बारे में रोज नए-नए किस्से ! अपनी आँखों देखनेवालों की जबान से सुने किस्से ! उनमें से एक आप भी सुन लीजिए—अमेरिका में मियामी बीच पर एक भव्य समारोह आयोजित हुआ था बाबा के सम्मान में ! लाखों की भीड़ थी ! अगली पाँतों में हालीवुड के सभी प्रसिद्ध सितारे और सितारिनें ! बाबा की योग-साधना का डिमांस्ट्रेशन था उस रात ! मंच पर एक क्विंटल इक्कीस किलो अष्टधातु का ग्लोब रखा गया था। राष्ट्रपति क्लिंटन की पत्नी हिलेरी ने

उद्‌घाटन किया ! बाबा ने योगसाधना के बल पर तालियों की गड़गड़ाहट के बीच अपने हथियार (लिंग) से ग्लोब को उठाया और मंच से नीचे बालू पर फेंक दिया ! वह ग्लोब आज भी 'ह्वाइट हाउस' में रखा हुआ है। और यह योगाश्रम उसी इनाम की रकम से बना है ! यहीं से इंडिया की धाक जम गई दुनिया में, ऐसा कहते हैं।

लेकिन जब मुहल्ले को बाबा का आशीर्वाद मिला और घाट के मकान होटल और लाज बनने लगे, घर-घर नृत्य-संगीत-भाषा-शिक्षण केन्द्र खुलने लगे, हर मकान में एक-दो दरियादिल किराएदार आने लगे, निठल्लों के लिए काम निकलने लगे तब 'बर्बर' बाबा के 'डिमांस्ट्रेशन' और चमत्कारों के चर्चे मद्धिम पड़ने लगे। अलबत्ता इनकी जगह दूसरी चर्चाओं ने ले ली कि बाबा सी.आई.ए. का एजेंट है, आश्रम चरस, हेरोइन, कोकीन, ब्राउन शुगर और विदेशी असलहों की तस्करी का अड्डा है; लेकिन सब झूठ ! कई बार छापे पड़े लेकिन सब झूठ !

तो मित्रो, इतनी लम्बी-चौड़ी फालतू बकवास के बाद नतीजा क्या निकला ?

यही कि बारबर बाबा विदेशियों को 'योगा' सिखाते हैं और उनकी पत्नी कैथरीन शर्मा किताबें लिखती हैं !

9

"कैथरीन ने एक किताब सारनाथ पर लिखी ! खूब बिकी अमेरिका में वह किताब ! दूसरी लिखी राम नगर की रामलीला पर ! वह उससे भी ज्यादा पसन्द की गई ! यह तीसरी किताब है बनारस पर ! इसी में एक चैप्टर है—'अस्सी' ! कैथी भाभी ने मुझसे पूछा तो मैंने कहा कि सहोदरजी से अधिक कौन जानता है अस्सी को ? "तो यही सहोदरजी हैं आपके सामने ! पूछिए जो पूछना हो !" अशोक ने सबके लिए पन्द्रह चाय का आर्डर देते हुए अपनी बात ख़त्म की !

"अस्सी पर ही मैं भी लिख रहा हूँ एक महाकाव्य ! उससे बड़ी मदद मिलेगी आपको ! पहला ही कांड है 'अस्सी सुषमा' ! कहिए तो उसके कुछ छन्द पेश करूँ ?"

कैथरीन के कुछ कहने से पहले ही दड़बे से आवाजें आईं, लगभग एक़ साथ—"अभी नहीं, हम लोगों के जाने के बाद !"

"ठीक है, कल रख लीजिए !" ब्रह्मानन्द ने कहा, "हाँ तो मैडम, क्या जानना चाहती हैं आप ?"

कैथरीन ने झोले से एक डायरी निकाली और उसे खोलते हुए कहा—"एक टुकड़ा मिला है मुझे एक जगह से ! आपकी प्रतिक्रिया जानना चाहती हूँ इसके बारे में ! क़हिए तो सुनाऊँ ?"

कैथरीन ने शुरू किया—

"यह मुहल्ला है अस्सी—धर्म की धुरी ! आज की भाषा में मनुवाद का शक्तिपीठ !

सनातन धर्म जहाँ चौबीस घंटे हरिकीर्तन करता है, शंकराचार्यों से टकराने का साहस है जिसमें, जिसके आकाश में धर्मध्वजा फहराती रहती है। काशी में कोई विद्वत् परिषद है जिसका सचिवालय है यह मुहल्ला। इसने जिसका तिलक किया, वह राजा हुआ—चाहे कांग्रेस हो, चाहे जनता दल, चाहे भाजपा ! संकट काल में यहाँ से निर्देश भी जारी होते हैं और प्रमाण-पत्र भी !

इसकी आजीविका है—यज्ञ, हवन, पूजन, अनुष्ठान, मुहूर्त, लग्न, कुंडली, ज्योतिष, हस्तरेखा, जजमानी। इसे ही इसका व्यवसाय कहिए या खेती-बारी। विश्व का सारा ज्ञान-विज्ञान इसी मुहल्ले के ज्ञान में समाहित है। जो यहाँ नहीं है, वह कहीं नहीं है, लेकिन जो कहीं नहीं है, वह भी यहीं है। इसी के संकेत पर ग्रह-नक्षत्र चलते हैं और यह पृथ्वी भी ! यदि ये रास्ता भटक जाएँ तो इन्हें धुरी पर लाने का विधान भी इसी के पास है !

इसके पास हर प्राकृतिक, अप्राकृतिक और अतिप्राकृतिक विपदा की एक ही औषधि है—पंचांग !''

खत्म करने के बाद उसने ब्रह्मानन्द को ध्यान से देखा और डायरी बन्द कर दी !

''आजीविका नहीं, भयादोहन कहिए ईश्वर और धर्म के नाम पर ! नहीं जानता यह आदमी अस्सी को !'' किसी दूसरे के बोलने से पहले ही गया सिंह चीखे !

''शान्ती ! शान्ती ! इतना चिल्ला क्यों रहे हो ?''

''देखिए सहोदरजी, मैं जे.एन.यू. का प्रोफेसर-विद्यार्थी नहीं हूँ कि जेम्स वाट के ढक्कन की तरह होंठ खोलूँ और फुर्र-फुर्र करूँ—मुँह के अन्दर-ही-अन्दर ?''

ब्रह्मानन्द ने इशारे से उन्हें चुप कराया और कैथरीन से पूछा—''मैडम, किसने लिखा है ऐसा ?''

उसने फिर डायरी खोली और पढ़ा—''काशीनाथ सिंघा। यहीं के कोई समाजशास्त्री !''

''आपने देखा है उसे ? कभी मिली हैं ?'' ब्रह्मानन्द ने ठहाका लगाने के बाद पूछा—संजीदगी से।

''नहीं, लेकिन मिलना चाहती हूँ !''

ब्रह्मानन्द मेरी ओर मुखातिब हुए—''बन्धुवर, कहीं यह वही चूतिया तो नहीं है जो कभी-कभी अस्सी पर आता है और भाँग-बूटी छानकर लुंड हो जाता है ?...मैडम, यह सिंघा बड़ा कलाकार आदमी है। कलाकार का मतलब जानती हैं ? कलाकार माने झाँसा-पट्टी देनेवाला ! चार सौ बीस, नटवर लाल ! वह क्या जानेगा अस्सी को जो बनारसै को नहीं जानता ! रहता है कहीं मडुवाडीह की तरफ 'रेड लाइट एरिया' में ! मिलना हो तो जाइए, कौन रोकता है, लेकिन हाँ—दिन में और तैयारी के साथ ! कोई भरोसा नहीं उस पागल का ! अशोक ! ठीक से समझा देना भइया, नगर की इज्जत का सवाल है !

जिस गम्भीर मुद्रा में ये बातें कही गई थीं, उसका असर पड़ा कैथरीन पर ! उसने ब्रह्मानन्द को इन जानकारियों के लिए धन्यवाद दिया।

''हाँ, अस्सी के बारे में तो मैं बताऊँगा कल लेकिन बनारस के बारे में आप बताइए। क्या देखा आपने ?''

कैथरीन गम्भीर हो गई ! उसने कुछ देर के लिए सिर झुका लिया और चुपचाप चाय पीती रही ! अशोक उसके कान में कुछ बुदबुदाए, उसने गरदन हिलाई और गिलास एक तरफ खिसकाते हुए कहा—''जरूर बताऊँगी लेकिन ब्योरे में नहीं जाऊँगी ! संक्षेप में ही। एतराज तो नहीं है किसी को ?''

उसके पूछने से या डायरी खुलने के डर से कई लोग बाहर चले गए ! हो सकता है, उनमें से कई एक का नए साल पर अपना कार्यक्रम रहा हो ! इन्हीं खिसकनेवालों में अशोक भी थे ! गया सिंह को छोड़कर सबको पता था कि उन्हें कौन सा जरूरी काम है ?

''ऐसा है सहोदरजी कि इस बीच मैं अशोकजी के साथ उन आठ-दस आश्रमों और मठों में गई जिनमें विधवाएँ रहती हैं। हर जगह पचास-साठ विधवाओं के नाम थे रजिस्टर में। समझ नहीं सकते आप कितनी मुश्किलों का सामना करना पड़ा था मुझे इन जानकारियों के लिए ! कुछ तो विदेशी होने के कारण और कुछ उनकी लालच के कारण ! तो रजिस्टर में पचास-साठ विधवाएँ। पता चला, हर एक को समाज-कल्याण विभाग से पेंशन मिलती है, कई के लिए उनके घर से मनीआर्डर आते हैं। कुछ ऐसी भी हैं जिनके घर से गुजारा-भत्ता के रूप में हर फसल पर राशन-पानी आता है। लेकिन मैंने घूमकर देखा तो चार-पाँच कमरों को छोड़कर सारे कमरे बन्द ! किसी भी आश्रम या मठ में दस-पाँच से अधिक विधवाएँ नहीं मिलीं ! जो हैं भी, वे या तो घरों में झाड़ु-बुहारू करती हैं या खाना पकाती हैं, या बर्तन माँजती हैं या आया के काम करती हैं। मन्दिरों और घाटों पर भीख माँगनेवाली भी इन्हीं में से हैं। हो सकता है, उनकी मदद करनेवाली धर्मादा संस्थाएँ आज भी हों लेकिन...मेरी दिलचस्पी इसमें नहीं है कि वह सरकारी-गैरसरकारी रकम कहाँ जा रही है, इसमें जरूर है कि विधवाएँ कहीं-न-कहीं हैं लेकिन कहाँ हैं ? किस हाल में हैं ? कहीं-कहीं तो जिन्हें 'विधवा' कहकर परिचय कराया गया, वे कहीं से भी 'विधवा' नहीं लगीं।''

''यह तो हुई राँड़ो की बात, साँड़ों के बारे में भी आपने कुछ पता किया होगा ?'' गया सिंह जो दूसरी बेंच पर कुछ दूर बैठे थे, उससे पूछा नहीं; अपने आप बुदबुदाए !

कैथरीन ने सुन लिया, उधर देखा और थोड़ी देर चुप रही !

''और संन्यासी ! संन्यासी कौन है ?'' उसने ब्रह्मानन्द से पूछा और खुद जवाब दिया—''कौन है संन्यासी—वह जो धूनी रमाए बैठा है और पैदल चलता है या वह जो मारुति, सूमो, सैंट्रो, मैटीज जैसी गाड़ियों में घूमता है—तरह-तरह के देशी-विदेशी असलहों के साथ, मुस्टंड चेलों के साथ ? पूजे तो वही जा रहे हैं जो गाड़ियों में घूम रहे हैं, आश्रम और मठ भी उन्हीं के हैं, चेले-चाटी और भक्त भी उन्हीं के हैं। जो धूनी

रमाए बैठे हैं, भिखमंगे से ज्यादा उनकी वकत नहीं है। सहोदरजी, मैंने घूम-घूमकर जो जानकारियाँ की हैं, उनसे इस नतीजे पर पहुँची हूँ कि शायद ही कोई ऐसा संन्यासी या साधु हो जिस पर कत्ल के दस-पाँच मुकदमे न हों, जिसके पास ढेरों वैध-अवैध असलहे और हथियार न हों, जो आश्रम और मठों के नाम पर दस-पन्द्रह एकड़ जमीन न कब्जियाए हो ? संन्यासी किसे कहेंगे आप ?''

''बाबा को !'' कुनमुनाते हुए गया सिंह फिर बोले !

''चुप रहो, बाबा योगी और साधक हैं, संन्यासी नहीं !'' ब्रह्मानन्द ने कहा—''लेकिन मैडम, क्या साँड़ों का भी यही हाल नहीं है ?''

''बिलकुल है ! वे भी अपने असलहे के साथ घूमते हैं !''

''गया सिंह जी, यह मजाक नहीं, सच है !'' दूसरे कोने से शिव प्रसादजी बोल उठे ''देखिए तो पहले हर गली, सड़क, चौराहे पर साँड़। सही है कि पहचान थे बनारस के। न राहगीरों को उनसे दिक्कत, न उनको राहगीरों से ! अत्यन्त शिष्ट, शालीन, धीर-गम्भीर, चिन्तनशील। न ऊधो का लेना, न माधो का देना। आपस में लड़ लेंगे लेकिन आपको तंग नहीं करेंगे। बहुत हुआ तो सब्जी या फल के ठेले में मुँह मार लिया, बस ! वह भी तब जब देखा कि माल है लेकिन लेनदार नहीं। आप अपने रास्ते, वे अपने रास्ते। वरना बैठे हैं या चले जा रहे हैं, किसी से कोई मतलब नहीं। मन में कोई वासना भी नहीं। गायों के साथ भी राह चलते कोई छेड़खानी नहीं। हाँ, भूख से बेहाल आ गईं तो तृप्त कर देंगे ! निराश नहीं लौटने देंगे !''

''महोदय, यह अपने बारे में बोल रहे हैं या साँड़ों के बारे में ?''

ब्रह्मानन्द की टिप्पणी को अनसुनी करते हुए आगे कहा शिव प्रसादजी ने—''ऐसा है मैडम, वृषोत्सर्ग कर्मकांड का एक विधान था। श्राद्ध से पूर्व एकादश को करते थे ! त्रिशूल से दागकर छोड़ देते थे पुण्य-लाभ के लिए—कि जाओ, गोवंश की वृद्धि करो। लेकिन आज—जब मृतक के आश्रितों को ही नहीं पोसा रहा है तो साँड़ कहाँ से आएँगे ?''

''पंडितजी, आएँगे नहीं—आ रहे हैं बाहर से; जैसे गाएँ आ रही हैं।''

कैथरीन ने या तो गया सिंह को समझा नहीं या ध्यान नहीं दिया। उसने ब्रह्मानन्द की ओर देखते हुए कहा—''यही था मेरे कहने का मतलब। सहोदरजी, आँकड़े हैं मेरे पास राँड़ों, साँड़ों और संन्यासियों के। मैं बता सकती हूँ कि पिछले पाँच सालों में ही कितना अन्तर आया है इनकी संख्या में ? बुरा न मानें तो मैं कहना चाहती हूँ कि 'वाराणसी इज डाइंग' ! बनारस जिसे लोग पढ़ते, सुनते, जानते थे—मर रहा है आज !''

''तो क्या चाहती हैं आप ?'' गया सिंह का स्वर सहसा ऊँचा हो गया—''चाहती हैं मठ और आश्रम राँड़ों से भरे रहे ? साँड़ सड़कों और गलियों में जहाँ-तहाँ गोबर करते रहें ? साधू-संन्यासी दाढ़ी-दाढ़ा बढ़ाए लोगों को चूतिया बनाते रहें ?''

उनके स्वर और उत्तेजना से परेशान ब्रह्मानन्द ने इशारे से समझाया—''आस्ते-आस्ते डाक्टर ! हल्ला नहीं, नाराज क्यों हो रहे हो ?''

"घंटे-भर से सिर हिला- रहे हैं आप और वह कह रही हैं कि बनारस मर रहा है। इसी बनारस में हम भी हैं, आप भी हैं और यह अस्सी भी है; इसी बनारस के लिए सात समुन्दर पार से दौड़ लगा रहे हैं भोंसड़ी के ये अँगरेज; लेकिन यह कह रही हैं और आप सिर हिला रहे हैं—सिर्फ इसलिए कि पाँच सौ रुपए दिहाड़ी पर घर बैठे आपको काम चाहिए; एक ऐसा विदेशी किराएदार चाहिए जिसकी खातिरदारी में आपका पूरा परिवार लगा रहे। यह नहीं देख रहे हैं कि यही साले मार रहे हैं बनारस को और कह रहे हैं कि मर रहा है !"

शिव प्रसादजी ने गया सिंह को कन्धे से पकड़ लिया—"अरे यार, कुछ तो लिहाज करो ! महिला है !"

"महिला है तो कपार पर बैठकर मूतेगी ?" उसी रौ में गया सिंह बोले !

कैथरीन न दुःखी हुई, न नाराज। वह उठ खड़ी हुई जाने के लिए। उसे देर हो रही थी। ठंढ भी कम नहीं थी। रात के साढ़े दस बज रहे थे और नगवा घाट पर उसका इन्तजार हो रहा था। ब्रह्मानन्द सफाई दे रहे थे कि गया सिंह पितृशोक से सन्तप्त हैं, उनकी बात का बुरा नहीं मानना चाहिए लेकिन यह खाहमखाह की सफाई थी। उसे कतई बुरा नहीं लगा था। वह हँसती हुई सबसे विदा लेकर बाहर निकल गई।

कैथरीन के जाने के बाद का सन्नाटा तोड़ा गया सिंह ने। बोले—"सहोदर गुरू ! बहुत दिन हो गए आपका लिखा वह वाला भजन सुने—'श्याम म्हाने चाकर राखोजी !' सुना दें आज !"

"मक्खन लगाने की कोशिश मत करो ! बड़ा गन्दा काम किया है तुमने !" उखड़े मूड के साथ ब्रह्मानन्द ने कहा। फिर तो उन सभी लोगों ने उनकी भर्त्सना शुरू कर दी जो दड़बे में बचे रह गए थे और मुहल्ले के ही थे। गया सिंह ने उनकी 'भारतीय संस्कृति' की वकालत को कोई महत्त्व नहीं दिया क्योंकि ये सब उनकी नजर में 'दिहाड़ी' की कमाई खानेवाले या खाने की इच्छा रखनेवाले लोग थे। लेकिन जब दीनबन्धु तिवारी ने भी ब्रह्मानन्द का समर्थन किया तो गया सिंह के अन्दर एक हिलोर उठी जो तमाम नियन्त्रण-रेखाओं को तोड़ती हुई गले तक आई और फँस गई। उन्होंने पूरे दड़बे पर ऐसे नजर डाली जैसे वह बेनियाबाग का मैदान हो और पब्लिक ठसाठस भरी हुई हो !

पब्लिक ने भी उनकी चमकती खल्वाट खोंपड़ी, भंग के रंग में रँगी आँखें देखीं तो समझ गई कि अब खैर नहीं; भलाई इसी में है कि किसी बहाने से फूट लो...और जब एक-एक करके सब खिसक गए तो ब्रह्मानन्द ने भी उठते हुए कहा—"बन्धुवर, जरा पान जमा के आता हूँ तो आपकी पसन्द का भजन सुनाता हूँ।"

अब तक गया सिंह भाषण के वशीभूत हो चले थे और दीनबन्धु तिवारी अकेले रह गए थे उनके सामने—भीड़ की तरह। गया सिंह ने अट्टहास किया जैसे घड़ा फूटा हो ! बोले—"सर्वश्री दीनबन्धु तिवारी ! बाभनों में तिवारी, ऊँट की सवारी, मयभा महतारी, हैजा की बीमारी, लालाओं में पटवारी, कोंहड़ा की तरकारी...और इसी कहावत में एक और जोड़ लो—अमरीकन नारी; इनका कोई भरोसा नहीं।

"बनारस तो मर रहा है लेकिन वहाँ से नहीं जहाँ के आँकड़े देवीजी दे गई हैं। देवीजी, तुम्हारे पास तो पूरे नगर के हैं लेकिन मेरे पास तो सिर्फ अस्सी के ही हैं। और उन्हीं की बिना पर मैं बता सकता हूँ कि सीढ़ियों पर कितने किलो हेरोइन, कितने किलो ब्राउन शुगर, कितने किलो चरस और कितने डिब्बे मार्फीन की खपत हुई है इस बीच ? घाटों पर वियाग्रा, पेनाग्रा, नियाग्रा और किन-किन चीजों के पाउडर बिक रहे हैं पुड़ियों में ? दो-दो सौ रुपए एक-एक पुड़िया ! और खरीद कौन रहे हैं—बूढ़े ! चोरी-छुपे ! पेंशन की रकम रोटी-दाल में नहीं पुष्टई में जा रही है। और सुनो, गुब्बारे और गुल्ली-डंडा की उमरवाले बच्चे घाट और छत और खिड़कियाँ देख-देखकर जवान हो गए हैं समय से पहले ही ! किस तरह घूरते हैं इसी उमर में सयानी लड़कियों को ! कभी देखा है ?"

"यह तो टी.वी. का कमाल है !" दीनबन्धु ने असहमति जाहिर की !

"नहीं, टी.वी. तो निरोध और कंडोम बाँट रही है, ये तो वह सीख रहे हैं जो देख रहे हैं।"

"लेकिन आप खामखाह नाराज हैं अमरीका से ? जो ढाई-तीन हजार विदेशी हैं गलियों में, उनमें सबसे कम अमरीकी हैं।"

"गलियों में और सबसे कम !" गया सिंह हँसे, "क्या हो रहा है गलियों में, देखा है कभी ? डालर का धन्धा ! दीनबन्धु, डालर अमरीका की जीभ है। वह शुरू में ऐसे ही किसी मुल्क को चाटना शुरू करता है जैसे गाय बछड़े को चाटती है—प्यार के साथ ! बाद मे जब चमड़ी छिलने लगती है, खाल उधड़ने लगती है, दर्द शुरू हो जाता है, जीभ पर काँटे उभरते दिखाई पड़ने लगते हैं, जबड़े चलने की आवाज सुनाई पड़ती है तब पता चलता है कि यह जीभ गाय की नहीं, किसी और जानवर की है। और क्या समझते हो, जो देखते-देखते देश का देश चबा गया हो और उसमें भी सोवियत रूस जैसा देश—उसके लिए नगर का मुहल्ला क्या चीज है ?

"अब यही देखो ! आप लंका से हर शाम आते हो, भाँग खाते हो, चाय पीते हो, गपाष्टक करते हो और लौट जाते हो। मगन रहते हो कि वाह रे हम ! लिंग पर ग्लोब उठाकर तान दिया हमने और दुनिया देखती रह गई ! कभी जानने की कोशिश की कि क्या हो रहा है यहाँ ? पता है आपको कि मुहल्ले में कितने मकान खरीदे हैं इन्होंने लोकल आदमियों के नाम से ? मकान लोकल आदमी के नाम और रह ये रहे हैं ! कितने ऐसे मकान हैं जिनकी मरम्मत के लिए इन्होंने पैसे लगाए हैं खुद रहने के लिए। फर्जी शादियाँ की हैं वीजा के एक्सटेंशन के लिए। बीसों 'साइबर केफे' खुलवाए हैं घरों में अपने जनसम्पर्क और सुविधाओं के लिए। इसे ही हम समझते हैं 'ग्लोबलाइजेशन'। उन्हें जितनी बार आना-जाना हो—आएँ-जाएँ, जब तक रहना हो, तब तक रहें, लेकिन हम ? है हमारी हैसियत एक बार भी अमेरिका जाने की ? हमारा घर उनका घर है लेकिन उनका घर उन्हीं का घर है, हमारा-तुम्हारा नहीं।...अभी क्या देख रहे हो, थोड़े दिन बाद ही ये बोलेंगे—अस्सी जर्जर हो रहा है, ढह रहा है, मर रहा है; हमें दे दो तो नया कर दें—एकदम चमाचम ! कल बनारस को चमकाएँगे, परसों दिल्ली को ठीक

करेंगे, नरसों पूरे देश को ही गोद ले लेंगे और झुलाएँगे-खेलाएँगे अपनी गोदी में ! यह बाद में पता चलेगा कि हम किसकी गोद में हैं—जसोदा मइया की कि पूतना की ?"

भाषण खत्म करते-करते गया सिंह की नजर मनोज पर गई जो चूल्हे के पास देर से खड़ा था।

"तू क्यों सिर पर सवार है बे ?"

"अरे, अब उठिएगा भी ? ग्यारह बज रहे हैं !"

"तो ?"

"दुकान बन्द नहीं करेंगे क्या ?" मनोज बोला।

गया सिंह भारी मन से खड़े हो गए—"आओ दीनबन्धु, चलते हैं, रास्ते में सुनाते हैं एक ऐसी ही जीभ की कथा जिसे बनारस में सब जानते हैं। हो सकता है, तुम्हारे बलिया को भी पता हो !"

10

भदन्तो, वह कथा मैं आपको सुना रहा हूँ जो गया सिंह ने दीनबन्धु तिवारी को सुनाई थी।

"प्राचीन काल में इसी वाराणसी में एक समय ब्रह्मदत्त का पुत्र कुमार काशी नरेश हुआ। उसे बचपन से एक आदत थी—मांस-भक्षण की। खाने के लिए चाहे जो पकवान दे दो, अगर उसमें मांस नहीं तो सब व्यर्थ। उसका रसोइया नियम से प्रतिदिन उसके लिए मांस लाता, पकाता और खिलाया करता। एक दिन उससे असावधानी हो गई। कुमार के हिस्से का मांस उसी के पालतू कुत्ते खा गए ! रसोइया परेशान—अब क्या करे ? न खिलाए तो मारा जाए ! वह भागा-भागा श्मशान गया—उसने तुरन्त का मरा हुआ मुर्दा देखा; चुपके से उसकी जाँघ का मांस काट लाया, पकाया और परोस दिया।

राजा यानी कुमार ने जैसे ही एक टुकड़ा जीभ पर रखा, दंग रह गया—इतना सुरस, इतना मीठा, इतना स्वादिष्ट ! क्यों नहीं खाया था अब तक ऐसा मांस !

रसोइया तलब किया गया। कुमार ने दुनिया-भर की पूछ-ताछ की उससे—'यही मांस पहले क्यों नहीं पकाते थे ? कहाँ से लाए थे ? किस जीव का था ? सच-सच बता, नहीं तो जिन्दा नहीं रहेगा !' रसोइए ने सारी बात डरकर ज्यों-की-त्यों बता दी। कुमार बहुत खुश। बोला—'आगे से मेरे लिए ऐसा ही मांस पकाया कर। जो मेरे लिए लाया करता था, उसे स्वयं खाया कर !'

मुश्किल यह कि रोज-रोज कहाँ से आए मनुष्य का मांस ?

कुमार ने कहा—'मेरा कारागार बन्दियों से भरा पड़ा है। एक बन्दी-एक दिन ! यही अनुपात रख।'

धीरे-धीरे कारागार खाली हो गया। एक भी बन्दी नहीं बचा। मुश्किल फिर आन पड़ी—'अब ?'

कुमार ने सोच-विचार कर फिर रास्ता निकाला—'ऐसा कर कि चौराहे पर खड़ा हो जा—प्रतिदिन सुबह ! कार्षापणों से भरी हुई थैली सड़क पर फेंक और जो लोभ में थैली उठाए उसे 'चोर ! चोर !' कहके पकड़ और ले आया कर !'

यह सिलसिला शुरू हुए कुछ ही महीने बीते थे कि पूरे जम्बूद्वीप में हाहाकार सुनाई पड़ने लगा। किसी का बेटा गायब, किसी की बहन गायब, किसी का पिता गायब, किसी की पत्नी गायब ! ऐसा एक भी घर नहीं जिससे कोई-न-कोई गायब न हो। त्राहि-त्राहि करती हुई जनता ने गुहार लगाई सेनापति के यहाँ। 'क्या है ?' दुर्ग से निकलकर उसने पूछा। जनता ने बिलखते हुए फरियाद की—'इस राज्य में कहीं-न-कहीं कोई-न-कोई नरभक्षी चोर है। स्वामी ! उसे पकड़ें और हमारी रक्षा करें !' सेनापति ने सात दिन का समय लिया और चारों दिशाओं में अपने गुप्तचर दौड़ा दिए !

आखिर सातवें दिन पकड़ लिया गया चोर ! और वह भी रँगे हाथ ! उसने दो मकानों के बीच सँकरी गली में एक युवती को मारा था और उसके मांसल हिस्सों को काट-काटकर टोकरी में भर रहा था कि पकड़ लिया गया ! लाया गया सेनापति के सामने टोकरी समेत। सेनापति ने पूछा—'कौन है तू ? ऐसा क्यों करता है ? किसके लिए और किसके कहने पर करता है ?'

चोर ने अपनी विवशता बताते हुए कहा कि मैं राजा का रसोइया हूँ।

'तू राजा के सामने ये बातें बोलेगा ?'

'हाँ, बोलूँगा !'

उधर जब पिछली रात रसोइया नहीं आया तो भूख से बेहाल राजा समझ गया कि कुछ गड़बड़ है ! और जब सुबह जनसभा बुलाई गई तो उसे विश्वास हो गया कि अब बात खुल गई है, छिपाने से कोई लाभ नहीं। जनता की अदालत में रसोइये ने सारा किस्सा बयान किया तो राजा ने कहा—'हाँ, यह सच है ! मनुष्य का मांस खानेवाला मैं ही हूँ।''

'राजन् ! छोड़ दें यह आदत !' सेनापति ने समझाया !

राजा ने कहा—'विवश हूँ ! नहीं छोड़ सकता !'

जब बहुत समझाने-बुझाने पर भी कुमार तैयार न हुआ तो जनता ने अपना निर्णय सुनाया कि राजा को देशनिकाला दे दिया जाए !

'ठीक है, मैं जा रहा हूँ !' सिंहासन छोड़ते हुए कुमार बोला—'लेकिन मुझे अपनी जीवन-रक्षा के लिए एक खड्ग, मांस पकाने का बरतन और एक रसोइया दे दें !'

कुमार राज्य के बाहर जंगल में पहुँचा और एक वटवृक्ष के नीचे उसने डेरा जमाया ! वह प्रतिदिन मनुष्य की टोह में तलवार लिये निकलता और जैसे ही किसी खाद्य (दुबला, पतला, हड़ियल नहीं, मोटा, मांसल, स्वस्थ) मनुष्य को देखता, प्रचंड स्वर में दहाड़ता हुआ दौड़ पड़ता—'खबरदार ! रुक जा ! मैं ही हूँ मनुष्य-भक्षी चोर !' किसी को मूर्च्छित और

धराशायी कर देने के लिए उसकी दहाड़ ही काफी थी ! वह उस आदमी को सिर के बल उलटा पीठ पर लादता और रसोइए को पकाने के लिए दे देता !

हुआ यह कि उस जंगल के रास्ते मनुष्यों का आना-जाना बन्द हो गया ! कौन जाए उधर जिधर आदमखोर चोर हो ! एक दिन की बात है कि सुबह बीती, दोपहर बीती, शाम भी बीत गई—चोर तलवार लिये पेड़ पर बैठा इन्तजार करता रह गया, कोई नहीं आया। भूख और क्रोध से पागल वह डेरे पर लौटा और रसोइए से बोला—'चूल्हे का बर्तन चढ़ा !' रसोइए ने उसे देखा और कहा—'देव ! मांस कहाँ है ?' कुमार ने तलवार से उसके दो टुकड़े किए और कहा—'यह रहा मांस !' फिर खुद पकाया, खाया और निश्चिन्त हो गया !

मुसीबत आई दूसरे दिन !

कोई धनाढ्य ब्राह्मण पाँच सौ बैलगाड़ियों पर जजमानी का माल लादे व्यापार करने निकला और पहुँचा जंगल के मुहाने पर ! उसे चोर का पता चला। लेकिन व्यापार करना है तो जंगल पार करना जरूरी है। उसने गाँववालों में हजारों कार्षापण बाँटे और कहा—'जंगल पार करा दो !' लाठी-डंडे समेत रक्षकों से घिरा उसका काफिला जंगल के रास्ते चला। पेड़ पर बैठा चोर हड़ियल-मरियल ग्रामीणों को देख दुखी हुआ। ये उसके किस काम के ? खाने में भी कोई लज्जत नहीं। कि इसी बीच उसकी नजर गई मालपुआ-रबड़ी-मलाई खाए ब्राह्मण पर। वह खिल उठा। 'मैं मनुष्यभक्षी चोर हूँ।' कहकर ललकारते हुए जो पेड़ से कूदा, तो सारे रक्षक मूर्च्छित जहाँ-के-तहाँ गिर पड़े। उसने ब्राह्मण को पीठ पर सिर के बल लादा और चला।

रक्षक जब चेतना में आए तो उनके मन में विचार आया—'हमने हजार कार्षापण लिए हैं उसकी रक्षा के लिए ! वह पकड़ में आए या नहीं—हमें कोशिश तो करनी चाहिए।' और वे ललकारते हुए उसके पीछे दौड़े। चोर जिस समय एक कँटीली बाड़ को फाँदने की कोशिश कर रहा था, उसी समय एक बहादुर ग्रामीण रक्षक ने उसकी एड़ी पर वार किया। चोर लँगड़ाता हुआ कुछ दूर तक चला लेकिन चोट ज्यादा थी और खून बहुत बह रहा था, उसने ब्राह्मण को फेंककर अपने को हलका किया और घने जंगल में अदृश्य हो गया।

रक्षकों को ब्राह्मण से मतलब। जब वह मुक्त हो गया तो उन्होंने चोर का पीछा करना छोड़ दिया ! लेकिन एक बात ग्रामीणों की समझ में आ गई कि मनुष्यभक्षी राजा चाहे जितना भयानक और बलशाली हो, दुर्वध्य नहीं है। उसका वध सम्भव है !"

भदन्तो, गया सिंह ने दीनबन्धु तिवारी को इसके आगे की कथा नहीं सुनाई। यहीं पर अपना समोधान देते हुए बताया कि, "ब्रह्मदत्त-पुत्र मनुष्यभक्षी चोर कलिकाल में आकर सात समुन्दर पार अमरीका का राष्ट्रपति हुआ और ब्राह्मण व्यापारी के रक्षक अस्सी के गदरहे।"

"रसोइया कौन हुआ ?" दीनबन्धु ने पूछा था।

गया सिंह बोले—"यह ब्रह्मानन्द से पूछो। वही बताएँगे !"

पांड़े कौन कुमति तोहें लागी

कहना तन्नी गुरू का कि अस्सी–भदैनी का ऐसा कोई घर नहीं जिसमें पंडे, पुरोहित और पंचांग न हों और ऐसी कोई गली नहीं जिसमें कूड़ा, कुत्ते और किराएदार न हों।

तन्नी गुरू में एक ऐब है। ऐब यह है कि वे कहते हैं और भूल जाते हैं और यह भी कि कहना कुछ चाहते हैं, कह कुछ और जाते हैं। बुढ़ापे में ऐसा होता होगा शायद ! जैसे–वे कहना चाहते थे कि 'कोई-कोई' घर और 'कोई-कोई' गली लेकिन ऐसे बोल गए जैसे 'सब'।

तो 'पंचांग' और 'किराएदार'–ये जीविका के सहारे थे पंडों के। पंचांग तो कोई बात नहीं, लेकिन समय बदलने के साथ किराएदार हरामी होने लगे ! समझिए कि मारे-मारे फिर रहे हैं गली-गली, भगाए जा रहे हैं दरवज्जे-दरवज्जे से कि चलो, फूटो हियाँ से–लखैरों के लिए कोई कोठरी नहीं !...ऐसे में जगह दो दया करके, किराया बस इतना कि समझो मुफ्त में लेकिन महीने के अन्त में हर बार किच-किच। बिजली का बिल हो तो किच-किच, पानी न मिले तो किच-किच, कहो–खाली करो तो किच-किच ! इस तरह एक तो सारी जिन्दगी किचाइन करो और जरा सी भी आँखें भजीं नहीं कि कोठरी गई हाथ से; उनके नाम अलॉट। फिर लड़ते रहिए सारी जिन्दगी मुकदमा। और अगर किराएदार कहीं पड़ोसी जनपद चन्दौली, गाजीपुर, बलिया, जौनपुर या बिहार के हुए तो कोठरी क्या, मकान ही गया। कहाँ से जुटाएँगे आप उतना लाठी-डंडा, बल्लम-गँड़ासा, तमंचा-बन्दूक ?

ऐसे में बाबा विश्वनाथ से अपने भक्तों का यह दुःख देखा नहीं गया !

उन्होंने विदेशियों को भेजना शुरू किया–बड़े पैमाने पर। संगीत-समारोहों और घाटों के दर्शन के लिए ! ये सारे समारोह अस्सी–भदैनी के आस-पास होते हैं–जनवरी से अप्रैल के बीच ! शहर में होटल भी थे लेकिन महँगे और दूर। धीरे-धीरे केदार घाट से लेकर नगबा के बीच के सारे घाटों के मकान लॉज बनने लगे। लेकिन वे ज्यादातर लॉज थे, होटल नहीं। आप वहाँ ठहर तो लेंगे, खाएँगे-पिएँगे कहाँ ? उनकी इस जरूरत को समझा छोटी और निचली जातियों ने। बाभन तो उन्हें अपने घर में जगह देने से रहे लेकिन निचली जातियों ने नगर में एक नई संस्कृति चालू की–'पेइंग गेस्ट' की। वह भी महीने के नहीं, डेली के हिसाब से !

यह सिलसिला शुरू हुआ था–'85 के आस-पास !

मुहल्ले के बाभन-ठाकुर उन्हें गरियाते रहे, धिक्कारते रहे, सरापते रहे–लेकिन

उनकी हैसियत म फर्क आते देखकर पछताते भी रहे !

कौन बाभन साहस करे अँगरेज-अँगरेजिन को अपने मकान में रखने का ? कोई भी तो एक घर नहीं जिसमें मन्दिर न हो ! अगर रखा तो किसी को जीने नहीं देंगे पांडेय धर्मनाथ शास्त्री !

यह कहानी इन्हीं शास्त्रीजी की है।

और यह कहानी तब की है जब उड़ीसा में ग्राहम स्टेंस-हत्याकांड हो चुका था और विदेशियों के चेहरे पर दहशत की हलकी छाया थी और मकान मालिकों के माथे पर चिन्ताएँ—ऐसा न हो कि ये किराए पर उठी कोठरियाँ छोड़कर खिसक लें और आगे से आना ही बन्द कर दें !

अस्सी की गलियाँ ! अहा, क्या कहिए !

चलिए या हाथ मलिए या सिर धुनिए !

चौराहे से बाएँ, फिर दाएँ, फिर बाएँ, फिर सीधे, फिर जरा सा यूँ दाएँ, फिर सीधे ! पहुँच गए अब घाट पर ! वहीं पांडेय धर्मनाथ शास्त्री का मकान है !

अस्सी की हर गली गंगा की ओर खुलनेवाली खिड़की और घाट के हर मकान की खिड़की पर्यटकों की आँख की पुतली !

गोबर, मूत, टट्टी, साँड़, खुले सीवर, पनाले, कूड़े-कचरे और बाएँ-दाएँ की दीवारों को दरेरते जब कन्नी गुरू शास्त्रीजी के मकान पर पहुँचे तो अँगरेजिन को बड़ा सा बोर्ड दिखाया—"यू सी, ए ग्रेट पंडित ! व्याकरणाचार्या, जोतिषाचार्या, भिषगाचार्या, वेदाचार्या ! यू सी मेनी आचार्याज ! व्हाट अंडरस्टैंड ? पामिस्ट आलसो ! हिन्दी इन ट्वन्टी सेवन डेज ! संस्कृत इन सिक्स मन्थ !"

अँगरेजिन 'हूँ' करते हुए कभी बोर्ड को देखती, कभी कन्नी गुरू को !

फटी आँखों 'हुम' करते हुए वह देर तक सिर हिलाती रही !

अलकतरे से पुते काले किवाड़। दुपलिया ! कोई 'कालबेल' नहीं। कन्नी ने सिंकड़ी खटखटाई—कोई आवाज नहीं। थोड़े इन्तजार के बाद उन्होंने आवाज दी—"आचार्याजी !"

बीच से किवाड़ खुले—जरा-सा। एक अधेड़ महिला ने सिर निकाला फिर माथे पर आँचल खींचते हुए झटके से अन्दर कर लिया—"दर्शन करने गए हैं।"

"अचारिन ! हिज वाइफ !" कन्नी धीरे से बोले और हाथ जोड़ लिये !

कन्नी की देखा-देखी अँगरेजिन ने भी हाथ जोड़े—"नामास्ते !"

"जाने कहाँ-कहाँ से फाँस लाता है नई-नई रंडियों को लौंड़ा का नाती !" पड़ाइन बुदबुदाई—"चुपके से खिसको, नहीं मुहैं झौंस देंगे किसी दिन !"

अँगरेजिन कन्नी को ताकती रही—कौतूहल से।

"थैंक यू वेरी मच, लेकिन बैठेंगे नहीं।" कन्नी ने कहा और अँगेरिजन को अपने ढंग से समझाया—"मैडम वेलकम कर रही हैं, बैठने की जिद कर रही हैं लेकिन

आचार्याजी नहीं हैं घर पर। वे महिषासुरमर्दिनी, बनकटे हनुमान और दुर्गाजी का दर्शन करने गए होंगे। वेरी हाईक्लास डिवोटी ! जब तक दर्शन नहीं कर लेते, मुँह में अन्न नहीं डालते ! पानी नहीं पीते ! ही इज रीयल रिसी-मुनी। लाइक वसिष्ठा, लाइक विश्वामित्रा ! चलिए, तब तक गंगाजी का दर्शन कर आएँ !"

"अन्दर आइए !" दोनों जैसे ही मुड़े, वैसे ही किवाड़ खुले और शास्त्रीजी प्रगट भए !

मित्रो, कन्नी तन्नी के कोई नहीं ! चेहरा ऐसा कि तन्नी की औलाद लगें लेकिन तन्नी के कोई नहीं कन्नी ! ऐसे तो मुतफन्नी गुरू, पन्नी गुरू, अठन्नी गुरू—कइयों के चेहरे तन्नी जैसे हैं ! यह माटी ही ऐसी है, इसके लिए तन्नी क्या करें ? वे अपने लँगोट के जिम्मेवार हैं दूसरों के लहँगों के नहीं। कोई लहँगा उठाए जहाँ-तहाँ घूमता फिरे तो बिचारे तन्नी का क्या दोष ?

बहरहाल, तन्नी गुरू का कहना कि गुरू, हमने तो वही किया अपनी पड़ाइन के साथ जो एक मर्द एक औरत के साथ करता है लेकिन भोंसड़ी के पैदा हो गए तो हम क्या करें ? मुहल्लों के ज्यादातर नौजवान इसी शैली में प्रगट हुए हैं, न उन्हें उनके माँ-बाप ने पैदा किए हैं, न वे पैदा हुए हैं। जिन्होंने पैदा किया है या जो पैदा हुए हैं—वे अगर डॉक्टर, इंजीनियर, अफसर नहीं, तो भी कुछ-न-कुछ हैं ! और कुछ नहीं तो दुकान-दौरी करके मस्त हैं लेकिन जो 'प्रगट भए' हैं, वे 'जनसेवा' या 'परोपकार' के रास्ते 'धर्म की जय हो ! अधर्म का नाश हो ! प्राणियों में सद्भावना हो ! विश्व का कल्याण हो ! हर-हर महादेव !' कर रहे हैं !

चूतिए—यानी पप्पू की दुकान में बैठनेवाले आप्रवासी अस्सीवासी चूतिए इस 'विश्व-कल्याण' को धन्धा बोलते हैं !

चले आ रहे हैं दुनिया के कोन-कोने में अँगरेज-अँगरेजिन ! हालैंड से, फ्रांस से, हंगरी से, आस्ट्रिया से, स्विट्‌जरलैंड से, स्वीडेन से, आस्ट्रेलिया से, कोरिया से, जापान से ! सैकड़ों नहीं, हजारों की तादाद में—इस घाट से उस घाट तक ! किसी को तबला सीखना है, किसी को सितार, किसी को पखावज सीखना है, किसी को गायन, किसी को कत्थक सीखना है, किसी को बाँसुरी, किसी को हिन्दी, किसी को संस्कृत—कुछ नहीं तो किसी को संगीत-समारोहों में घूम-घूम सिर ही हिलाना है। और इस छोटे से शहर में घर-घर मन्दिर-वास्तुकला-मूर्तिकला के हजारों नमूने ! देखने-ताकने को सैंकड़ों जगहें। शहर में भी, शहर से बाहर भी। गंगा मइया और घाट जो हैं सो तो हैं ही। शुरू कीजिए तो एक जिन्दगी छोटी लगे। मदद के लिए आगे न आइए तो लूट लें साले पंडे, गाइड, मल्लाह, रिक्शेवाले, होटलवाले—सभी ! और इस मदद को चूतिए हैं कि धन्धा बोलते हैं।

कन्नी गुरू, आपने मुलुक-मुलुक के अँगरेज-अँगरेजिन का नाम लिया, अमेरिका, इंग्लैंड को छोड़ क्यों दिया ?

"नाम मत लीजिए भोंसड़ीवालों का ! बड़े हरामी हैं साले ! आते हैं, क्लार्क्स, ताज, डी पेरिस में ठहरते हैं, गाड़ी में दो-चार दिन घूमते हैं और बाबतपुर (हवाई अड्डा) से ही लौट जाते हैं। दिल्ली से ही अपना फिट-फाट करके आते हैं भोंसड़ी के ! वे क्या जानें बनारस को ?"

घाट पर शास्त्रीजी का मकान—छोटा सा। आगे-पीछे दो कमरे, बीच में छोटा सा आँगन, आँगन में लैट्रिन और नल—बस। एक पतली-सी घुमावदार सीढ़ी है आँगन से ही जो छत पर पहुँचती है। छत पर खड़े हो जाइए तो अस्सी घाट, गंगा नदी और गंगा पार का पूरा मंजर दिखाई पड़ेगा लेकिन बाएँ-दाएँ के सारे दृश्य गायब। अगल-बगल दुमंजिले-तिमंजिले भवन हैं जो लॉज बन चुके हैं। इनमें विदेशी ठहरते हैं। सामान्य दिनों में इनके हर कमरे का रेट पाँच सौ रुपए एक दिन। सीजन में यही एक से डेढ़ हजार हो जाता है।

मुहल्ले का सीजन जनवरी से अप्रैल तक रहता है जब संगीत समारोह चलते हैं। इसके बाद दशहरे तक के लिए या तो वे स्वदेश लौट जाते हैं या काठमांडू।

मुहल्ले में ही कई मल्लाहों के घर हैं एक-दो कमरों के, जिनमें नियमित रूप से कई विदेशी 'पेइंग गेस्ट' हैं। उन्होंने एक कमरा किसी विदेशी को दे रखा है और दूसरे कमरे में पूरा परिवार रहता है—सभी औरत-मर्द-बच्चे ! और वह विदेशी भले रहे तीन महीने, किराया साल-भर का दे जाता है। बस, कमरा उसके नाम रहना चाहिए—जब चाहे तब आए और रहे ! वह न सही, उसका दोस्त सही ! किसी विदेशी को 'पेइंग गेस्ट' रखने से मल्लाहों के जीवन-स्तर में कितना फर्क आया है—इसे बाभनों-ठाकुरों की औरतें-बच्चे देखते रहते हैं—खाना-कपड़ा-लत्ता छोड़ भी दें तो देखते रहते हैं कि कानों में 'वाकमैन' लगाए उनके बच्चे घूम रहे हैं, 'कैलकुलेटर' लिये जोड़-घटा रहे हैं, औरतें दरवाजे के बाहर बैठी छोटा सा ट्रांजिस्टर बजा रही हैं और उनकी मैक्सी पहने सूप में चावल बीन रही हैं !

कन्नी गुरू बैठे हैं शास्त्रीजी की बैठक में चटाई पर। जीन्स की पैंट, सीने पर 'बोल्ड एंड ब्यूटीफुल' छाप पीले-काले रंगों की टी-शर्ट, कानों पर छाए हुए अमिताभ बच्चन स्टाइल बाल, बाएँ कान में बाली, 'क्लीन शेव्ड' इंटर फेल कन्नी गुरू !

चटाई पर उनकी बगल में राजस्थानी घाघरे और चोली में अँगरेजिन ! कन्धे को ढँके हुए जैश्रीराम छाप दुपट्टा ! उम्र तीस-पैंतीस के इधर या उधर ! घुटनों के पास गाँधी आश्रम का झोला !

बैठक की दाईं तरफ छोटा सा कोठरीनुमा शिवमन्दिर ! मन्दिर के दरवाजे के पास संगमरमर का नन्दी और सामने आधार में स्थिर शिवलिंग जिस पर पड़ी हुई गेंदे की माला और बगल में खुँसी हुईं अगरबत्तियाँ। बाईं तरफ दरवाजे की ऊँचाई जितनी ऊँची आदमकद खिड़की। बैठे-बैठे छड़ों के बीच से गंगा और उस पर सरकती नावें दिखाई पड़ रही थीं। खड़ा हुआ जाए तो पूरा अस्सी घाट और घाटों की सीढ़ियाँ नजर आएँगी।

खिड़की से आती हुई गंगाघाट की हवा बड़ी खुशगवार, सोंधी और ताजी लग रही थी। "वंडरफुल !" अँगरेजिन ने ठंडी और लम्बी साँस ली !

चटाई के आगे चौकी पर लेवा (गुदड़ों और चिथड़ों से गूँथ-सिलकर बनाया गया बिस्तर) और लेवा पर पालथी मारे बैठे शास्त्रीजी ! ज्योतिषाचार्य, वेदाचार्य, भिषगाचार्य, व्याकरणाचार्य, पामिस्ट शास्त्रीजी ! मारवाड़ियों की एक संस्कृत पाठशाला में अध्यापक ! उम्र पचास साल से ऊपर रही होगी ! गले में नन्हे-मोटे दानोंवाली रुद्राक्ष की दो मालाएँ, बाईं भुजा पर लाल रंग के डोरों से बँधा ताबीज ! तोंद की गहरी नाभि के ऊपर चन्दन का सफेद टीका, दूसरा टीका गले की रेखाओं के बीच और ललाट पर सफेद टीके के बीच लाल रंग की महबीरी !

शास्त्रीजी थोड़ा अस्थिर और विचलित हो रहे थे। उनके नेत्र आँगन में खुलनेवाले दरवाजे की ओर लगे थे जहाँ बार-बार मना करने और डाँटने के बावजूद उनके बच्चे-बच्चियाँ हँसते-खिलखिलाते-शरमाते झाँक-झाँक जाते थे और भगाने के बाद भी आकर खड़े हो जाते थे ! जब उन्होंने पड़ाइन को भी बच्चे-बच्चियों के साथ खड़े और एकटक अपनी ओर ताकते देखा तो उनसे रहा नहीं गया। वे कन्नी गुरू से बोले—"मान्यवर, किवाड़ बन्द कर देवें !"

कन्नी गुरू उठे और किवाड़ उठँगाकर फिर आ बैठे !

शास्त्रीजी ध्यान में चले गए ! उनकी आँखें बन्द रहीं। थोड़ी देर बाद अपने आप ही बोले—"फ्राम फ्रांस !"

अँगरेजिन ने कन्नी को देखा—आश्चर्य से, बुदबुदाई—"हाऊ ही नोज ?"

कन्नी ने होंठों पर उँगली रखकर चुप रहने का इशारा किया !

"एम ! फर्स्ट सिलेबिल ऑफ योर नेम !"

"यस, यस मादलेन !" अँगरेजिन खुशी में बोली !

"माँ डाइवोर्सी है ! रहती उसके साथ हो लेकिन प्यार पिता को करती हो ! पिता एक शॉप में काम करते हैं। तुम्हारी रुचि भारतीय साहित्य और स्थापत्य में है। पेंटिंग में भी मन लगता है। पेरिस की भीड़-भाड़, दौड़-धूप, व्यस्तता से मन ऊब गया है। शान्ति की खोज में हो। अकेलापन पसन्द है तुम्हें..." शास्त्रीजी बोलते रहे—उसी तरह आँखें बन्द किए और वह फटी आँखों कन्नी को देखती रही !

"यू सी, हाई क्लास जोतिषाचार्या !" कन्नी बुदबुदाए !

मादलेन ने देखा—शास्त्रीजी अभी ट्रांस में ही हैं, वापस नहीं आए हैं। ये बातें अगर पता थीं तो सिर्फ कन्नी को और कन्नी उसके साथ पहली बार मिल रहे थे शास्त्रीजी से। मादलेन उनसे बहुत कुछ जानना चाहती थी लेकिन मुश्किल यह थी कि न तो ठीक से हिन्दी जानती थी, न अंग्रेजी। उसके पास दो शब्दकोश थे—इंगलिश-फ्रेंच और हिन्दी-इंगलिश ! जब हिन्दी का कोई ऐसा शब्द सुनाई पड़ता जो उसकी समझ में न आता तो वह तत्काल उनमें ढूँढ़ने लगती—लेकिन वे नहीं मिलते !

"तो किस प्रयोजन से कष्ट किया है आपने ? क्या नाम बताया—काशीनाथ !"

कन्नी बोले—"संस्कृत पढ़ना चाहती है मादलेन।"

शास्त्रीजी हँसे—"मादलेन संस्कृत पढ़ना चाहती हैं।" वे हँसते रहे और तोंद पर

हाथ फेरते रहे—"मादलेन, संस्कृत भाषा नहीं, देववाणी है। और तुम तो काशी में ही रहते हो काशीनाथ, समझाया नहीं इसे ? देखो, यह धूर्तों, पाखंडियों और लोभियों का नगर है। इसी महाल में पचासों 'संस्कृत-शिक्षण-केन्द्र' और संस्थान हैं ! 'संस्कृत इन थ्री मन्थ्स', 'संस्कृत इन सिक्स मन्थ्स' टाँग रखा है सबने लेकिन न तो व्याकरण का ज्ञान है, न भाषा का, न साहित्य का। मुझे कुछ नहीं कहना चाहिए उनके बारे में क्योंकि वे सभी मेरे ही शिष्य हैं। मैंने ही पढ़ाया है उन्हें लेकिन मिथ्यावादन नहीं कर सकता मैं। बोर्ड तो मैंने भी लगा रखा है—'संस्कृत इन सिक्स मन्थ्स' लेकिन वास्तविकता क्या है ? वास्तविकता यह है कि सारी जिन्दगी बीत गई देववाणी पढ़ते-पढ़ाते और मुझे लगता है कि मैं ठीक से उसकी वर्णमाला भी नहीं जानता। लेकिन यह इतनी कठिन भी नहीं कि छह महीने में सीखी न जा सके। लेकिन यह भी है कि यह सबके वश की बात नहीं !"

मादलेन सिर हिलाती रही और समझने की कोशिश करती रही !

"सम्प्रति कहाँ निवास है आपका ?"

कन्नी बोले—"केदारघाट पर 'गैंजेज लॉज' में !"

"कितना किराया है कमरे का ?"

"तीन सौ रुपये पर डे !"

"अरे ? यह तो कुछ भी नहीं ! इसी मुहल्ले में कई विदेशी रहते हैं इन्हीं मल्लाहों और खटिकों के यहाँ। रहने लायक कोठरी नहीं लेकिन पाँच सौ रोज पर रहते हैं !"

"हाँ शास्त्रीजी रहते तो हैं लेकिन उन्हें चाय, नाश्ता, दो टाइम का खाना—सब मिलता है। उसी में कपड़ों की धुलाई-इस्तरी सब शामिल है ! निश्चिन्तता कितनी है ?"

"तो क्या लॉज में यह सब नहीं है ?"

"कैसी बात कर रहे हैं ? लॉज में कहाँ होता है यह सब ? नाश्ता बाहर, खाना बाहर, कपड़ों की धुलाई बाहर, चाय बाहर ! बहुत कष्ट है ! हम तो महीने-भर से खोज रहे हैं कोठरी ! मादलेन तो किसी घर में 'पेइंग गेस्ट' तक होने के लिए तैयार हैं...कहीं मिले तो ?"

इसी समय शास्त्रीजी के विद्यालय से कोई ब्राह्मण-बटुक आया। चरण-रज लेकर जब खड़ा हुआ तब शास्त्रीजी ने अन्दर से प्रसाद और चाय लाने का आदेश दिया !

प्रसाद और चाय आने तक शास्त्रीजी गम्भीर बने रहे !

"मेरा रेट तो तुम्हें पता होगा काशीनाथ !"

"जी हाँ, दो सौ रुपए प्रति घंटा !"

"हाँ, साथ ही एकादशी, पूर्णिमा, अमावस्या को कोई कक्षा नहीं !"

"शास्त्रीजी !" कन्नी ने मादलेन की ओर देखते हुए कहा—"शास्त्रीजी, मादलेन केवल कक्षा के लिए नहीं आई हैं। क्यों ?"

मादलेन ने सिर हिलाया !

शास्त्रीजी गम्भीर हो गए और देर तक चुप रहे—"मुझे संकट में मत डालो काशीनाथ !"

कन्नी ने अनुनय किया—"मुझे पराया न समझें शास्त्रीजी ! इस नगर का हूँ तो आपके घर का ही हूँ समझिए !"

शास्त्रीजी खड़े हो गए—"यह मेरी पूजा का समय है। इस वक्त चलो। कल आना। नहीं, कल नहीं, परसों ! कल तो शनिवार है। संकटमोचन का दिन !"

कन्नी और मादलेन ने चरण-स्पर्श किया और बाहर आए !

जैसे ही मादलेन के साथ कन्नी गली में गुम हुए वैसे ही बैठक में शास्त्रीजी का पूरा परिवार जुट आया ! तीन बच्चियाँ, दो बच्चे और पड़ाइन। शास्त्रीजी पुलकित थे। वे चौकी पर बैठे थे और बच्चियाँ उनके पेट और पीठ पर कूद रही थीं। (यह दूसरी शादी थी शास्त्रीजी की। काफी लेट। पहली से एक लड़की और बेटा था ! दोनों की शादी हो गई थी। छह महीने हुए, बेटा अपनी पत्नी के साथ घर छोड़कर चला गया था।)

"बैठो सावित्री, ऐसा लगता है कि दिन फिरनेवाले हैं।"

पड़ाइन चुप और चिन्तित। अगर कोई अंग्रेज होता तो वे चिन्तित न होतीं लेकिन अँगरेजिन ? और अँगरेजिन भी वह जो कनिया (कन्नी) जैसे लफंगा और लुच्चा के साथ घूमे ! उन्होंने किवाड़ की दरार से उसकी जवानी और आँखें और हँसी देखी थीं। वे अपने पंडित की घटिहाई और छिनारपने से भी परिचित हो चुकी थीं ! अगर उनकी आदतें ठीक-ठाक रही होतीं तो बेटा बहू के साथ घर से न गया होता। लोग तो यही समझते हैं कि सौतेली माँ का व्यवहार ठीक नहीं था।

"आज ही शाम को खाने पर आएगा कन्नी ! जरा जम के खिलाओ उसे। पैसा मत देखो।"

"बुलाया तो परसों है, आज क्यों आएगा ?"

शास्त्रीजी हँसे—रहस्यपूर्ण ढंग से—"सारा कुछ तुम्हीं समझ लोगी ? अरे, अभी बातें ही कहाँ हुई हैं ? मैं ही था एक पढ़ानेवाला ? जरा सोचो, वह कहीं और क्यों नहीं गया ? दूसरों के यहाँ भी तो जा सकता था ? और आज का मत देखो, कल की सोचो ! एक बार शुरू हो गया तो बन्द नहीं होनेवाला। इसलिए नीति यही कहती है कि अगर वह हमारा ध्यान रखता है तो हमें भी उसका ध्यान रखना चाहिए !"

पंडित का उत्साह देखकर पड़ाइन परेशान हो रही थीं और बेचैन भी !

"जगुआ मल्लाह का देखो ! खोबार थी उसकी कोठरी। घिन बरती थी उधर ताकते हुए। अब कितने साफ-सुथरे उसके कमरे हैं और कितने अच्छे बच्चे। मुहल्ले में हैं किसी बाभन के वैसे बच्चे ? तरह-तरह की डिजाइनवाले पैंट-शर्ट पहनते हैं, कान में मशीन लगाए गाने सुनते हैं, पहले रात-दिन लड़ाई-झगड़े और चिल्ल-पों मचाए रहते थे और अब देखती हो, पढ़ते-लिखते भी दिखाई पड़ते हैं। और उनकी औरतें और बेटियाँ ? इतनी गन्दी कि कै आती थी और अब सामने से गुजरती हैं तो कैसी अगरबत्ती की सुगन्ध आती है !"

"छह महीने में तुम भी यह सब कर लेना। और भी जो चाहो, कर लेना—कौन

देखता है ? मुझे तो चूल्हा-चक्की से ही फुर्सत नहीं।'' पड़ाइन ने कुढ़कर कहा।

''छह महीने ?'' शास्त्रीजी पड़ाइन की बुद्धि पर हँसे, बच्चियों को कमरे से खदेड़कर बाहर किया और बैठ गए—''देखो, पागल भई हो क्या ? ध्यान से सुनो ! क्या नाम है उसका ? मादलेन ! तो मादलेन लॉज में नहीं रहना चाहती, 'पेइंग गेस्ट' होना चाहती है। लॉज का जितना किराया है, उतने में अगर रहना, खाना, नाश्ता, चाय, नहाना-धोना सब हो जाता हो तो क्या बुरा है ?''

पड़ाइन कुछ सोच में पड़ गईं। सन्देह से पंडित को देखती रहीं। थोड़ी देर बाद बोली—''तो किसके घर में रख रहे हो उसे ?''

''इसी घर में ? अपने घर में ? और कहाँ ?''

इतना सुनना था कि पड़ाइन सचमुच पागल हो गईं। वे पंडित को घूरती रहीं—घूरती रहीं कि तमतमाया चेहरा लिए खड़ी हो गईं—फुफकारती हुईं—''अरे बेशरम ! बेहया ! थूँककर चाटनेवाले ! कल तक मुहल्ले में घूम-घूमकर इन अँगरेज-अँगरेजिनों को म्लेच्छ और जानवर कह रहे थे, कह रहे थे कि साले नहाते-धोते नहीं, झाड़ा फिरते हैं तो कागज में पोंछकर फेंक देते हैं। गोमांस खाते हैं, राक्षस हैं ! तुम्हीं ने बताया था इटलीवाली अँगरेजिन के बारे में जो रीवाँ कोठी के बगल में रहती थी। कौन कहता था कि छिनाल को मर्द के बिना नींद नहीं आती ? हर रात एक मर्द चाहिए उसे। खिड़की खोलकर देखती रहती थी और किसी-न-किसी लड़के को फाँसकर ले जाती थी। कौन कहता था यह सब ? कहते थे या नहीं कहते थे ?

''और सुनो, नुक्कड़वाले दुबे का तो बड़ा मकान था ! वे जब एक अँगरेज को रखना चाहते थे तो क्यों आसमान सिर पर उठाया था तुमने ? और वह दाढ़ीवाला अँगरेज ! वह तो बाल-बच्चेवाला भी था। बीवी भी थी उसके साथ। उपध्याजी ने जब उसे कोठरी उठानी चाही किराए पर, तो क्यों बलवा मचाया ? तब मुहल्ले के लड़के-लड़कियाँ खराब हो रहे थे, धरम भ्रष्ट हो रहा था और अब ?''

पड़ाइन चिल्ला रही थीं पागलों की तरह—इतने जोर-जोर से कि सभी बच्चे एक बार फिर दौड़कर बैठक में चले आए। वे कभी मम्मी को देखते, कभी पापा को !

पंडित धीर-गम्भीर शान्त भाव से चुपचाप सुनते रहे और पड़ाइन वह सब बोलती रहीं जो अब तक नहीं बोल सकी थीं। वे झनकती-पटकती-चीखती-चिल्लाती रहीं। पंडित सिर झुकाए सुनते रहे—अधिक-से-अधिक बीच-बीच में सिर उठाते और मुस्कुराकर पड़ाइन को देख लेते !

पड़ाइन अन्त में थककर रोने लगीं, फिर उठीं और दूसरे कमरे में चली गईं—गिर पड़ीं चौकी पर धम्म से ! उनकी हिचकियाँ बैठक तक सुनाई पड़ रही थीं !

लड़के पतंग और परेता के साथ छत पर चले गए !

बच्चियाँ घर के बगल के पालिका पाठशाला में। वहाँ उनका मनमाना घर जाना था। जब उनका मन करता, स्कूल जातीं, जब मन करता लौट आतीं, स्कूल उनके मन पर था !

पत्नी की हिचकियों ने विगलित कर दिया था धर्मनाथ को। उन्होंने पद्मासन

लगाया और आँखें बन्द कर लीं ! जैसे एक तूफान का झटका था जो चला गया। वे न हिले, न डुले–अचल स्थिर बैठे रहे। ऐसे मौके पर वे दूसरों को उपदेश देते–'भगवद्गीता' का पाठ करो ! या रामायण का पारायण करो ! 'उत्तरकांड' उन्हें कंठस्थ था लेकिन जिस प्रसंग को वे स्मरण करना चाहते थे, वह चित्त की चंचलता के कारण उपस्थित नहीं हो रहा था !

पड़ाइन जब खाने के लिए बुलाने आईं तो शास्त्रीजी सो गए थे–बैठे-बैठे !

"नहीं, भूख नहीं है !" उन्होंने कहा !

जब पड़ाइन बिना कुछ बोले वापस होने लगीं तो शास्त्रीजी थके स्वर में बोले–"सावित्री, यहाँ जाओ। बैठो मेरे पास !"

पड़ाइन आईं और आज्ञाकारी पत्नी की तरह बैठ गईं !

शास्त्रीजी और पड़ाइन की उम्र में पन्द्रह-सोलह साल का फर्क रहा होगा ! यह उनकी दूसरी औरत थी–गोरी, पतली और सुन्दर ! अगर पंडित ने ताबड़तोड़ पाँच बच्चे न पैदा किए होते तो आकर्षक भी रहतीं। उनकी आँखें सूजी थीं और माथे से आई बालों की एक लट नथनों की हवा से बार-बार उधरा रही थी।

"तुमने खाया ?"

पड़ाइन ने कोई जवाब नहीं दिया।

"चलो, आज साथ खाते हैं।" शास्त्रीजी उठे और सावित्री के साथ चौके में आए।

चौके का मतलब आँगन में जहाँ छत के लिए सीढ़ियाँ आती हैं उसी के नीचे टिन से घेरकर बनाया गया किचेन।

एक थरिया भात, उसी में एक किनारे साग और एक कटोरा पनियल दाल–जस्ते के भगौने में सारा कुछ सानकर बैठे हैं शास्त्रीजी–"एक बात पूछें ? तुम्हें जलन तो नहीं हो रही है अँगरेजिन से ?"

पड़ाइन ने शास्त्रीजी पर नजर डाली और हँस पड़ीं–व्यंग्य से–"हो रही है, क्यों नहीं होगी ? ऐसा मरद कहाँ मिलेगा किसी औरत को ? देह-भर भालू जैसे बाल, हंडा जैसा पेट, मेढक जैसी चाल ! अब भी रह गए हो किसी औरत के काम के ? अरे, अगर मेरे बाप अस्पताल में नहीं मर रहे होते तो तुम्हीं एक मरद नहीं थे मेरे भाग में !"

"फिर क्यों परेशान हो रही हो तुम !"

"परेशान अपने लिए नहीं, बच्चों के लिए हूँ। घर जो भरभंड होगा सो तो होगा, बच्चों को कुछ हो गया उस चुड़ैल के आने से तो तुम्हें नहीं छोड़ूँगी, इतना बता देती हूँ।"

"कुछ नहीं होगा !" किसी को कुछ नहीं होगा ! मैं बिला नागा क्यों दर्शन करता हूँ महिषासुरमर्दिनी का ? सुनो, कभी बताया नहीं तुमसे–'देवी भागवत' की कथा है ! महिषासुर कितना भयानक, कितना अत्याचारी राक्षस था, जानती हो। देवी-देवता-ऋषि-मुनि सब थरथर काँपते थे उसके डर से। तो, दुर्गाजी ने जब उसकी छाती पर पैर रखा

और मारने के लिए गँड़ासा ताना तो हाथ जोड़ दिए महिषासुर ने—'माँ, एक विनती है मेरी ! मारने से पहले एक वरदान दें कि मेरी जगह बराबर आपके चरणों में रहे !' उसी समय माँ ने कह दिया कि 'जाओ, अगले जनम में पंडा बनो ! मुझसे पहले तेरी पूजा हो !' नतीजा देख रही हो ? किसी को भगवती या भगवान का दर्शन करना होता है तो हमारे पास आता है !...क्या समझीं ? जिस देवी ने हमें वरदान दिया है, वह हमारा अहित होने देंगी ?''

पड़ाइन कुछ देर मुँह चलाती रहीं, फिर खाली भगौने को नल के नीचे ठेल दिया।

''पता नहीं क्यों, अच्छा नहीं लग रहा है घर में क्रिस्ताइन का घुसना !'' पड़ाइन ने कुछ सोचते हुए पूछा—''वह केदार घाट क्यों छोड़ना चाहती है ? वहाँ रहते हुए भी तो पढ़ने आ सकती है ? है ही कितनी दूर ?''

''कुछ कारण हैं तभी तो ! एक तो वह हिन्दू परिवार में रहकर भारतीय परिवार को देखना-समझना चाहती है, दूसरे नगर में इस बीच जो दो-तीन घटनाएँ हुई हैं, उसकी जानकारी उसे भी है ! अरे, तुम्हें भी तो है उसकी ! वही डायनावाली, नहीं है क्या ?''

चौके में बैठे-बैठे शास्त्रीजी पूरी कहानी सुना गए—''डायना आस्ट्रेलियाई लड़की थी जो बनारस देखने आई थी। यहीं उसका परिचय हुआ एक प्राइवेट गाइड से ! एक क्षुद्र, संस्कारहीन, घृणित यादव से ! साला हरामी कहीं का ! उसने डायना को बनारस और आस-पास का सारा कुछ दिखाया और अपने व्यवहार से उसका विश्वास जीत लिया ! एक दिन डायना ने इच्छा जाहिर की—कोई 'गाँव' देखने की ! यादव गाजीपुर का था। वह अपने गाँव ले गया ! उसके लुच्चे-लफंगे दोस्त। गोरी चमड़ी देखी तो लार टपकाने लगे। सबने जबर्दस्ती एक रात बलात्कार किया उसके साथ ! डायना ने यादव से झगड़ा किया और उसे जेल भिजवाने की धमकी दी ! नतीजा यह हुआ कि रात में ही उसने उसकी हत्या करके उसी कमरे में दफन कर दिया ! रहस्य खुला तीन महीने बाद जब डायना का बाप आस्ट्रेलिया से अपनी बेटी को ढूँढ़ते हुए आया !...दूसरी तो अभी हाल की घटना है जब दशाश्वमेध के किसी लॉज में एक जापानी लड़की की लाश मिली थी—रस्सी से लटकती हुई ! पुलिस आज तक छानबीन कर रही है कि वह हत्या थी या आत्महत्या !...और गंगा पार पुल के नीचे अभी-अभी जो लाश पाई गई है—सड़ी-बजबजाती हुई, उसके बारे में तो तुम्हें मालूम ही है।''

''डर लग रहा है यह सब सुनकर !'' हाथ धुलाते हुए पड़ाइन बोलीं।

''तुम्हें तो मगन होना चाहिए ! ऐसा न होता तो लॉज छोड़कर कौन 'घर' में रहना चाहता ?''

देखो तो क्या थे पांडेय धर्मनाथ शास्त्री ? घाट की कमाई खानेवाले पंडा ! घाट पर छतरी के नीचे शीशा, कंघी, चन्दन, टिकुली, लुटिया में गंगाजल लेकर बैठनेवाले पाँड़ेजी। पुरखों ने विरासत में उन्हें दो चीजें दी थीं—जजमानी में मिला दो कोठरी का मकान और घाट पर छतरी के नीचे पत्थर की पटिया ! साथ में जीविकोपार्जन के लिए संकल्प कराने की

विधि रटा गए थे—'ऊँ विष्णोर्विष्णवो कलियुगे कलिप्रथमचरणे जम्बूद्वीपे भरतखंडे भारतवर्षे आर्यावर्तान्तर्गते काशीपुण्यक्षेत्रे केदारखंडे निकटे विराजते जाह्न्वीतटे मासानाम् मासे अमुक वासरे अमुक तिथो अमुक गोत्रौ अमुक नाम वर्माहम संकल्पं करिष्ये' लेकिन घाट की आय कितनी, चवन्नी-अठन्नी जितनी—और वह भी अधिक-से-अधिक दस बजे तक जब तक स्नानार्थी आते हैं। उसके बाद ?

उसके बाद की अवधि में पांड़ेजी शास्त्री भये ! अपने पौरुख से। और मारवाड़ी जजमान की कृपा से संस्कृत पाठशाला में अध्यापक ! लेकिन अध्यापक की आय कितनी ? जिए जाओ जितनी ! इसलिए आचार्य होना पड़ेगा—नाना विषयों में नाना आचार्य। समाज के हर तबके के लिए, और यह कोई उपाधि नहीं, सम्मान है। यदि त्रिपुंड और त्रिशूल में दम है तो झख मारकर सम्मान करोगे। करोगे कैसे नहीं ? नहीं करोगे तब रहोगे कहाँ ! यह सब ठीक लेकिन आचार्य की आय कितनी ? पायँलागी जितनी !

शास्त्रीजी जैसे ही महिषासुरमर्दिनी का दर्शन करके आए और बैठे ही थे कि पड़ाइन रसोई के काम छोड़कर फिर हाजिर !

"कुछ भी कहो, अँगरेज-अँगरेजिन को घर में रखना मुझे अच्छा नहीं लग रहा है !"

शास्त्रीजी ने पड़ाइन को गौर से देखा ! उन्हें झुँझलाहट महसूस हुई।

"ऐसा है कि बैठ जाओ ! लगता है, तुम्हारे घाटवाले संस्कार गए नहीं ! जमाने के हिसाब से चलना सीखो !"

वह बैठ गईं—चुपचाप !

"देखी है कभी जगुआ की मेहर की साड़ी ? और अपनी देखो, अपने कान, नाक, गला और कलाई देखो ! उसे पहले भी देखा है तुमने और अब देखो। तुम्हारा मन भले न करे, लेकिन मैं अपने मन का क्या करूँ? क्या मैं नहीं चाहता कि तुम लुगरी नहीं, साड़ी पहनो, गहने पहनो ! बच्चियाँ क़ायदे से पढ़ें-लिखें, अच्छी शादी हो, अच्छा वर मिले, घर मिले, जाएँ तो सास ताना न मारे ! संस्कृत लिखने-पढ़ने का सुख तो भोग लिया तुमने ! क्या चाहती हो, लड़के भी घाट पर बैठें ? दिन-भर पतंग उड़ाएँ ? गली में टिल्लो मारें ! लड़कियाँ तो, मान लो, चली जाएँगी; कल बहुएँ आएँगी, बच्चे होंगे। क्या इन्हीं दो कोठरियों में रहेंगी बहुएँ पति और केंचा-केंची के साथ ? हम-तुम कहाँ जाएँगे ? और महँगाई का जो हाल है, देख रही हो उसे ? बोलो, हाँ-ना कुछ तो बोलो !"

पड़ाइन ने पंडित को अपनी ओर देखते हुए देखकर भी नहीं देखा !

"एक बात बताएँ ?" पड़ाइन को सहसा जैसे रास्ता मिल गया हो—"तुम अँगरेजिन को रख दो उपध्या या दूबे के घर में। उनके यहाँ जगह भी है, निकट भी है और चाहते भी रहे हैं वे। पढ़ने के लिए आ जाया करे यहाँ ?"

"चूतिया हूँ मैं ! हर महीने अपनी जेब से पन्द्रह हजार रुपए उन्हें दिया करूँ ? फालतू में ?"

"पन्द्रह हजार ?"

"हाँ पन्द्रह हजार ! जोड़ो जरा, एक दिन का किराया पाँच सौ रुपए तो तीस दिन

के कितने हुए ? और यह मेरे हिस्से का किराया है ! यहाँ रहेगी तो किसके होंगे ?''

पड़ाइन आश्चर्य से शास्त्रीजी को देख रही थीं।

''दो सौ नहीं तो डेढ़ सौ प्रति घंटा के हिसाब से ट्यूशन के भी जोड़ लो ! कितने हुए ? साढ़े चार हजार। साढ़े चार में पाँच सौ कन्नी के निकाल दो और उसमें किराए के पन्द्रह हजार जोड़ दो। इस तरह हर माह उन्नीस हजार ! न हर्रे, न फिटकरी—घर बैठे उन्नीस हजार। यह सपना नहीं, सच है। और तुम चाहती हो—मैं सिर्फ चार हजार अपने पास रखूँ और पन्द्रह हजार दूबे या उपध्या को दे दूँ ! मुझसे बड़ा चूतिया और कोई होगा दुनिया में ?''

शास्त्री बोले जा रहे थे और पड़ाइन सुने जा रही थीं—मुँह बाए। उन्होंने जिन्दगी में इकट्ठे न इतने रुपए देखे थे, न सुने थे। कहाँ से मिलते हैं उन्हें इतने रुपए ? कौन देता है ? किसलिए देता है ? क्या इसीलिए कि अपने गंजी और सुथना पहन के घूमो—सबकुछ दिखाते और झलकाते हुए और मुफ्त में लुटा दो यह दौलत ? सोचो तो, मुफ्त में कोई क्यों देगा ?

पड़ाइन सिर पकड़े हुए असमंजस में पड़ी रहीं ! थोड़ी देर बाद बोलीं, हँसकर—''मेरी तो समझ में नहीं आ रहा है कि यह अच्छा है कि खराब ! हराम की कमाई जैसी लग रही है मुझे तो !''

''हराम की ?'' शास्त्रीजी ने चिढ़कर कहा—''और जजमानी क्या है ? घाट की कमाई क्या थी ? ऐं ? हाँ, एक बात और जान लो ! कोई जरूरी नहीं कि वह छह महीने ही रहेगी ! खुश हो गई हमारे-तुम्हारे व्यवहार से, खातिरदारी से; और जदि जगह पसन्द आ गई तो साल-दो साल के लिए भी उठा सकती है कोठरी—बोल रहा था कन्नी ! जाएगी, फिर आएगी। भले दस-बीस दिन ही ठहरा करे। आना-जाना लगाए रखेगी, कमरा उसी के नाम रहेगा और बन्द रहेगा। इसलिए कि कौन जाने, खाली करके चली जाए तो कमरा किसी दूसरे को उठा दें हम ! क्या करता है जगुआ ? यही तो करता है !''

''लेकिन कोठरी है कहाँ ? दो ही कोठरियाँ हैं ! रहेगी कहाँ ?'' पड़ाइन ने पूछा !

''छत पर।''

''छत पर ? क्या बैठक और आँगन से होकर आएगी-जाएगी ?...और छत पर है क्या, जहाँ रहेगी ?''

''चिन्ता मत करो, मैंने बात कर ली है कन्नी से। तीन महीने का एडवांस लेंगे और महीने-भर में कोठरी तैयार करवा लेंगे !''

''अरे, कमरा तो तैयार करवा लोगे लेकिन उसके आने-जाने का क्या करोगे ? यह तो सोचो।''

शास्त्रीजी खीझ उठे—''तुम तो बड़ी अझेल औरत हो भई ! न चैन से रहोगी, न रहने दोगी !''

इतना सुनना काफी था पड़ाइन को मुँह फुलाने के लिए ! वे जाने के लिए खड़ी हो गईं !

"जै श्रीराम चाचा !" इसी वक्त कन्नी गुरू ने बैठक में प्रवेश किया !

कन्नी गुरू खुश थे। जीन्स की पैंट, टी-शर्ट और गले में लिपटा सीताराम छाप पीला अँगोछा। खुश थे। मैदान फतह करके आए थे कन्नी—"अब जाइए सवा किलो लड्डू चढ़ाइए संकटमोचन को। महीने-भर से लगा हुआ था, आज जाके 'हाँ' कहा उसने। कल सुबह ईंटा-सीमेंट-बालू गिरवा दीजिए और काम शुरू करवा दीजिए कोठरी का, कल ही शाम को शायद एडवांस भी दे दे। लेकिन हाँ, भूले तो नहीं हैं न मुझे ?"

"अरे, कैसी बात कर रहा है कन्नी ? भला भूलेंगे कभी ?"

"इसलिए कहना पड़ रहा है कि उपध्या और दूबे ने कहीं बहुत ज्यादा मेरे को कमीशन का लोभ दिया था लेकिन मैंने कहा नहीं, मर्द की जबान एक ! उसी की रोटी खाते हैं हम। जिसे एक बार 'हाँ कर दी, कर दी। फिर कोई धोखा नहीं।"

यह जानते हुए कि कन्नी धूर्त है और सरासर झूठ बोल रहा है, शास्त्रीजी कृतज्ञ भाव से बोले—"मुझे सब पता है बेटा, नहीं भूलूँगा इस अहसान को, लेकिन एक बात है—उससे कहना बहुत जल्दी न मचाएगी। कोशिश यही करूँगा कि महीने-भर में तैयार हो जाए !"

"महीना-भर कहाँ लगेगा चाचा, मुश्किल से हफ्ते-दस दिन का काम है !"

"कैसे ? इतनी जल्दी कैसे होगा ?"

"बताएँ आपसे कैसे होगा ? देखिए, इस कोठरी का कुछ करना नहीं है—बनी-बनाई है। अब इसे लैट्रिन-बाथरूम से अटैच कर देना है, बस ! और इसमें भी कोई समस्या मुझे नहीं नजर आ रही है ! यह जो बगलवाली छोटी कोठरी है, उसी में नल लगवा दीजिए, फुहारा लगवा दीजिए, अँगरेजी स्टाइलवाला गमला बिठा दीजिए, फर्श पर संगमरमर है ही, तौलिया-औलिया टाँगने के लिए टावेल राड एक छोटा सा...और सीवर लाइन गई ही है बाहर गली से, उसमें कनेक्ट करवा दीजिए, बस ! कै दिन लगेंगे इसमें ?"

"सुनो तो !" शास्त्रीजी ने कन्नी को समझाते हुए स्थिर भाव से कहा—"तुम तो अपनी ही बके जा रहे हो, सुन नहीं रहे हो मेरी ! मैंने ठीक से पंचांग देख लिया है ! दिशा-मुहूर्त सब समझ लिया है। छत पर जो कोठरी बनेगी, उसका मुँह पूरब की ओर होगा—गंगा की ओर। खिड़कियाँ होंगी तीन तरफ इसलिए कमरा हवादार रहेगा। खड़े हो जाओ तो गंगा, रामनगर, राजघाट का पुल, अस्सीघाट, रीवाँघाट, तुलसीघाट, नगबा—सब दिखाई देगा ! 'सुबहे बनारस' भी रोज दिखाई पड़ेगी। न होगा तो कोठरी के बाहर कुर्सियाँ रखवा देंगे दो-तीन बेंत की ! सुबह-शाम बैठो, मजा ल्यौ ! समझा ?"

कन्नी गुरू चुप, कुछ भी न कहा, न अहो—न अहा। उन्हें देखकर शास्त्रीजी का उत्साह ठंडा पड़ गया। वे कन्नी को देख रहे थे और कन्नी गुरू उन्हें नहीं, पड़ाइन को देख रहे थे। वे थोड़ी देर उसी तरह बैठे रहे, फिर बोले—"चाची, क्या आप पसन्द करेंगी कि मादलेन या कोई अँगरेजिन घर का अन्दर-बाहर सब देखते हुए बराबर आए-जाए ?

आँगन में कोई नहा रहा है, कोई टट्टी कर रहा है, कोई नंगा लेटा हुआ है, उसी के बीच से आती-जाती रहे ?''

यह कन्नी नहीं, जैसे वे खुद बोल रही थीं शास्त्रीजी से; बल्कि बोल चुकी थीं शास्त्रीजी से लेकिन इस वक्त सुन रही थीं कन्नी को !

''यही बताइए आप, मान लीजिए वह ध्रुपद मेला में जाती है, संकट मोचन-संगीत समारोह में जाती है, कजली-विरहा दंगल में जाती है; कभी रात में एक बजे, कभी दो बजे, कभी तीन बजे लौटती है। भई, उसे तो बनारस जानना है, देखनी है इंडियन कल्चर, समझनी है यहाँ की जिन्दगी, तो आती है रात में किसी भी समय; तो क्या करेंगी ? जगी रहेंगी रात-भर उसके लिए ? कि आए तो दरवाजा खोलें ? यह करेंगी आप ?''

पड़ाइन सुन रही थीं और शास्त्रीजी का परेशान और उजड़ा हुआ चेहरा देख रही थीं।

''इतना ही नहीं, मान लीजिए—वह कहे कि हम ऊपर ही चाय पिएँगे, नाश्ता करेंगे, खाना खाएँगे, कितनी बार ऊपर-नीचे करेंगी आप ?''

''हम कर लेंगे—यह सारा कुछ कर लेंगे हम, यह मेरी जिम्मेदारी !''

शास्त्रीजी ने अविश्वास से पड़ाइन को देखा—आँखों में चमक और खुशी के साथ !

पीछे आँगन से लेकर छत तक धमाचौकड़ी मचाए थे बच्चे ! आपस में लड़ाई-झगड़ा कर रहे थे। उछल-कूद रहे थे—कौन रो रहा है, किसने किसको मारा है, कौन किसे नहीं पढ़ने दे रहा है—इस ओर किसी का ध्यान नहीं था। बीच-बीच में उनमें से कोई भागा-भागा आता, शिकायत करता और डाँट खाकर रोते हुए लौट जाता। सबसे बड़ी लड़की थी गार्गी चौदह साल की और उससे वे सँभाले नहीं सँभल रहे थे।

''शास्त्री चाचा !'' चुप-चुप काफी देर बाद बोले कन्नी गुरू, ''मैं कहना नहीं चाहता था अपनी जबान से लेकिन अब सुनिए आप ! देख रहे हैं यह गंगा की ओर खुलनेवाली खिड़की ? दरवाजे के बराबर ऊँची और चौड़ी ? आपकी बाईं तरफवाली ! मादलेन पाँच सौ रुपए रोजाना इसी खिड़की के दे रही है; इस कोठरी के नहीं और न ही आपके केंचा-केंची और उनके चिल्ल-पों के और न ही दाल-रोटी के ! मैं ही जानता हूँ कि किस तरह समझा-बुझा के उसे राजी किया ! बस इतनी ही उसकी इच्छा है कि कमरे के साथ ही अटैच्ड लैट्रिन-बाथरूम हो ! आपको क्या परेशानी हो रही है उस कोठरी को टायलेट बनवाने में ?''

''अरे, कैसी बात कर रहा है कन्नी ? वह कोठरी नहीं, महादेवजी का घर है ! हम पूजा करते हैं रोज। गली से गुजरनेवाले भी जल चढ़ाते हैं, फूल-माला चढ़ाते हैं, कैसा बोल रहा है तू ?''

''हूँ।'' कन्नी सोच में डूब गए ! वे भंग चढ़ाकर आए थे और तरंग में थे लेकिन शास्त्रीजी नशे की रेड़ मार रहे थे अपनी जिद से। उन्होंने जेब से विदेशी सिगरेट निकाली और लाइटर से जलाया—''चाचा ! आप भी ब्राह्मण ! मैं भी ब्राह्मण। मेरा गोत्र आपसे ऊँचा ही है—शांडिल्य गोत्र ! आप विद्वान हैं ! वेद-शास्त्र सब पढ़ा रखा है

आपने ! लेकिन स्वामी करपात्रीजी जितने विद्वान तो नहीं ही हैं आप ! जब बाबा विश्वनाथ के मन्दिर में चमार घुस गए और उन्होंने छू दिया बाबा को तो क्या कहा था स्वामीजी ने ? कहा था कि अब वे अपवित्र हो गए, अब उनका दर्शन ठीक नहीं, हम दूसरा मन्दिर बनाएँगे, हम दूसरे महादेव की प्राण-प्रतिष्ठा करेंगे और किया उन्होंने ! किया कि नहीं ?''

कन्नी गुरू सिगरेट का एक लम्बा कश लेने के बाद थोड़ा रुके और शास्त्रीजी के भाव को पढ़ते रहे—''और महादेवजी कोई रामलला तो हैं नहीं, कि वे जहाँ थे वहीं रहेंगे ! वहाँ से टस-से-मस न होंगे, वे घुमन्तू देवता हैं, उनके पास नन्दी है, आज यहाँ हैं, कल कहीं और चल देंगे। कभी कैलाश पर, कभी काशी में ! अपने मन के राजा ! आज कमरे में हैं, कल छत पर जा बैठें तो ? आप क्या कर लेंगे उनका ? गलत हो तो कहिए !''

शास्त्रीजी ने कुछ कहना चाहा लेकिन कहते-कहते रुक गए, फिर चिन्तित स्वर में बोले—''लेकिन यहाँ कौन चमार है जो छूकर उन्हें अपवित्र कर गया है ?''

''अरे ! हद कर रहे हैं आप तो ! इसाइयों को क्या समझते हैं ? वे तो चमार से भी बढ़कर चमार हैं। महादेवजी को ही बर्दाश्त नहीं होगा कि कोई ईसाई उनके बगल में रहे ! वे खुद ही भाग खड़े होंगे वहाँ से !...खैर, मेरा धरम था भतीजा होने के नाते कि आपसे आपके भले की बात करूँ ! अब आप जानें। आपका काम जाने ! सोचिएगा, मैं कल आऊँगा मादलेन के साथ ! शाम को तीन महीने के एडवांस के साथ !''

कन्नी गुरू चले गए तब शास्त्रीजी को ध्यान आया कि उन्होंने उसे खाने पर बुलाया था। पड़ाइन को भी कुछ कहने की सुध नहीं रही। उसके जाते ही वे आँगन में भागीं और बच्चों-बच्चियों की जी भर कुटम्मस करती रहीं। ऐसे अवसर पर प्रायः शास्त्रीजी डाँटते-डपटते थे, मना करते थे मारने-पीटने से; लेकिन वे चुप रहे !

दोनों ने एक-दूसरे से कोई बात नहीं की, खाया-पिया भी नहीं—खाना ही नहीं पका तो खाते-पीते क्या ? लेकिन सोए एक ही कोठरी में ! बीच में बच्चे, इधर पड़ाइन—उधर शास्त्रीजी; कुछ ऐसे जैसे बैठक किसी और के लिए हो !

रात-भर दोनों सोए लेकिन जगे-जगे !

रात-भर उन्होंने सपने देखे और जगे-जगे !

सपने दोनों के अपने-अपने थे। शास्त्री के अपने, पड़ाइन के अपने !

पड़ाइन सपने देख रही थीं—तबीयत ढीली है, देह टूट रही है, उठने का जी नहीं कर रहा है। जी कर भी रहा है तो हिम्मत नहीं पड़ रही है लेकिन उठती हैं। उठना है इसलिए उठती हैं। आँगन का एक कोना—टिन का शेड है जिस पर किचेन है। चाय बनाती हैं—मालदेन के लिए नीबू की, शास्त्रीजी के लिए दूध की। तब तक बच्चे उठ जाते हैं। जब तक उन्हें नहला-धुलाकर, बासी रोटियाँ खिलाकर पाठशाला भगाती हैं तब तक—अरे सावित्री, पानी तो गरम करो मादलेन के लिए ! मादलेन नहा रही है, फटाफट

झाड़ू-पोंछा कर लो तब तक। नहाकर बाहर आ गई तो गीले कपड़े छत पर डाल दो—धूप में...अरे, नाश्ते में क्या देर है सावित्री ?...कल सारनाथ गई थी, आज रामनगर जाना है राजा का म्यूजियम देखने ! लंच थोड़ा पहले लेगी मादलेन ! हें-हें-हें, लंच में क्या लोगी, मैडम ? रोज-रोज वही रोटी, वही सब्जी, वही दाल, वही भात ! नहीं यार सावित्री, कभी चेंज भी होना चाहिए। कुछ स्पेशल ! क्यों न हरी मटर की भरूई पूड़ियाँ बनें ? पूड़ियाँ और गोभी की सब्जी, चटनी। और मादलेन ! तुमने ईख के कच्चे रस की खीर खाई है कभी ? मिलती है तुम्हारे देश में ?

म्यूजियम से लौटी तो चाय ! ट्यूशन से उठी तो चाय ! इस दौरान बच्चों की उछल-कूद, मार-पीट, पें-पाँ। उनकी पढ़ाई-लिखाई गई जहन्नुम में। कोई जरूरी नहीं कि सब एक साथ टनमन रहें। किसी की नाक बह रही है तो किसी का पेट चल रहा है। यह सब भी देखो और डिनर भी तैयार करो ! शास्त्रीजी क्या कहते थे ? जैसे सात, वैसे आठ ! कुछ नया थोड़े करना है, समझ लो एक आदमी और बढ़ गया। लेकिन डिनर ! पहले शास्त्रीजी भी जो दे दो वही खा लेते थे लेकिन अब डिनर कर रहे हैं। तो मादलेन ! 'गुडनाइट' के लिए संस्कृत में कहेंगे—'शुभरात्रि', तो शुभरात्रि ! सावित्री, जरा बिस्तर-उस्तर ठीक देना ! चादर गन्दी हो गई हो तो बदल देना। और देखो, ताँबे के लोटे में पानी रखना न भूलना !

11X7 फीट की कोठरी और उसमें सात जने। एक सिरे पर शास्त्रीजी, दूसरे सिरे पर पड़ाइन, इनके बीच एक-दूसरे पर नींद में लात-मुक्का चलाते, रोते, सोते बच्चे-बच्चियाँ। और उस कोठरी में इन सबके ऊपर मच्छरों के साथ-साथ उन्नीस हजार पाँच सौ रुपए रात-भर उड़ रहे हैं, नाच रहे हैं। खनक रहे हैं।

इसी नृत्य-संगीत समारोह के सपने में आती है रमदेइया—जग्गू मल्लाह की औरत जो जब कभी गली से गुजरती थी तो आँचल से हाथ ढँककर तीन बार पड़ाइन के पाँव छूती थी—आती है रमदेइया और गली से ही चिल्लाती है—"का सवितरा बहिन ! झाड़ू-पोंछा कर लिया ? पानी सबेरे से ही नहीं है नल में, कपड़े-लत्ते धोना हो तो ले ल्यौ। चलो घाट पर, सबुना भी लेंगे और नहा भी लेंगे ! नीचे खड़े हैं, आ जाओ !"

शास्त्रीजी के सपने दूसरे थे।

उनके सपने में जग्गू और रमदेइया नहीं, शिवजी आ रहे हैं—बैल पर सवार, एक हाथ में त्रिशूल—दूसरे में डमरू, गले में लिपटा हुआ साँप, आगे-पीछे नाचते हुए भूत-प्रेत। सीधे कैलाश पर्वत से चले आ रहे हैं डमरू बजाते हुए। उन्हें देखते ही रामगनर से राजघाट के बीच पसरी गंगा लहराकर खड़ी होती है और रिबन की तरह उनकी जटा को लपेट लेती है। औघड़, अड़भंगी, अलमस्त, भँगेड़ी, गँजेड़ी बाबा ! हर-हर महादेव ! वे बैठक के मन्दिर से निकलते हैं और आँगन में अपनी बारात रोककर नन्दी की पीठ से उतर जाते हैं। उनकी आँखें क्रोध से लाल हैं, चेहरा तमतमाया है और माथे पर चाँद सूर्य की तरह दहक रहा है। जैसे वे नहीं बोल रहे हों, बिजली कड़क रही हो—"बे

धरमनाथ ! कहाँ है बे ? गधे, सूअर, उल्ले के पट्ठे धरम ! निकल बे कोठरी से !"

धरमनाथ उस ठंढ में भी पसीने-पसीने। वे काँप रहे थे और उठने की कोशिश ही कर रहे थे कि पेट पर शिवजी की लात और त्रिशूल की नोक छाती पर ! त्रिशूल धँसा जा रहा है पसलियों के बीच—"चूतिए, मैंने बहुत बर्दाश्त किया रे ! जहाँ मुझे रखा है, वह मन्दिर है कि माचिस ? हिमालय की ऊँचाइयों का पखेरू मैं, समुद्र की गहराइयों का थहैया मैं, अन्तरिक्ष के सन्नाटे का ता-ता थैया मैं ! तेरी मजाल कैसे हुई मुझे डिब्बा-डिब्बी में बन्द करने की ? अब तक मैं धतूरे और भाँग के नशे में धुत था। मेरा दम घुट रहा है उस कालकोठरी में। अगर अपनी खैर चाहता है तो अभी—इसी क्षण मुझे वहाँ से—उस कोंपड़ी से निकाल और ले चल खुले में—खुले आसमान में जहाँ चाँद है, तारे हैं, नक्षत्र-मंडल है, सूर्य है, हवा है, धूप है, बारिश है ! उठ और ले चल !"

शास्त्रीजी पसीने-पसीने ! काँप रहे हैं और हाथ जोड़कर कुछ विनती करना चाहते हैं लेकिन बकार नहीं फूट रही है—"हे प्रभु ! मैं अधम, कुटिल, खल, कामी, हिम्मत नहीं पड़ रही है मेरी। लोग क्या कहेंगे ? कहेंगे कि लोभ ने इसकी मति भ्रष्ट कर दी है।"

'हा-हा-हा-हा ! मूर्ख ! जिन लोगों की बात कर रहा है तू, वे हमारी ही सृष्टि हैं। वे भी और यह पृथ्वी भी। चाहूँ तो अभी-अभी इसी क्षण लोगों को राख बना दूँ और मुहल्ले को श्मशान ! मेरी सुनेगा कि लोगों की ? देख रहा है माथे पर यह आँख ?"

आर्तनाद कर उठे शास्त्रीजी ! घिघियाते हुए बोले—"प्रभु, डर इसलिए लग रहा है कि वह महिला एक अँगरेजिन है।"

"रे मतिमन्द ! तूने वेद पढ़ा है ! पुराण पढ़ा है ! शास्त्र पढ़ा है ! सब पढ़ा है फिर भी मूर्ख का मूर्ख ही रह गया ! मैंने प्राणियों की सृष्टि की है, हिन्दुओं, इसाइयों, मुसलमानों की नहीं। ये तूने बनाए होंगे। जा, समझा मुहल्ले को। अब उठ और ले चल !"

"आप का आदेश मेरे सिर माथे !" शास्त्रीजी ने माथा टेक दिया—"लेकिन प्रभु ! मुझे समय दें दो-चार दिन का !"

"एवमस्तु !" शिवजी ने कहा और अन्तर्ध्यान हो गए !

शिवजी अन्तर्ध्यान हो गए लेकिन सपना चलता रहा ! सपने में ही शास्त्रीजी के घर के आगे बालू गिरा, फिर ईंटें गिरीं, फिर सीमेंट और काम शुरू हो गया कोठरी और टायलेट का। सपने में ही शास्त्रीजी ने जब उपाध्याय, दुबे, तिवारी, मिश्राजी और मुहल्ले के दूसरे लोगों को शिवजी की बात बताई तो उनकी खुशी का ठिकाना न रहा ! क्योंकि शिवजी शास्त्रीजी के सपने में तो एक बार आए थे, लेकिन उनके सपने में तो जाने कब से कई-कई बार आ रहे थे ! शास्त्रीजी ही थे जिनके डर से वे किसी से चर्चा नहीं करते थे !

सहसा आधी रात के बाद शास्त्रीजी की नींद टूटी और भूख महसूस हुई !

"सावित्री !" उन्होंने धीरे से आवाज दी ताकि बच्चियों की नींद न टूटे !

पड़ाइन कैसे बोलतीं ? वहाँ रहतीं तब न ? वह तो अँगरेजिन के पैंट, शर्ट, राजस्थानी घाघरे-चोली और रिन की टिकिया के साथ घाट पर थीं।

लेकिन शास्त्रीजी ने उन्हें कोठरी में ही देखा—मादलेन की मैक्सी में, और खुश हुए।

कौन ठगवा नगरिया लूटल हो

बिनती के बोल

उस दिन शृंगार था अस्सी के देवी देवताओं का। घाट की ओर जानेवाले रास्ते के दोनों ओर पीपल के दरख्त। बड़े पुराने। एक के चबूतरे पर हनुमान और शिव, दूसरे पीपल के चबूतरे पर दुर्गा, भैरवनाथ और रत्नेश्वर महादेव। ये छोटे-छोटे मन्दिर भी सजे हुए थे, पीपल भी, दुकानें भी। बिजली के लट्टू और झालरें जगमग कर रही थीं चारों ओर।

घाटवाले रास्ते के दोनों ओर आमने-सामने चार-चार चौकियाँ। ये मंच हैं बिरहा दंगल के। एक ओर बुल्लू एंड पार्टी, दूसरी ओर हीरालाल एंड पार्टी। बुल्लू के हाथों में करताल, हीरा के हाथ में कभी फार और कभी चंग। बाकी तो दोनों ओर हारमोनियम, ढोलक, नगाड़े, झाल, बाँसुरी, इलेक्ट्रिक गिटार। ये जाने-माने बिरहिया हैं पूर्वांचल के जो दूर-दूर तक बुलाए जाते हैं।

ठंड के ये तीन महीने—बल्कि चार-पाँच महीने देवी-देवताओं के शृंगार के महीने होते हैं। ऐसी कोई गली, सड़क, नुक्कड़, दोराहा, तिराहा, चौराहा नहीं जहाँ कोई-न-कोई देवी-देवता न हो और उसका शृंगार न होता हो। और जब भी शृंगार होता है, बुलाए जाते हैं कजली गानेवाले, बिरहिया, कव्वाल। बीच में आर्केस्ट्रा और सिनेमा चलाने की भी कोशिशें हुईं लेकिन फेल कर गईं।

ये पार्टियाँ एक-दूसरे के विरोध में खड़ी होती हैं और एक-दूसरे से सवाल-जवाब करती हैं—गाने के अलग-अलग रागों और तर्जों और बिरहा की लयकारी में। वे कथाएँ उठाती हैं अकसर महाभारत से, रामायण से, पुराणों से, इतिहास से, लोक प्रचलित आख्यानों से। ऐसी कथाएँ जो किसी-न-किसी तरह वर्तमान से जोड़ी जा सकें और अगर अपने आप न जुड़ें तो जोड़ दी जाएँ। कहानी चाहे जितनी पुरानी हो या जैसी लोककथा हो, उसे सुनने का मजा तब है जब सुननेवाले उसमें अपने को देख सकें।

इन बिरहों या कथाओं को छन्दों या रागों में बाँधनेवाले अकसर दूसरे होते हैं : जो मंच पर होते हैं, वे अच्छे सुरों में गानेवाले गायक होते हैं—लोकगायक। लेकिन उनमें गजब की आशु प्रतिभा होती है। वे जरूरत के मुताबिक कथा को मोड़ भी देते हैं, माँग के हिसाब से राग भी बदल देते हैं, इनकी हाजिरजवाबी पर लहालोट होते हैं लोग। ये रचयिता तो नहीं, लेकिन बुनियादी तौर पर रचनाकार होते हैं।

ऐसा भी होता है कि पार्टी आधी कथा कहकर छोड़ देती है और दूसरी पार्टी से

पूरी करने के लिए कहती है। कोई जरूरी नहीं कि कथा छन्दों या बिरहा में ही हो, बिरहिया संवाद या गद्य का भी सहारा लेता है। वह अपने विरोधी पर व्यंग्य भी करता है, उसका मजाक भी उड़ाता है। सुननेवाली जनता चाहती भी यही है, वह रस लेती है इसमें। वह खुश होती है, बिरहिया को दस-बीस, पचास-सौ के नोट देती है, नोटों की मालाएँ पहनाती है। बिरहिया सार्वजनिक रूप से इस इनाम की घोषणा करता है और इनाम देनेवाले का आभार स्वीकार करता है।

आज की फिल्मी धुनों ने काफी कुछ बर्बाद किया है परम्परागत बिरहा को। जिस तरह बिरहा के विषय में विस्तार हुआ है, आज की राजनीतिक, सामाजिक, सांस्कृतिक समस्याएँ उसका विषय हुई हैं, उसी तरह हर मौके के लोकगीतों की शैलियों और लोकधुनों के बीच फिल्मों की लेटेस्ट धुनें–जिसमें पॉप और वीडियो म्यूजिक भी हैं–बीच-बीच में पिरोई जाने लगी हैं।

कभी बिरहिया निर्गुनों के माध्यम से लड़ते-भिड़ते थे। जैसे मान लीजिए एक ने गाया–

बिलैया मारे मटकी
हे साधू बाबा, बिलैया मारे मटकी।
ब्रह्मा के खाएसि, विष्णु चबाएसि
शिवजी के धरिके हिमाले पे पटकी
बिलैया मारे मटकी।
हे साधू बाबा बिलैया मारे मटकी।

वह गाने के बाद दूसरे बिरहिया से प्रश्न करता था कि 'बिलैया' क्या है ? या

'ठाढ़ गोरी गंगा हिलोरे, झुलनिया ले गई मछरिया'

प्रश्न किया जाता था कि 'झुलनी' और 'मछली' क्या है ?

तो बात कर रहा था अस्सी चौराहे के बिरहा दंगल की। एक ओर हीरालाल एंड पार्टी, दूसरी ओर बुल्लू एंड पार्टी। गाँधी टोपी, मारकीन का कुर्ता, धोती, गमछा और चंग के साथ हीरालाल और कुर्ता, धोती, चादर में करताल के साथ नौजवान बुल्लू। दो पीढ़ियों की भिड़न्त। नोक-झोंक। इनके बीच पहला राउंड हो चुका था। रात आधी बीत चुकी थी।

यह उस साल की बात है जब देश स्वाधीनता की पचासवीं सालगिरह मना रहा था।

चौराहे के चारों रास्ते ठसाठस भरे थे। मुहल्ले और उसके बाहर के लोग। हर उम्र के लोग। रिक्शेवालों, ठेलेवालों, टैम्पोवालों, दिहाड़ी पर काम करनेवाले मजूरों और छोटे दुकानदारों की तादाद ज्यादा। छात्र और पप्पू की दुकान के बैठकबाज भी जहाँ-तहाँ खड़े चाय पी रहे थे या पान खा रहे थे। शायद इसीलिए बुल्लू ने जो 'कहानी' उठाई, वह

अस्सी के ही 'वर्तमान' की थी। इसमें सवाल-जवाब जैसा जितना नहीं था, उससे कहीं ज्यादा था कथा को आगे बढ़ाने या पूरा करने का भाव। दोनों ओर से कई रागों और धुनों की भूलभुलैया के बीच कहानी रात-भर चलती रही।

जब सुबह हुई और कथा पूरी हुई तो हम थे, इक्कीसवीं सदी थी और एक आदमी का लहूलुहान धड़ था...

मित्रो, इस कथा के पीछे बिरहा की उसी कहानी का मूल पाठ है। नक्शा और ढाँचा बिरहियों का है, अपनी सिर्फ लिपाई, पुताई, रंग-रोगन और पॉलिश है।

द्वीपों में द्वीप जम्बूद्वीप। जम्बूद्वीप की परजा बड़ी दुखियारी। इसे परजा कहो चाहे जनता–बड़ी दुखियारी और बड़ी परेशान। काहे से ? तो हवा से, पानी से, धूप से, ठंड से। इन पर न किसी कायदे-कानून का वश, न जोर जबर्दस्ती का। मनमानापन और मन की मौज ही जैसे इनका कायदा-कानून हो। जब मन चाहे तब आँधी-तूफान आएँ, गाँव-के-गाँव उड़ा डालें–पेड़-पौधे, इमारतें, छप्पर, बिजली के खम्भे ढहा डालें। बाढ़ नदियों में उतर जाए और बस्ती-की-बस्ती बहा ले जाए, खड़ी-की-खड़ी फसलें सड़ा मारे। और सूरज का तो पूछो मत, जब चाहे तब सूखा। जब चाहे तब अकाल। लाखों कंकालों के ढेर खड़े कर दे।

जनता असहाय। लाचार। करे तो क्या करे ? चुपचाप ताकती रहे और अपनी किस्मत को रोती रहे ? देखती रहे इस जुल्म और अनर्थ को ?

बर्दाश्त के बाहर तो तब होता जब जनता देखती कि जहाँ पानी चाहिए, वहाँ बगूले उठ रहे हैं, रेगिस्तान बना हुआ है, जहाँ धूप और सूखा चाहिए वहाँ सारा कुछ पानी में डूबा हुआ है। सब अपनी मनमानी कर रहे हैं–सूरज अपनी, चाँद अपनी, हवा अपनी।

पंचायत-पर-पंचायत बनती गई थी–पहले एक, उसके बाद दूसरी, फिर तीसरी, फिर चौथी। पंचायत-पर-पंचायत–क्या करें कि सारे मसले हल हो जाएँ ? लेकिन कुछ नहीं हो सका।

आजिज आकर, काफी कुछ सोच-विचार कर जनता ने एक दूसरी पंचायत बनाई। पंचों ने एक सरपंच चुना। सरपंच हुए वृन्दावन बिहारी लाल। अब इन्हें सरपंच कहो, चाहे परधान, चाहे राजा बाबू। तो राजा बाबू जब गद्दी पर बैठे तो घर-घर बधावा बजा, घी के दीये जले, तर तीवन बना, भोज भात हुआ। बिहारी भैया राजा तो हम राजा। जम्बूद्वीप का हर आदमी राजा।

पंचों ने कहा–बिहारी भैया, इसे अस्सी न समझो, यह जम्बूद्वीप की दिल्ली है। जनता का हाल तुम्हें मालूम ही है। तुम भइया हो, बाबू हो, माई-बाप हो, बुद्धिमान हो, ज्ञानी हो, समझदार हो। ये-ये बातें हैं, तुम देखो-ताको। तुम्हारा काम तुम्हीं जानो। आगे क्या कहें ?

बिहारी लाल ने कहा, ''कुछ कहने की जरूरत नहीं। मैं इक्कीसवीं सदी में सबको ले जाने के लिए वचनबद्ध हूँ।''

बिहारी लाल को न रात को नींद, न दिन को चैन। क्या करें कि सबका दलिद्दर दूर हो। राजा का दुःख, परजा का दुःख, परजा का दुःख बिहारी लाल का दुःख। दुःख यह है कि हवा किसके कहने से बहती है ? पानी किसके हुकुम से बरसता है ? सूरज किसके कहने से उगता और डूबता है ?...ये ही असल मसले हैं, ये हल, तो सारी मुश्किलें पार।

बिहारी लाल यानी राजा बाबू।

राजा बाबू ने सलाहकारों से पूछा।

राजा बाबू ने वजीरों से पूछा।

राजा बाबू ने 'थिंक टैंक' से पूछा।

सबने कहा, ''कुछ नहीं हो सकता। कोई कुछ नहीं कर सकता। ईश्वर पर भला किसका वश ?''

''ईश्वर।'' राजा बाबू के मन में गड़ गया ईश्वर।

एक रात चिल्लाए राजा बाबू–पूरी ताकत से–''पकड़ो। भागने न पाए ईश्वर।''

चोबदार दौड़े, गुप्तचर दौड़े, पुलिस दौड़ी, दरबारी दौड़े–लेकिन ईश्वर कहीं नहीं मिला। न दिखा, न मिला।

ईश्वर कहाँ था ?

मिला कि नहीं मिला ?

आगे क्या हुआ ?

चाचा हीरालाल। बताओ, आगे क्या हुआ ?

हीरालाल की पार्टी। बाजे हरकत में आए। हीरालाल ने चंग उठाई और देर तक आलाप लिया–

हाँ तो भइया लोगो। राजकाज को समझना जितना मुश्किल है उससे कहीं बहुत ज्यादा मुश्किल है राजा को समझना। अगर यह इतना ही आसान होता तो गद्दी पर बिहारी लाल की जगह बुल्लू होते। हीरालाल होते।

राजा चिल्लाया किसी और से, बोला किसी और से। जिनसे बोला, उन्होंने हरकारे नहीं दौड़ाए; उन्होंने माफिया भेजा–तमाम असलहों के साथ–जाओ, जहाँ कहीं हो, आदर से लिवा लाओ। ईश्वर उस वक्त अयोध्या में था। मन्दिर से निकलकर मस्जिद में नमाज अदा करने जा रहा था ईश्वर कि घेर लिया रास्ते में और अगवा कर मुम्बई ले आए।

अब आगे का सुनिए हाल।

सुनिए नहीं, देखिए–

मुम्बई का एक पंच सितारा होटल। होटल के पिछवाड़े झील जैसा लम्बा-चौड़ा 'स्विमिंग पूल'। उसके बीचोबीच मन्दिर। उस मन्दिर में बिराजता भया ईश्वर और उसके सामने बैठे चार सेठ। एक मुम्बई का, दूसरा चेन्नई का, तीसरा दिल्ली का, चौथा कलकत्ते का। झील के चारों तरफ कीर्तन मंडलियाँ अलग-अलग जत्थों में कीर्तन कर रही हैं।

लोगो, ईश्वर इनके दान धर्म पर, धरम-करम पर प्रसन्न होकर स्वयं ही दर्शन देने आया है। 'रघुपति राघव राजा राम। पती तपावन सीताराम।'

"तो भक्तों को क्या आज्ञा है, भगवन।"

ईश्वर सहमा-सहमा-सा जैसे कोई बन्धक हो—'भय नहीं तो भक्ति कहाँ ? ये ही तो मेरे अस्त्र-शस्त्र थे। ये ही हवा-पानी-धूप-ठंड। ये ही शाप भी थे, वरदान भी। इन्हीं से प्राणी डरता था। और आप लोग यह भी ले लेना चाहते हो।'

'हम फोकट में तो माँग नहीं रहे हैं भगवन।'

ईश्वर ने उन्हें देखा—बुझी-बुझी आँखों से।

'भगवन ! कुछ समझ और विवेक से काम लीजिए। न तैश में आइए, न नाराज होइए। आप कहें-न कहें हम समझते हैं आपकी स्थिति। बड़े बुरे दिन देखे हैं आपने पिछले दिनों। नास्तिकों और कम्युनिस्टों का वश चला होता तो आप कहीं के न होते। उन्होंने तो नेस्तनाबूद ही कर दिया था आपको। कितने पूछनेवाले रह गए थे आपको हमारे सिवा ? मन्दिर, मस्जिद, गिरजाघर—सब उदास पड़े हुए थे। भम्भ रर रहा था, समझिए। कितने झाँकनेवाले रह गए थे आपके दरवज्जे ? बैठे-बैठे मक्खियाँ ही मार रहे थे आप।'

"यही सब सुनाने के लिए पकड़ मँगाया है मुझे ?"

"कैसी बात कर रहे हो प्रभो ? हमारी यह मजाल कि पकड़ें और आपको ? हम अपना दुखड़ा आपके आगे नहीं रोएँगे तो किसके आगे रोएँगे ? कुछ माँगना होगा तो आपसे नहीं माँगेंगे तो किससे माँगेंगे ?"

ईश्वर के चेहरे पर करुण हँसी आई और गई—'माँगने का इससे अच्छा ढंग और क्या हो सकता है ?'

'भगवन, ठंडे दिमाग से काम लें। अब यही देखिए कि छत्तीस कोटि की आबादी तो आपकी जाने कब थी। इस बीच जाने कितने नए-नए देवी-देवता हो गए हैं। अरबों की संख्या में। ये सब महिलाएँ, भाई बन्द, अंडे बच्चे किसी और के नहीं, आपके ही हैं। आपके पुराने घर जर्जर हो रहे हैं, उनकी मरम्मत की भी जरूरत है। नए बनवाने होंगे सो अलग। सबको खाना-पीना भी चाहिए जो चढ़ावे और हवन-पूजन यज्ञ में ही मिलेंगे। कई घर झगड़े में फँसे हुए हैं, उन्हें मुक्त कराने की समस्या अलग। यह सब आप नहीं सोचोगे तो कौन सोचेगा ?'

"तो सौदेबाजी करना चाहते हो आप लोग ?"

सेठ हँसे—"भगवन, सौदेबाजी के सिवा हमें आता भी तो नहीं कुछ।"

"मैं इतना मूर्ख तो नहीं कि आपके मन्तव्य या प्रलोभन को न समझूँ ? लेकिन

लोकमानस को जितना मैं जानता हूँ, उतना आप नहीं। प्रजा वह करती है जो राजा करता है। उसकी आस्था अपने राजा में होती है, सेठों-धनकुबेरों में नहीं।''

''अगर राजा वह करे जो हम चाहें तो ?''

''तो राजा से बात कर लेना फिर हमसे मिलना।'' ईश्वर उठ खड़ा हुआ।

''ऐसे नहीं जा सकते आप। हम दीन-दुखियों को इस हाल में छोड़कर नहीं जा सकते आप। अगर आप लोकमानस को जानते हैं तो हम भी राजा को जानते हैं। हमारे लिए जितने जरूरी आप हैं, उससे ज्यादा जरूरी राजा के लिए हम हैं। हम नहीं तो राजा नहीं।''

ईश्वर ने देखा—मन्दिर का फाटक बन्द है। बाहर हथियारों से लैस पहरेदार खड़े हैं। उसके चारों ओर झील। वह जैसे ही खड़ा हुआ था, वैसे ही बैठ गया। निस्तार न देख झुँझला उठा वह—''हद हो गई है यह तो। आजिज आ गया हूँ आप सबसे। हवा हो या पानी—चाहे जो हो, बस। कमाए जाओ। पहले गन्दा करो तो कमाओ, फिर साफ करो तो कमाओ। यह सिलसिला कब तक चलाओगे ?''

इसके बाद तो दोनों के बीच ऐसी 'तकझक' शुरू हुई कि पूछिए मत। सेठों ने ईश्वर के 'भगवान' होने पर ही सन्देह व्यक्त कर दिया—

''हमने कहीं भी ईश्वर के मूँछें नहीं देखी हैं।'' एक ने कहा।

''हमने हमेशा उसे मुस्कुराते हुए देखा है। आप तो शुरू से ही गुस्से में हो।'' दूसरा बोला।

''हमने कभी उसे यज्ञोपवीत पहने नहीं देखा है।'' तीसरे ने कहा।

''न कन्धे पर धनुष, न होंठों पर वंशी, न उँगली पर चक्र। एक भी तो नहीं इनमें से। कैसे मान लें कि आप ईश्वर हो ?'' चौथे ने कहा।

तो भइया लोगो। दोनों चमर चलाक। घुटे हुए। ईश्वर देख रहा था कि पूरे मुल्क में बनी—जगह-जगह बनी फैक्टरियों और मिलों ने आसमान को धुआँ-धुआँ कर रखा है, हवाएँ दिनों-दिन गन्दी और बदबूदार होती जा रही हैं, नदी-नालों का पानी जहरीला होता जा रहा है, दिन-रात बजनेवाले भोंपू, लाउडस्पीकर, रेडियो, ट्रांजिस्टर, हार्न, चिल्ल-पों अन्तरिक्ष को गूँगा और बेजान बना रहे हैं—कुछ भी साफ-सुथरा नहीं रहनेवाला है लेकिन अभी गनीमत है। ठीक से सौदा पटा लो तो नफा में रहोगे वरना वह भी दिन आ सकता है जब कोई तुम्हें घास तक नहीं डालेगा।

दूसरी ओर सेठ देख रहे थे कि अभी नहीं तो कभी नहीं। इसकी जगह हम होते तो थोड़ा और ठहर जाते। ऐसी भी क्या जल्दी ? भाव चढ़ने के दिन तो अब आ रहे हैं। इसके दिमाग में मुल्क का वह नक्शा आया ही नहीं लगता है, जबकि इन्सान को इस धरती पर जिन्दा रखनेवाली यही चीजें—यही हवा, यही पानी, यही धूप, यही ठंड—उसी तरह पैकेटों, डिब्बों, बोतलों, पोलीथिन में बेची जाएँगी जैसे कि नमक, जैसे कि मसाला, जैसे कि दूध, जैसे कि आटा, चावल, दाल। जिसे जीना होगा, झक मारकर

मुँह माँगे दाम पर खरीदेगा, वरना मरे इनके बगैर।

दोनों एक-दूसरे की जरूरत और मजबूरी को अच्छी तरह समझ रहे थे। ईश्वर बेबस और सेठ अडिग कि नरम या गरम सौदा पटा लो तो मौज से रहोगे वरना आगे यह धरती रहेगी भी या नहीं !

तो सौदा पट गया आखिरकार—काफी कहा-सुनी के बाद : धरती पर ईश्वर का बिखरा हुआ जो कुछ है, वह सेठों का; उसके सिवा सारा ऐश्वर्य ईश्वर का। बदले में धरती पर ईश्वर के हितों की चिन्ता सेठों के जिम्मे। सौदा पट गया। धरती पर जो कुछ है, उसके सिवा है ही क्या ? सेठ बुलबुल !

तो बेटा बुल्लू, बताओ कि सेठों ने क्या किया उसके बाद ?

बताओ कि सरकार ने क्या किया उसके बाद ?

आगे की कथा तुम्हारे जिम्मे।

बुल्लू खड़े हों इसके पहले एक छोटा सा ब्रेक।

सड़क के आमने-सामने मंच, बीच में और अगल-बगल दरियाँ, दरियों पर चदरा और कम्बल ओढ़े, बीड़ी पीते, सुर्ती खाते लोग। लेकिन इनसे ज्यादा लोग सड़कों और फुटपाथों पर। अस्सी ऐसे ही रतजगा करता है सड़कों और घाटों पर और उस दिन तो मौका था।

बिरहियों का कायदा यह है कि जब तक कहानी ढर्रे पर हो, लोगों में उत्सुकता हो, कान लगे हों तब तक आपस में कोई छेड़छाड़ नहीं। जब लोग बोर होने लगते हैं, उठने-बैठने लगते हैं तब श्रोता भी चाहते हैं—और बिरहिया भी उखाड़-पछाड़ शुरू कर देते हैं।

दोनों बिरहिया गाँजे और भंग के रंग में थे। भंग तो बार-बार नहीं ली जा सकती लेकिन दम अपनी बारी आने से पहले लगाया जा सकता है। और जब वे करताल या चंग बजाते हुए झूमकर समा बाँधते थे तो जाड़े में भी माथे पर चुहचुहाया पसीना बहुत कुछ कह जाता था। बजैया भी उन्हीं की तरह तरंग में थे। नतीजा यह कि सुननेवाले कभी खुश होकर दस-बीस रुपया बिरहिया को, कभी ढोलकिया या नगाड़ेवाले को निछावर कर देते थे।

बुल्लू लेटेस्ट फिल्मों की नई-से-नई धुनों की नकल के उस्ताद। श्रोताओं को और क्या चाहिए ? जब करताल बजाते हुए उन्होंने दोनों हाथ नचाना और भाँजना शुरू किया—दस मिनट तक तो भीड़ मस्त हो उठी। बाजों ने भी जमकर साथ दिया—तिड़िक-तिड़िक ढिम, ढुर्रर्ह-ढुर्रर्ह धम-धम तिड़िक...बुल्लू ने बाजों को शान्त हो जाने का इशारा किया—

तो भइया, भगवान भला करे हीरालाल बुढऊ का। उन्होंने उसे जाने क्या-से-क्या बना

दिया—एक सौदागर। लेकिन यह पक्का कि सौदा हुआ जिसकी खबर अखबारों में नहीं थी। अखबारों में खबर थी बिहारी लाल की पार्टी के 'अधिवेशन' की जो कुछ महीने बाद ही मुम्बई में हुआ था।

उसी दरम्यान एक 'डिनर पार्टी' भी हुई थी उसी पंचसितारा होटल में और उसकी भी चर्चा नहीं थी किसी अखबार में। तो पार्टी हुई उन्हीं सेठों की ओर से और उसमें शामिल हुआ सरकार का नुमाइन्दा—खजाने का वजीर। और वजीर ने एक भाषण दिया—बड़ा धाँसू।

कि दुनिया के कई मुल्क इसी सदी में इक्कीसवीं सदी में जा चुके हैं और हम बहुत पीछे हैं।

कि हमें अभी बहुत कुछ करना है, बहुत आगे जाना है, यह करना है, वह करना है और यह-वह करते हुए अगली सदी में जाना है।

कि हमने कभी दुनिया को रास्ता दिखाया था, ज्ञान का प्रकाश दिया था, संस्कृति और तहजीब सिखाई थी। अब वक्त आ गया है कि एक बार फिर उन्हें रोशनी दिखाएँ।

कि हमारी गुजारिश है दुनिया से कि वह हमारे विकास कार्यों में अपनी पूँजी लगाए और आगे जाने में हमारी मदद करे।

(तालियाँ। बजाइए न तालियाँ। क्या बउचट की तरह बैठे हैं भाई !)

तो बाबू लोगो। यह भाषण 'प्रेस' के लिए था। न्यूयार्क, लन्दन, पेरिस और टोकियो के अखबारों ने इसका जबर्दस्त स्वागत किया—पता नहीं, क्या था ऐसा इस भाषण में।

लेकिन खास बात थी बन्द कमरे में वह बैठक जो वजीर के साथ सेठों ने की।

इसमें भी एक करार हुआ था, वह हमसे सुनिए।

सबसे पहले मुम्बई का सेठ खड़ा हुआ। बताया कि उसने जुहू मैरिन, ड्राइव और दूसरे समुद्री किनारों पर—जहाँ-जहाँ से मानसून चलता है—इतनी ऊँची-ऊँची दीवारें, इमारतें खड़ी कर दी हैं कि एक भी बादल कहीं से बहक कर नहीं जा सकता। 'पूरे मुल्क में बादलों के हमारे गोदाम रहेंगे। हम बादलों को—हर तरह के बादलों को—मौसमी, बेमौसमी, साँवले, काले, लाल, उजले, भींगे, सिमसिमाए, सूखे—सभी तरह के बादलों को अलग-अलग उनमें जमा करेंगे और जब जैसी जरूरत होगी, उड़ा देंगे। जहाँ जैसी बारिश की जरूरत होगी—जैसे, जहाँ ज्यादा पानी चाहिए वहाँ काले मेघ; जहाँ कम पानी चाहिए वहाँ साँवले मेघ; जहाँ पानी नहीं, छाया चाहिए वहाँ उजले धुले हलके-फुलके बादल। यह काम हम नदियों, नालों, बाँधों, नहरों, नलकूपों, वगैरह के जरिए भी कर सकते हैं इसलिए हम जानना चाहते हैं कि आप क्या मदद कर सकते हो हमारी ?'

"इन बातों पर विचार किया जाएगा, कहते चलें।" वजीर ने आश्वस्त किया।

"हम सिर्फ इतना कहना चाहते हैं कि बादल की मजाल न होगी कि गाँव-के-गाँव बहाकर ले जाए लेकिन यह आप पर मुनहसर करता है। वरना वह बहा भी सकता है, सुखा भी सकता है और पानी के बगैर मार भी सकता है। बस, यही कहना है मुझे।"

"हमारे हिस्से तो सूरज पड़ा है जी। और हमें इसका अफसोस भी नहीं है।" पगड़ी बाँधे हुए किसी दूसरे नगर का सेठ बोला—"अब तो हमारे कब्जे में आ गया है वह। बड़ी मशक्कत के बाद। इतना बड़ा है कि किसी एक धमनभट्ठी में अँट नहीं सका है। सो, कई नगरों में कई धमनभट्ठियाँ बनवानी पड़ी हैं। खर्च तो बेहिसाब हुआ है लेकिन यह भी समझ लो कि दिन और रात मेरे हाथ में हैं। तुम सरकार हो, जैसी इच्छा हो बोलना। कहोगे—दिन रहेगा; नहीं कहोगे—रात रहेगी। अँधेरा रहेगा। इसमें हम क्या कर सकते हैं जी ? वह चमकेगा तो तुम भी चमकोगे। वह बुझ जाएगा तो तुम भी बुझ जाओगे। यह तो आपुस की बात है जिसे हम भी समझते हैं और आप भी समझते हो।"

उसके चुप होने से पहले ही तीसरा महानगर सेठ शुरू हो गया और उसने जैसे ही हवा और वायुमंडल और रोगों के फैलाव और गैस की रिसन से लोगों की बेहिसाब मौतों की बागडोर अपने हाथ में ली, वजीर थूक घूँटने लगा। उसकी घिग्घी बँध गई। उसने जब सेठ को कहते हुए सुना कि हवा का मतलब है प्राण, प्राण का मतलब है दिल, दिल का मतलब है धड़कन, धड़कन का मतलब है दौरा तो वह कानों में उँगलियाँ घुसेड़ते हुए बोल पड़ा—"सब समझते हैं। यह हमें समझाने की जरूरत नहीं है। असल चीज है जनता। वह है तो आप भी हैं, हम भी हैं। इसलिए आप लोग उसकी सुख-सुविधा के बारे में सोचिए और उसी पर बहस चलाइए।"

"बहस तो हम करते नहीं जी, बहस तो हमारे नौकर-चाकर और बाबू लोग करते हैं। आप लोग करते हो। हम तो काम करते है। और वही जानते हैं। और जैसे आप अपनी मर्जी के मालिक नहीं, वैसे ही हम भी अपनी मर्जी के मालिक नहीं। हमारे भी ऊपर लोग हैं—जापान में, जर्मनी में, अमेरिका में। आप हमें केवल 'हाँ' या 'ना' में जवाब दो। तमाम नगरों, कस्बों और देहातों में फैले हुए हमारे शेयरहोल्डर, सप्लायर, एजेंट बड़ी बेसब्री से इन्तजार कर रहे हैं आपकी 'हाँ' या 'ना' का। क्यों सेठ जी ?" उसने टाई और सूटवाले सेठ से हामी भराई—"हाँ, इतना बता दें कि गोदाम में ये चीजें भरी पड़ी हैं। आप निर्यात भी करना चाहोगे तो कमी नहीं रहेगी। तो बोलो, क्या कहते हो ?"

"मेरा खयाल है कि जनता..." कहते-कहते वजीर कुछ सोचने लगा।

इतना सुनना था कि 'ठंड' का इजारेदार सेठ, जो किसी चौथे महानगर से आया था और अब तक चुप था—भड़क उठा, "जनता-जनता क्या करते हो साहब ! यह कोई 'प्रेस कान्फ्रेंस' है ? जनता करना हो तो रामलीला मैदान में जाओ, वोट क्लब पर जाओ, लालकिला के मैदान में जाओ। लोकसभा में तो करते ही रहते हो। फालतू का समय तुम्हारे पास होगा, हमारे पास कहाँ है ? शर्तें मंजूर हों तो ठीक, नहीं तो जाओ मध्यावधि चुनाव की तैयारी करो। उसी में पता चल जाएगा कि जनता की फिकर किसे ज्यादा है, हमें या तुम्हें ?"

"नहीं, ऐसे नहीं। नाराज मत हो।" धूपवाले सेठ ने उसे रोका और वजीर की ओर मुखातिब हुआ—"आपकी मंशा समझ रहे हैं जी। हम पर भरोसा कीजिए। आपको

अपनी ओर से जबान खोलने की जरूरत नहीं। हम भी इतने खुदगरज नहीं हैं। बस इतना समझ लो कि खुश कर देंगे तुम्हें। कोई शिकायत न रहेगी। जाओ, जनता से जो बोलना हो, बोल दो।''

''लेकिन एक बात मेरी भी सुन लो साहब।'' पानीवाले सेठ ने वजीर को उठते हुए देखकर रोका—''आप केवल एक काम करो—लोगों को मुस्तैद बनाओ। अगर यह मुल्क कामचोरों, आलसियों, लापरवाहों, निठल्लों और गपबाजों का ही रह गया तो हो चुकी तरक्की। जा चुके इक्कीसवीं शताब्दी में। फायदा तभी है जब काम हो, काम नहीं तो फायदा नहीं। खड़े-खड़े बेमतलब गप्पें मार रहे हैं, सिगरेट फूँक रहे हैं, बीड़ी पी रहे हैं, सुर्ती ठोंक रहे हैं, पान थूक रहे हैं, हा हा, हू हू कर रहे हैं—कैसे होगी तरक्की ? कैसे जाओगे आगे ? इसी हा हा हो हो मस्ती के भरोसे ?''

वजीर ने घड़ी देखी और बैठ गया। उसकी आँखों में थोड़ी देर के लिए चमक आई और धीरे-धीरे बुझ गई। वह गम्भीर हो गया ? ''है तो, सही कह रहे हैं आप। लेकिन क्या कर सकते हैं इसके लिए ?''

''जो आप नहीं कर सकते, वह हमसे कहिए।''

''आप भी क्या कर सकते हैं इसमें ?''

''हम क्या नहीं कर सकते हुजूर।'' सेठ ने जोर देकर कहा। ''हम काहे के लिए हैं ? इस पूरे मामले का सम्बन्ध बाजार से है। तुम्हारा काम है सरकार देखना, हमारा काम है बाजार देखना। हम अपना काम देखते हैं, आप अपना काम देखो। हम तो बाजार का एक ही मतलब जानते हैं सरकार, बाजार वह नहीं है जो सड़क पर है, दुकान में है, नुक्कड़ पर है, शोकेस में है। बाजार वह है जो तुम्हारे दरवाजे पर है, पोर्टिको में है, ड्राइंगरूम में है, बेडरूम में है, आलमारी में है, किचेन में है, टायलेट में है और यही क्यों तुम्हारे बदन पर है, सिर के बालों से लेकर पैरों के नाखून तक है। ऐसा कि जो तुम्हारे घर जाए या तुम्हें देखे, उसके लार टपकने लगे, उसकी नींद और उसका चैन छिन जाए, तड़प उठे कि यह चीज, जो तुम्हारे पास है, उसके पास सुबह नहीं तो शाम तक आ जाए। और जब तक न आए अब तक न खाना अच्छा लगे, न पीना, न जीना। तो यह बात है। जाओ, आप सरकार देखो। और सुनो, पता करो कि चौबीस घंटों के दिन और रात में वह कौन सा समय है जो तुम्हारे लिए सिरदर्द है ?''

(इसके बाद देर तक बाजों की लड़न्त-भिड़न्त और चुहलबाजी फिर अन्त में सम)

तो चच्चा हीरालाल। चौबीस घंटे का वह कौन सा समय है जो सरकार के लिए सिरदर्द था ?

हीरालाल खड़े हुए—फार के साथ।

तो समय की खोज शुरू हुई।

बलवान, शैतान, बेईमान समय।

बड़ी टेढ़ी खोज—कहाँ है समय ? किधर है ? क्यों है ?

इसे खोजने में जाने कितनी सरकारें आईं और गईं थीं।

बिहारीलाल ने भी एक आयोग बनाया, आयोग ने कई अध्ययन दल बनाए, इन दलों की कई जाँच समितियाँ बनाईं, इन समितियों ने काम शुरू किया ब्लाक और वॉर्ड स्तर से—पता करो कि चौबीस घंटे की अवधि के अन्दर में कहाँ पर छिपा है वह 'समय' ?

खोज चलती रही और सरकार देखती रही कि
बाहर का पानी गन्दा, बोतल का पानी साफ
बाहर की हवा मैली, डिब्बे की हवा साफ
बाहर की धूप पस्त, अन्दर की मस्त
बाहर की ठंड अंडबंड, भीतर की चाकचौबन्द
नदी की गंगा जहर, बोतल की पेप्सी लहर

खोज चलती रही। जितना बड़ा देस, उतनी लम्बी रेस। अरबों-खरबों का वारा-न्यारा हुआ। अमेरिका गंगोत्री हुआ जापान जमुनोत्री।

किसमें कौन-कौन थे, हमें नहीं पता।
किसने कितनी मेहनत की, हमें नहीं पता।
किसने कितनी रकम खाई, हमें नहीं पता।
अरबों-खरबों कहाँ गए, हमें नहीं पता।

पता सिर्फ इतना है कि पूरी रिपोर्ट अस्सी पर बैठकर लिखी गई—इसी अस्सी घाट पर, 'गंगा महल' में। लिखा गया कि वह समय है—शाम। 365 पेज की रिपोर्ट में सुबह, दोपहर, रात के बारे में विस्तार से चर्चा करते हुए निष्कर्ष दिया कि असल समस्या शाम की है।

शाम माने सबसे मुश्किल, सबसे बीहड़, सबसे खतरनाक वक्त। शाम माने बहुत कुछ।

मन्तरीजी, जिस 'समय' की पहचान आपने इतनी देर से की—इतना कुछ लुटा के; उसे हम एक जमाने से जाने बैठे थे। समस्या आपकी है, हल हमारे पास था।

यह वही वक्त है जब बच्चे स्कूल से घर लौटते हैं और उनके घर लौटने का मतलब है—किचकिच। पें-पाँ। सिरदर्द। आपस का लड़ाई-झगड़ा। मारपीट। उछल-कूद। हल्ला-गुल्ला।

इन सबका एक ही इलाज है—देखो और सोचो तो ये बच्चे नहीं, भविष्य हैं और इनके लिए एक ही रास्ता है—मल्टीनेशनल। भरो उनके दिमाग में कि यह रही तुम्हारी मंजिल। पहुँचना है वहाँ। पाना है इसे ? दूसरे पहुँचे या पाएँ, उससे पहले। अभी से

तय कर लो कि क्या होना चाहते हो ?

इंजीनियर ? डॉक्टर ? ये तो बीते दिनों की बातें हैं। कलेक्टर ? ठीक लेकिन रिजर्वेशन ने सारी दिलचस्पी खत्म कर दी है। चाहो तो एक-दो चांस देख सकते हो लेकिन मल्टीनेशनल। इसकी बात ही कुछ और है। आज हांगकांग, परसों न्यूयार्क, नरसों पेरिस। इसमें और उसमें वही फर्क है जो डालर और रुपए में है। मगर बेटा। यह गुल्ली-डंडा नहीं, जलेबी दौड़ है—तुम्हारे साथ दौड़नेवाले हजारों-लाखों में नहीं, करोड़ों में हैं। इसलिए दौड़ो, जान लड़ा दो। कुछ करके दिखाओ। शाब्बाश !

और 'होमवर्क' के बोझ के नीचे चाँप दो इतना कि कें कें करने का भी मौका न मिले।

यही वक्त है कि जब कुँवारी लड़कियाँ अपने दरवाजे और खिड़कियों के आसपास मँडराने लगती हैं—उदास और अनमने भाव से, कि क्या करें ? किधर जाएँ ? जिएँ कि मर जाएँ ?

हलो ! हाय ! वाव ! हे ! मेरी बेटियो, जियो और लाखों बरस जियो। अगर पढ़ते-पढ़ते ऊब गई हो; स्टेनो, प्राइवेट सेक्रेटरी, रिसेप्शनिस्ट, प्रोबेशन अफ़सर नहीं बनना चाहतीं, डॉक्टर, इंजीनियर, एयर होस्टेस बनना अपने वश में नहीं तो निराश न हो, शहनाज हुसैन से सम्पर्क करो और अपने नगर में—मुहल्ले में ब्यूटी पार्लर खोल लो। या खुद को जरा गौर से देखो—बम्बई, दिल्ली, बंगलौर, हैदराबाद में पैदा नहीं हुईं तो क्या हुआ ? किस ऐश्वर्या राय, सुष्मिता सेन या लारा दत्ता से कम हो तुम ? न 'मॉडलिंग' की दुनिया कहीं गई है, न 'फैशन शो' की कोई कमी है, न 'सीरियलों' का टोटा है, न 'म्यूजिक अलबम' की किल्लत है। टी.वी. के चैनलो पचासों हैं—अगर वीजे नहीं तो सबको खूबसूरत 'फिगर' और 'क्यूट' चेहरे चाहिए। गौर से देखो अपनी फिगर। किससे कम स्मार्ट और क्यूट हो ? कोई कमी रह गई है तो उसे पूरा करने के सारे सामान भरे पड़े हैं बाजार में।

लेकिन जब तक माँ-बाप की उँगली पकड़े रहोगी, तब तक ये सारे दरवाजे और खिड़कियाँ बन्द मिलेंगी। इसलिए इधर देखो, हम 'वेलकम' कर रहे हैं तुम्हारा।

यह वही वक्त है जब बीवियाँ झुँझलाए और मुर्दा चेहरों के साथ किचेन में घुसती हैं चाय तैयार करने के लिए और अपनी किस्मत का रोना शुरू करती हैं। चाय और चूल्हा, बिस्तर और बच्चे—क्या जिन्दगी है अपनी भी ? इनके सिवा कुछ नहीं है क्या ? है क्यों नहीं—बोलो उनसे, जरा बाहर तो नजर डालो। 'फास्ट फूड' क्यों बिक रहे हैं ? रेस्त्राँ और होटल किसलिए हैं ? किनके लिए हैं ? किचेन की ही मोनोटनी को तोड़ने के लिए न ? जायका ही बदलने के लिए न ? मँगा लो जो चाहो। कहीं जाने की भी झंझट नहीं। और यह भी बताओ कि होंठ, दाँत, नाक, कान, आँख, बरौनी, भौं, माथा, चमड़ी, बाल—इन सबके लिए एक नहीं, बीस तरह की—बीस रंग की—बीस साइज की, सस्ती-से-सस्ती—महँगी-से-महँगी चीजों से पाट दिया है बाजार। जरा देखो तो।

यह वही वक्त है जब परिवार के लिए जक्ख हो चुके बूढ़े-बूढ़ियाँ दोपहर की नींद से उठते हैं और डरने लगते हैं अपने अकेलेपन से। 'क्यों जी रहे हैं ?'' यह सवाल उन्हें भी परेशान करता है और उनके बेटों-बहुओं को भी।

सच मानो जब हमने ईश्वर से सौदा किया था तो नहीं समझा था कि मन्दिरों और देवी-देवताओं के लिए इतनी तड़प और बेचैनी होगी लोगों में ? खैर,

तो मन्तरीजी, बूढ़ों-बुढ़ियों को मन्दिर का रास्ता दिखाओ। यह रास्ता उन्हें शान्ति की ओर, चैन की ओर, स्वर्ग की ओर, मुक्ति की ओर ले जाएगा। बाबा, माया मोह छोड़ो, हाय हाय छोड़ो। क्या मतलब दुनिया और झमेले से ? बीसियों जगहें हैं इसी नगर में। सैकड़ों हजारों मन्दिर हैं यहाँ। लाखों देवी-देवता हैं। उनकी अलग-अलग खासियत है। कहीं रामकथा हो रही है, कहीं भागवत कथा चल रही है, कहीं यज्ञ हो रहा है, कहीं नवाह्न पारायण, कहीं रामलीला हो रही है—यानी, कोई ऐसी शाम नहीं जिसमें तुम्हारे ही मुहल्ले में दसियों जगह यह सब न हो रहा हो। जाओ, मोक्ष बनाओ। बहुत पाप कर लिये इस जीवन में।

रह गए जवान और अधेड़।

यह वही वक्त है जब वे दफ्तर और रोजगार कार्यालयों से घर लौटते हैं—थके-माँदें, झुँझलाए और चिड़चिड़े। तुम्हारी असल समस्या यही लोग हैं। ये ही सिरदर्द हैं तुम्हारे। चाय-वाय पीकर उसी मूड में घर से सड़क पर आते हैं, चाय की दुकानों में बैठते हैं, पान की गुमटियों के आगे खड़े होते हैं, लोगों से मिलते हैं-जुलते हैं, गप्पें करते हैं, सलाह-मशविरा करते हैं और फिर शुरू होता है कभी खत्म न होनेवाला एक बर्बर सिलसिला। रोज-रोज सभा, रोज-रोज जुलूस, रोज-रोज भाषण। कभी हड़ताल करते हैं, कभी धरना देते हैं, कभी अनशन करते हैं, कभी घेराव करते हैं। काम-धाम से फुर्सत मिली नहीं कि फाटक के बाहर जमा। फिर भाषणबाजी के बाद शुरू करते हैं—'जिन्दाबाद मुर्दाबाद'। पुतले फूँकते हैं और तुम्हें उखाड़ फेंकने का संकल्प लेते हैं।

कौन हैं ये लोग ? पहचानो इन्हें। ये वही चौराहे के लोग हैं जिनके पास फुर्सत-ही-फुर्सत है चाय की दुकानों और काफी हाउसों में बैठने की; गुमटियों, सड़कों और फुटपाथों पर खड़े होने की; सरकार और तुम्हारी छीछालेदर करने की। ये वही लोग हैं जो भूखे रहकर भी—आधा पेट खाकर भी आपस में हँसी-मजाक करते हैं, ठिठोलियाँ करते हैं, ठहाके लगाते हैं। यह लोग भी हैं और वे लोग भी जिन्हें शाम निरंकुश और मुक्त छोड़ देती है।

सोचना इन्हीं के बारे में है। सोचो और जानो कि दिन-भर काम-धन्धे से खटकर थका-हारा आदमी घर आता है तो क्या चाहता है ? गरम-गरम कड़क चाय, मुस्कुराती हुई बनी-ठनी बीवी और गाना-बजाना। इन्हीं चीजों के लिए कभी वह कोठे पर जाता था, आज सड़क पर निकलता है, सनीमा जाता है, तमाशे देखता है। ये सारी चीजें उसके लिए घर में ही मुहैया कर दे रहे हैं हम। चाय की एक नहीं, पचास किस्में ? नाखून

से लेकर बालों तक सिंगार-पटार के सारे सामान। अब सनीमा किस बात के लिए जाओगे ? लो, ये रहे सारे देसी-विदेसी कम्पनियों के टेलीविजन, वी.सी.आर., सी.डी. कैसेटें, वीडियो गेम्स, म्यूजिक अलबम। और भी कुछ चाहिए तो बोलो।

मन्तरीजी, इसे कहते हैं दिमाग। न दफा एक सौ चौवालिस, न दंगा, न कर्फ्यू की झंझट ? उन्हीं का घर, उसी में कैद। अपनी मर्जी से। इसे नजरबन्द भी नहीं कहेगा कोई। कैद करो उन्हें। उन्हीं की इच्छा से उन्हीं के घर में।

इसके बाद भी अगर कुछ बच रहता है तो चाँप दो महँगाई से। घिघिया उठेंगे और शाम की तफरीह भूल जाएँगे।

तो यह है शाम के सिरदर्द का हमारा फॉर्मूला—

कुछ के लिए मल्टीनेशनल्स।
कुछ के लिए मन्दिर।
कुछ के लिए मनोरंजन।
बकिया लोगों के लिए महँगाई।
बोलो, बोलो वृन्दावन बिहारी लाल की जै।
धर्म की जै हो।
अधर्म का नाश हो।
प्राणियों में सद्भावना हो।
हर-हर महादेव।

बुल्लू ऐसे वक्त खड़े हुए जब दंगल का माहौल बोझिल, उबाऊ और बोर हो रहा था। लोग उठ-बैठ रहे थे, आ-जा रहे थे और बातें करने लगे थे। हीरा के 'समाजशास्त्रीय विश्लेषण' ने लगभग उखाड़-सा दिया था दंगल को जब बुल्लू खड़े हुए।

उन्होंने शुरुआत की छेड़छाड़ से—

देखो हीरा गया है सठियाय
हे बाबू लोगो।
उसकी अक्किल गई है चकराय
हे बाबू लोगो।
उसकी घोड़ी गई है गरमाय
हे बाबू लोगो।
उसकी भगई गई है सरकाय
हे बाबू लोगो।
उसकी टोपी गई है उधिराय
हे बाबू लोगो।

तो बाबू लोगो, भइया लोगों। बुढ़ऊ ने सेठों का बाजार देखा, मौसम का बुखार देखा, जम्बो सरकार देखा, कार्यक्रमों की भरमार देखा, महँगाई की मार देखा—सब देखा लेकिन अस्सी का मल्हार, बसन्त बहार, ध्रुपद-धमार—और भी जो दु का का (जाने क्या क्या) होता है यहाँ—वह नहीं देखा।

पूरे जम्बूद्वीप की शाम तो जैश्रीराम हो गई भइया, लेकिन अस्सी की शाम शाम नहीं गदहबेला थी। गदहबेला का मतलब दुलत्ती झाड़नेवालों की बेला। कोई सुने-न-सुने, ढेंचू-ढेंचू करनेवालों की बेला। तो भइया, सरकार ने सबकी शाम का इन्तजाम तो कर दिया, इस गदहबेला का क्या करे ? कैसे करे ? तो सुनिए हमसे। अरे हाँ, तर्ज घोड़ा छोड़।

घोड़ा है, बछेड़ा है
दिनों में चार साल है
मत पूछिए इस गदहबेला
का क्या हाल है ?

तो भइया, यह सब देखकर-सुनकर अस्सी ने क्या कहा सरकार से ? क्या बोलती तू ? क्या—"हम तो सैंया से नैना लड़इबै, हमार कोई का करिहैं ?" हम तो जैसे रहते थे, रहेंगे, हँसते थे हँसेंगे, ठहाके लगाएँगे, मस्ती मारेंगे, नाचेंगे-गाएँगे-बजाएँगे—किस साले की मजाल है जो रोके। सरकार ने कहा—"अच्छा।" और चुपके से भेज दिया एक शाम अस्सी पर टैम्पो।

यह सन् '80 की बात है।

दो टाँगों का एक छोटा सा नगर। न कार, न जीप, न स्कूटर। केवल रिक्शे, साइकिल और दो पैर। बिनोबा यान। चाहो तो इन्हीं से सारी दुनिया नाप लो। उसी की रोड पर टैम्पो।

देखते ही डॉ. गया सिंह चिल्लाए, "देखो, देखो। पेल दिया बनारस में दिल्ली को।"

कहाँ टैम्पो और कहाँ अस्सी की 'डेलिवरी रोड'।

('डेलिवरी रोड' क्यों कहते हैं अस्सी रोड को ? सड़क के गड्ढे देखिए। जनानियों को बच्चे पैदा करने के लिए अस्पताल जाने की जरूरत नहीं। रिक्शे पर बैठ के चल दें इस रोड से। ज्यादा नहीं, एक फर्लांग। लेबर पेन के साथ बच्चा बाहर।)

इसी रोड पर उछलता-कूदता—धचके खाता टैम्पो चला—टिर्रर्र...टनन् फुर्रर्र।

"रामजी भइया, क्या विचार है आपका ?"

रामजी राय टैम्पो की तरफ देखते ही बोले, "बदी न सुदी, ससुरे के इक्कीसवीं सदी।"

(यह सुनते ही रामजी राय इतने खुश हुए कि उन्होंने बुल्लू को बीस रुपए का नोट पकड़ा दिया)

बुल्लू ने तुरन्त सुनाया—

रामजी भइया कुर्सी से आए
कुर्सी से आए देखो कुर्सी से आए,
आए कि धाए देखो धाए हुए आए,
बीस रुपइया बड़े प्रेम से थमाए,
गाजीपूर क ललनवाँ,
ई त अस्सी क परनवाँ,
इनको बारम्बार प्रणाम।

तो भइया लोगो। टैम्पो ने क्या कहा ? कहा–दौड़ो। स्पीड पकड़ो। नहीं चलेंगी ये टाँगें। पैरों पर चलोगे तो टापते रह जाओगे। पीछे छूट जाओगे। दूसरों की कारें देखो, राजधानी एक्सप्रेस देखो, हेलीकाप्टर देखो, हवाई जहाज देखो। तुम्हारे पास कुछ नहीं तो हमीं सही। रिक्शा अठन्नी सवारी, हम चवन्नी सवारी। इधर आओ।

रामजी कुछ सोचें, समझें, बोलें इसके पहले ही उनके बी.ए., एम.ए. पास बेटे ने टैम्पो खरीद लिया। बैंक से लोन लेकर। टैम्पो के आगे लिखवाया–'जय माता दी' और पीछे लाल रंग में शेर–

ड्राइवर की जिन्दगी हँसी और खेल है।
मौत से बचा तो सेंट्रल जेल है।

एक दिन बोला रामजी राय से, "बुढ़ऊ, रात-दिन फालतू में यह क्या खीं-खीं करते रहते हो अस्सी पर बैठकर। इस दुकान से उस दुकान। आओ चलो, एक दिन टैम्पो का भी मजा ल्यौ।"

"भाग जा अपनी मइया के 'उसमें' टैम्पो समेत।"

"पगला गया है बुड्ढा।" टिर्रर्र-फुर्रर्र...उसने आटो स्टार्ट किया और यह जा, वह जा।

रामजी का गुस्सा अभी ठंडा भी नहीं हुआ था कि मुँह लटकाए कौशिक गुरू पहुँचे–वही पप्पू चायवाले की दुकान।

कोने में बैठे हुए रामजी राय बोले, "लगता है, रात में काफी रियाज मारा है उपधाइन पर ?"

कौशिक ने पत्ता खोला, गोली निकाली और पानी की घूँट के साथ गटक ली। फिर मुखातिब हुए राय साहब की ओर, "कहने आया था भोंसड़ी के कि देखो, कितना बड़ा चूतिया है मेरा बाप। सारी जिन्दगी नौकरी की और चप्पल चटका रहा है फुटपाथ पर। और हमें देखो। न पढ़ाई, न लिखाई, न काम, न धन्धा फिर भी 'महानगरी'।"

"महानगरी ? कौन ले रहा है महानगरी ?"

"चवन्नी गुरू।" चिन्तित स्वर में कौशिक ने बताया।

"अरे ? वह छोटावाला ? जो घाट पर बैठता है अँगरेज-अँगरेजिनों के साथ ?"

कौशिक चुप रहे।

"कौशिकजी !" वकील सुरेश चौबे ने कहा, "एक बात बता दें, जिस धन्धे में लगा है वह, उसमें जमानत भी नहीं होगी। समझाइए उसे।"

महफिल चुप रही कुछ देर तक।

शुरुआत तन्नी ने की, "हर कोई भाग रहा है लेकिन भाग के कहाँ जा रहे हैं भोंसड़ी के ? देखो तो ऐसा लगता है जैसे सबकी गाँड़ में पलीता लगा है। लेकिन है किसी के चेहरे पर चमक ? खुशी ? सन्तोष ? एक बात बताओ कौशिक, कभी आदमी के पूँछ थी, क्यों झड़ गई ? जानवर के तो आज भी है।"

कौशिक ने उन्हें देखा लेकिन बोले नहीं।

"बताएँ, क्यों थी पूँछ ? इसलिए कि उसकी जरूरत थी, उसका इस्तेमाल था। गुदा और गुप्तांग ढँकने के लिए। जब जरूरत हो, उठा लो—चाहे नित्य कर्म हो, चाहे अनित्य कर्म—वरना ढँके रहो अपने नरम और नाजुक अंगों को। इन्सान भी यही काम लेता था पूँछ से लेकिन जब उसे भगई और लँगोट मिल गया तो धीरे-धीरे पूँछ गायब। इसी तरह, कौशिक देखो, टाँगें भी गायब हो जाएँगी इन्सान की एक न एक दिन। कोई चलना चाहता है पैदल ? कौन वक्त ज़ाया करे पैदल चलने में ? तो जब इस्तेमाल ही नहीं तो क्यों रहे टाँगें ?"

बातें हँसी-मजाक की, अन्दाज फलसफाना।

"एक ब एक तो होता नहीं, झड़ने में समय लगेगा, लेकिन मैं ऐसी दुनिया देख रहा हूँ जिसमें हर आदमी सड़क पर, बाजार में, दफ्तर में, अपने कमरे में पेंगुइन की तरह डुग-डुग चल रहा है। कैसी लगेगी ऐसी दुनिया—घिसे पैरोंवाली ?"

गुरू ठहाकों के बीच 'स्पीड' के खिलाफ जेहाद छेड़े ही हुए थे कि एक दिन चौराहे पर एक नया धमाका।

सन् '84 के किसी महीने की बात है यह।

एक दिन गुरू ने चौराहे पर एक बहुत बड़ा होर्डिंग देखा—गंगा नहाकर आते समय राम-नाम के पहर में। होर्डिंग 'क्राउन' टेलीविजन का था और पर्दे पर एक खूबसूरत हँसती हुई हीरोइन थी। जुल्फें माथे और गालों पर और चमकते हुए सफेद दाँत। धीरे-धीरे नगर के सारे चौराहे, सड़कें, गलियाँ, नुक्कड़ और दुकानें ही नहीं, अखबार भी उनके विज्ञापनों और पोस्टरों से रँगे दिखाई पड़ने लगे।

यह एक नई लहर थी—नया जुनून। देसी-विदेसी कम्पनियों के ऐसे होर्डिंग, पोस्टर और विज्ञापन—उन पर ऐसे आकर्षक चेहरे और ऐसी भाषा कि उन्हें देखने ही नहीं खरीदने से भी अपने को रोकना सम्भव नहीं रहा।

नए-नए एजेंट और नई-नई दुकानें और उनके आगे भीड़।

नगर टी.वी. देख रहा था—दुकानों पर, अपने घरों में, पड़ोसियों के ड्राइंगरूमों में—टी.वी. देख रहा था, पर्दे पर लजाती, लहराती, इठलाती, बलखाती, मुस्कुराती, हँसती

लुभाती, औरतें और लड़कियाँ देख रहा था और अस्सी पर पप्पू की दुकान में बैठे सभी गुरू पर्दे के पीछे की इबारत पढ़ रहे थे। यह दुकान सेंटर थी, देश और दुनिया में होनेवाली हरकतों और हलचलों पर बहस, सरकार के दोमुँहेपन चौमुँहेपन पर, पार्टियों की टूट-फूट और दल बदल पर, राजनीति के दोगलेपन पर चर्चा करने और लड़ने-झगड़ने की। जिस दुकान में मेज और बेंचों पर सरकारें बनतीं और बिगड़ती थीं, मन्त्रियों के कर्म और कुकर्म गरुड़पुराण सुनते थे, बेईमानी, भ्रष्टाचार और महँगाई गिड़गिड़ाया करती थी, उसी दुकान के कोने में एक शाम—किसी को कानोंकान खबर नहीं हुई और चुपके से टी.वी. का डिब्बा आकर बैठ गया और उसमें से निकलने लगे—अमिताभ बच्चन, रेखा, हेमामालिनी, धर्मेन्द्र, अमरीश पुरी, कुमार सानू, अलका याज्ञिक, अनूप जलोटा, आसाराम बापू, तमाम सीरियलों के किस्से और कलाकार, गीत और गजल और प्रवचन और सेंसेक्स और शेयर मार्केट और सबसे ज्यादा ठहाके।

गुरुओं के लिए न बेंचों पर बैठने की जगह रही, न दुकान के अन्दर खड़ा होने की। उसे दखल कर लिया था टी.वी. के पर्दे से निकलनेवाले कलाकारों और फूटनेवाली नकली हँसी ने।

गुरुओं ने अपने मसरफ के दो बेंच जुटाए और दुकान के बाहर आ बैठे।

वे मजे से जानते थे एक-दूसरे को, उनके सुख-दुख को, दिमाग के भीतर उठती-गिरती लहरों को—क्योंकि वे दुकान से ही नहीं, अपने-अपने घर से भी बहरिया दिए गए थे।

मना करने के बावजूद उनमें से हर एक के घर में टी.वी. दाखिल हो चुका था और वह भी चोर दरवाजे से। किसी के घर कर्ज के रास्ते, किसी के घर किस्त के रास्ते, किसी के घर गहनों के रास्ते, किसी के घर पेट के रास्ते। उन्हें कोई मतलब हो या न हो, इज्जत का सवाल था; घर की औरतें और बच्चे कब तक पड़ोस में फिल्म और सीरियल देखते। अब तो घर में ही पर्दे पर हँसी हो रही है, कहकहे लग रहे हैं और परिवार एकटक आँखें फाड़े ताक रहा है।

अगर इतने पर ही घर को सन्तोष होता तो गनीमत थी लेकिन यहाँ तो घर में घुसिए नहीं कि फरमाइश पर फरमाइश।

—अरे सुनिए तो। जस्ते के भगौने में दाल भी नहीं चुरती और भात या तो मड़गिल्ला रह जाता है या कच्चा। 'प्रेस्टीज कुकर' क्यों नहीं ले आते, सस्ता भी होता है और अच्छा भी।

(जो बीवी से करे प्यार, वह प्रेस्टीज से कैसे करे इन्कार ?)

—अब के जमाने में राख और उबसन कौन इस्तेमाल करता है जी ?

'वाशिंग पाउडर निरमा' क्यों नहीं लाते ?

—बहरे हो क्या, सुनते नहीं हो ललिताजी क्या कहती हैं ?

—'सर्फ' ले आओ। सर्फ खरीदने में ही समझदारी है।

—यह कौन सी साबुन ले आए ? यह भी कोई लगाता है आज ? बद्री साव की

दुकान पर दोनों साबुन देखे थे—हेमामालिनीवाला भी और रेखावाला भी। जाओ, इसे वापस कर आओ।

दुनिया बहुत तेजी से बदल रही थी और यह बदलाव सिरदर्द हो रहा था गुरुओं के लिए। बड़े तो समझ से काम लेते लेकिन छोटे वह माँगते जो टी.वी. में देखते और माँगते पहले अपनी माँ से, फिर बाप से। बाप दो लप्पड़ लगाता और ठेलता बाबा के पास—"जा बुढ़ऊ के यहाँ। बड़ा माल दबा के बैठा है बुड्ढा।"

बाहर बेंच पर बैठे गुरुओं में सबसे पहले चुप्पी तोड़ी डा. गया सिंह ने—"गुरू ! मैंने पढ़ ली टी.वी. के पीछे की भाषा। बताएँ, क्या लिखा है ? यह एक अभियान है हमारी हँसी और मस्ती के खिलाफ। कि हँसो मत। हँसते हुए आदमी को देखो। और हर जगह हँसने की जगह नहीं होती। इसकी जगह निश्चित कर दी गई है—पर्दा। इसके कारखाने हैं—मुम्बई में, चेन्नई में, दिल्ली में, कलकत्ते में। जिसे हँसना हो इन कारखानों के पर्दों पर आए। हँसी लगाए और पैसा बनाए।"

कोई असर नहीं हुआ इस भाषण का। किसी पर नहीं। कौशिक गुनगुना रहे थे, गुनगुनाते रहे।

"कौशिक, तुम पन्द्रह अगस्त, छब्बीस जनवरी और लँगड़ा आम पर कविताई ही करते हो कि कुछ देखते-सुनते भी हो ?" रामजी राय बोले।

कौशिक ने उन पर अपनी चितवन डाली।

"इसलिए कह रहे हैं कि मैंने एक लेख पढ़ा था कुछ दिनों पहले। लिखा था कि अमेरिका ने एक टीका ईजाद किया है। टीका क्या है, ड्रॉप है। हँसी निरोधक ड्रॉप। पैदा होते ही किसी बच्चे को एक बूँद दे दी जाए तो हँसी जीवन-भर के लिए खत्म। फिर वे मनहूस के मनहूस ही रह जाएँगे हमेशा के लिए। सुना है, इसका प्रयोग वह जापान में कर चुका है। उसकी थियरी है कि बच्चा पैदा होते ही रोता है—'के हाँ के हाँ' और यही मनुष्य की प्रकृति है।"

"यह क्यों नहीं कहते कि," वीरेन्द्र श्रीवास्तव ने पान चबाते हुए कहा, "कि इस समय उसका प्रयोग यहाँ पर कर रहा है। देखते नहीं बच्चों को।"

"जिसे हँसी निरोधक ड्रॉप कह रहे हो, वह ड्रॉप-व्राप नहीं, यही टी.वी. है।" डॉ. गया सिंह बोले।

कौशिक ने गुनगुनाना बन्द कर दिया, 'चूतिया हो तुम लोग। क्या अस्सी का ठेका ले रखा है हमने-तुमने ? अरे, हँसते गाते बीत गई अपनी; जो बची है, वह भी इसी तरह बीतेगी। मसल है, 'बैगन कहे आलू से। हे आलू ! राजा का हाथी आ रहा है।' आलू कहे—'हमें क्या डर ? डरे वह जो लटका हो।' तो गुरू, हमें-तुम्हें किस बात का डर ? सुनो, रात से एक लाइन छाई हुई है दिमाग में। इसकी धुन देखो—'कैसे जाऊँ मैं सेजरिया, ननद बैरी।' क्या बात है ? लेकिन भोंसड़ी के इस बैरी का तुक नहीं मिल रहा है।'

'तुक है।' गया सिंह ने खड़े होते हुए कहा, 'कल शाम इसी चौराहे से हम लोग पोस्टर, बैनर, प्लेकॉर्ड्स के साथ एक जुलूस निकालेंगे—टी.वी. के खिलाफ।'

गया सिंह के इस जोश पर जब सारे लोग हँस रहे थे, तन्नी गुरू खड़े हुए—'शाब्बाश डॉक्टर ! इसके लिए 'कला कम्यून' और रीवाँ कोठी के कलाकारों को पकड़ो।'

शाम को जुलूस तो नहीं निकला, चौराहे पर पोस्टर प्रदर्शनी जरूर हुई—शीर्षक दिया गया 'ऑपरेशन एट्टीज : टी.वी क्या कहता है ?'

'हँसी हँसने की नहीं, देखने-सुनने की चीज है।'

'हँसी से बचिए, काम से काम रखिए।'

'हँसी भगाओ, देश बचाओ।'

'सावधान। हँसी छूत का रोग है।'

'हँसता खलनायक है, नायक मुस्कुराता है।'

'आदमी रहेंगे, मगर हँसी नहीं रहेगी।'

चौराहे की इस पोस्टर प्रदर्शनी की सबसे खास बात थी—इस अवसर पर आयोजित जनसभा में गुरुओं का भाषण जिसे कोई सुननेवाला नहीं था। सभा की सदारत तन्नी गुरू ने की थी।

रास्तों से गुजरनेवालों ने इसे 'चन्द चूतियों की च्याँव-च्याँव' नाम दिया।

आयोजन के खत्म होने के बाद गुरुओं ने समीक्षा की कि इस 'अतिसुन्दर प्रदर्शनी' को देखनेवाले और उनके विचारोत्तेजक भाषणों को सुननेवाले कहाँ रह गए थे ? वे इस नतीजे पर पहुँचे कि कुछ बूढ़े घाट पर होनेवाले अखंड हरिकीर्तन में चले गए थे और कुछ 'धर्मसंघ' की प्रवचन सभा में; लड़के किसी प्रतियोगिता परीक्षा की तैयारी में लगे थे, दफ्तरों से लौटे कामकाजी लोग टी.वी. सीरियल 'यह जो है जिन्दगी' देख रहे थे और बाकी लोग परचून और सब्जी की दुकानों पर मोल-तोल कर रहे थे।

तन्नी गुरू ने सदारत की थी लेकिन बोले नहीं थे।

वे वहाँ भी थे लेकिन कहीं और भी थे।

वे देख रहे थे कि चीजें बदल रही हैं और वह बदलाव बाहर नहीं, उन्हीं के घर में हो रहा है—इसके होने, न होने पर उनका कोई वश नहीं, है, उनके न चाहते हुए भी होता जा रहा है, वे देख रहे थे कि अस्सी के भीतर से ही एक नया नगर उग रहा है—धीरे-धीरे उग रहा है और वह दिन दूर नहीं जब वही नहीं, सारे गुरू अपना-अपना अस्सी सँभाले हाशिए पर चले जाएँगे—वहाँ जहाँ नगर के कूड़े-कचरे का ढेर है।

तन्नी की सारी जिन्दगी गुजरी थी चौराहे पर, फुटपाथ पर, घाट पर, 'बहरी अलंग' में। काम चलाया एक गमछा और लँगोट में। बालू और माटी से अच्छा कौन सा साबुन है, वही पोता और घंटों साफा पानी दिया। रुपए-पैसे हाथ की मैल थे, करतार का दिया हुआ 'चना चबेना गंगजल' छत्तीसों प्रकार के व्यंजन। 'कछु लेना न देना, मगन रहना'

उनकी जीवन बूटी था। मस्ती उनकी जिन्दगी थी और हँसी साँस। बड़े-से-बड़ा ओहदा, बड़ी-से-बड़ी कोठी, बड़ा-से-बड़ा लाट गवन्नर पसम बराबर था उनके लिए।

तुम्हारी कोई समस्या हो, दुख हो, तकलीफ हो, परेशानी हो तो बताओ। हमसे बनेगा तो जरूर करेंगे, बाकी रही अपनी बात तो हम कुत्ते से मराएँ किसी के बाप का क्या ?

लेकिन सब मिलाकर तन्नी गुरू गुरू थे–दूसरे गुरुओं की तरह; संन्यासी या फकीर नहीं। उनका घर था, परिवार था, बेटे-बेटी थे, नाती-पोते थे। वे आँखें खोले देखते रहते थे कि कहाँ क्या हो रहा है ? कौन क्या कर रहा है ?

उन्होंने कभी नहीं जाना, न जानने की इच्छा की, न जरूरत समझी जानने की कि पड़ोस में या बाहर कौन कैसे रहता है ? क्या खाता-पीता है, क्या पहनता है, कैसा बँगला है, कैसी गाड़ी है, है भी कि नहीं–और ये लौंडे ? जिन्हें ठीक से गाँड़ धोने का भी सहूर नहीं, वे अपनी और दूसरों की 'हैसियत' देखने लगे हैं। जरा बातें सुनो इनकी ? वे कहते, 'जाओ बाहर ? हँसो-गाओ। खेलो-कूदो।' लेकिन वे या तो टी.वी. से चिपके रहते या 'होमवर्क' से।

और इसे गलत भी कैसे कहा जा सकता था ? दूसरे मुहल्लों के लड़के अड़बी-तड़बी बोल रहे हैं, डॉक्टर, इंजीनियर, अफसर और जाने क्या-क्या बनने के सपने पाल रहे हैं और ये घोड़ा हो गए हैं लेकिन अभी तक नाक सुड़कते हुए पहाड़े रट रहे हैं।

डॉक्टर, इंजीनियर, अफसर सब बनना चाहते हैं, आदमी कोई नहीं बनना चाहता।

चिन्ता या दुःख किस चिड़िया का नाम है, उन्होंने कभी नहीं जाना और बूढ़े हो गए। और ये बच्चे ? वे कातर आँखों से उनके चेहरे देखते–चिन्तातुर और बेचैन।

31 दिसम्बर, '92 को सरकार ने अपने सुख-समृद्धि के कार्यों का ब्योरा समझाते हुए जनता को खुशखबरी दी कि उसने उस हँसी पर काबू पाने में सफलता हासिल कर ली है जो विकास के रास्ते का सबसे बड़ा रोड़ा थी।

बच गए थे गुरू लोग, उनका दम घुट रहा था चौराहे पर होनेवाली हर शाम की आई. डी.बी.आई., यू.टी.आई., आई.सी.आई.सी.आई, ऑफ सीजन सेल, एन.एस.सी., शेयर बेचने-खरीदने की चर्चाओं से। कोई मनाही नहीं, कोई रोक नहीं–जितना चाहो उतना हँसो, नाचो, गाओ, ठहाके लगाओ–चाहे जो करो, कोई रोक नहीं लेकिन जाने क्या हुआ कि धीरे-धीरे उनकी हँसी गायब होनी शुरू हो गई। वही चौराहा, वही गलियाँ, वे ही दुकानें, वे ही मकान लेकिन वे गुमसुम होने शुरू हुए तो होते ही चले गए। एक तो वे सभी पहले की तरह एक समय पर एक साथ जुट नहीं पाते थे और जुट भी जाते तो न कोई छेड़छाड़, न गाली-गलौज, न हँसी-मजाक। जबकि इनके लिए न कोई रोक, न टोक। जो करना हो, जितना करना हो, जी भर करो।

जबकि इनके बगैर वे जी नहीं सकते थे।

तो भइया लोग, जैसे-जैसे अस्सी पर भीड़ बढ़ती गई, वैसे-वैसे चौराहा उजाड़ होता

गया। पहले वहाँ से गए डॉ. गया सिंह, फिर रामवचन पांडे, फिर राजकिशोर, फिर कौशिक और एक दिन तन्नी गुरू भी चले गए।

जब गुरू जाने लगे तब बेटा बहुत गिड़गिड़ाया—"क्या हुआ हमसे ? कोई गलती हुई क्या ?" "नहीं सब ठीक है।" "टी.वी. और कार से नाराज हैं क्या ?" "हमसे क्या मतलब ? क्यों नाराज हों।" "दूसरे जितने बेईमान हैं, जितने भ्रष्ट हैं, उनके आगे तो मैं कुछ भी नहीं।" "बकवास बन्द करो, मैं चलूँगा।" "अरे ! तो लुंगी-गंजी तो बदल लीजिए।" गुरू ने आँखें तरेर करके देखा। बेटा अपनी बीवी की ओर ताकते हुए बुदबुदाया—"बुड्ढा बड़ा जिद्दी है। अपने मन का। किसी की नहीं सुनेगा।" बीवी पहले से ही इशारा कर रही थी कि जाने दो, मत रोको। गुरू इशारे को लख रहे थे लेकिन उनसे मुस्कुराते नहीं बन रहा था।

बेटा गेट तक छोड़ने आया उन्हें।

"सुखी रहो।" फाटक से बाहर निकलते हुए तन्नी बोले।

"जहाँ कहें वहाँ छोड़ दूँ।" गैराज की ओर देखते हुए बेटे ने कहा।

तन्नी जहाँ-के-तहाँ खड़े हो गए और कुछ देर खड़े रहे।

"कुछ भूल गए हैं क्या ?" बेटे ने कहा।

तन्नी दुविधा में उसकी ओर ताकते रहे, फिर बोले—"बेटा कन्नी, मैं कहीं नहीं जा रहा हूँ, फिर भी पता नहीं तुमसे दुबारा भेंट हो, न हो, इसलिए एक बात पूछना चाहता हूँ।"

कन्नी ने आश्चर्य से—कुतूहल से पिता को देखा।

"बेटा, मैं कई दिनों से परेशान हूँ एक प्रश्न को लेकर कि दुख क्या है ? सिर्फ अपने लिए जीना या दूसरे के दुख से सुखी होना ?"

यह ऐसा सवाल था जिसके बारे में कन्नी ने कभी नहीं सोचा था ? वह अपने पिता को ऐसे देखता रहा जैसे इन्हें क्या हो गया है ? पगला तो नहीं गए हैं ? ऐसे, वह एक बात शुरू से ही समझ रहा था कि इस तोहमत से वह बच नहीं सकता कि उसने अपने बाप को घर से निकाल दिया है।

"कन्नी, जिस दिन तुम्हें इसका उत्तर मिल जाए, खबर कर देना—मैं लौट आऊँगा।" कहकर तन्नी गुरू उस मोड़ पर आ गए जहाँ से गेट नहीं नजर आता था।

इसी शैली में लगभग सबने घर छोड़ा था रामजी राय को छोड़कर।

रामजी राय के कमरे में सभी देवी-देवता निवास करते थे। वे कई सालों से उन सबकी पूजा करते थे। साथ में नमाज भी पढ़ते थे दिन में तीन बार। वे सुबह-सुबह निकलते थे घर से और 'साधुबेला आश्रम' से गुड़हल, गेंदे, बेले, चाँदनी के फूल और बेलपत्र गमछे में भर लाते थे और देवताओं को चढ़ाते थे।

'क्यों करते हैं इतनी पूजा ?' एक दिन उनकी बेटी ने पूछा।

'समझौता है। तुम हमारे लिए करो, हम तुम्हारे लिए करेंगे।'

'समझौता किससे ?'

'भगवान से। तुम हमारे लिए करोगे तो हम भी करेंगे नहीं तो लौड़ा नहीं करेंगे।'

'इस तरह कहीं गाली देते हैं भगवान को ?'

'बेटी, दुनिया ऐसे ही चलती है। देखती हो संकटमोचन पर ? ऐसे जाएँगे तो कभी मुफ्त में दर्शन, कभी आठ आने के फूल, कभी पाव-भर लड्डू लेकिन इम्तहान पास कर गए तो सबसे बढ़िया दुकान से सवा किलो लड्डू, सबसे महँगी माला गुलाब की। क्या है यह सब ? अच्छा काम किया तो अच्छी खातिरदारी। ऐसे ही चलती है दुनिया।'

'लेकिन तुम तो कभी बताते नहीं कि चाहते क्या हो ?'

'मैं क्या चाहूँगा ? किसमें इतना दम है जो मुझे दे ? है कोई भोंसड़ीवाला ?'

वह ! वह ! रे मौज फकीरा की
देनेवाला मौला है।
फ़िकर छोड़कर जिकर किया कर
अजब रंगीला मौला है
जब तुम रहा उदर के भीतर
वहाँ खर्च किन तौला है ?
किनाराम अलमस्त दीवाना
देनेवाला मौला है।
वह ! वह ! रे मौज फकीरा की।''

चौराहा जानता है कि जब से सन् '92 के दंगे में उनका दोस्त सुलेमान मारा गया तभी से रामजी गड़बड़ाए हुए हैं। वे पूजा जरूर करते हैं लेकिन क्यों कर रहे हैं, उन्हें खुद नहीं मालूम। कोई पूछता है तो 'मौज फकीरा की' सुना देते हैं। इससे सबसे ज्यादा परेशान उनकी बेटी थी—कोई ठिकाना नहीं, पता नहीं कब घर-बार छोड़कर कहीं चल दें और वह ऐसे ही घर बैठी रह जाए।

इस तरह धीरे-धीरे सब चले गए एक दिन अस्सी से अपने अस्सी के साथ—अपनी हँसियों, ठहाकों, मस्तियों और याराना गालियों के साथ।

'फिर उन्हीं की शक्ल सूरत के ये कौन हैं जो इस रोड पर दिखाई पड़ते हैं ?'

'उन्हीं के 'क्लोंस' या चलते-फिरते 'ममी'।'

'यह अस्सी चौराहा ही है न ?'

'जी था तो वही, लेकिन अब 'तुलसी नगर' कहते हैं। 'अस्सी' यहाँ से उठाकर—ज्यों-का-त्यों उठाकर कहीं और ले जाया गया है उन गुरुओं समेत। अब वह मुहल्ला नहीं, 'म्यूजियम' है। अँगरेज-अँगरेजिनों के लिए। जो देखना चाहते हैं कि बनारस कैसा था, वे वहाँ जा सकते हैं।

बड़ा हो-हल्ला मचा संसद में।

“ऐसा कैसे हुआ ? क्यों हुआ कि धीरे-धीरे सारी बस्ती खाली ?”

बिहारी लाल देर तक मुस्कुराते रहे फिर बोले, “वे खतरनाक लोग थे। उन्हें एक रोग था—बड़ा संक्रामक ! जैसे कि हैजा, जैसे कि प्लेग। वह दूसरे मुहल्लों और दूसरे इलाकों में भी फैलने लगा था और उसका असर हमारे विकास कार्यों पर पड़ रहा था।”

विपक्ष ने आश्चर्य से एक-दूसरे को देखा, “कैसा रोग ? वे तो केवल मौज-मस्ती की जिन्दगी जी रहे थे, बस।”

‘आप निठल्लेपन और निकम्मेपन को मौज-मस्ती बोल रहे हैं ? यह नहीं देख रहे हैं कि उन्हीं के कारण हमें दिन और रात से शाम हटानी पड़ी ?’

‘अगर आप उन्हें काम नहीं दे सकते, रोजगार नहीं दे सकते, अगर वे किसी से कुछ माँगते नहीं, छीनते नहीं, तीन-तेरह नहीं करते, अगर वे किसी का कुछ बिगाड़ते नहीं और जिस हाल में हैं उसी हाल में अपनी हँसी हँसते हैं तो आपको तो निश्चिन्त और खुश होना चाहिए।’

‘कैसे जानते हैं कुछ नहीं बिगाड़ते ? मान्यवर, आप लोगों को तो मेरा धन्यवाद करना चाहिए कि बिना इमर्जेंसी लगाए, आसुका, रासुका, टाडा लगाए पूरे जम्बूद्वीप से ही हँसी गायब कर दी हमने ?’

‘पता है आपको, जिसे आप ‘हँसी’ कह रहे हैं, उसे अपना ‘लोकतन्त्र’ बोलते थे वे। एक ही मुल्क में दो ‘लोकतन्त्र’ कैसे चलेंगे ?’

‘और भी सुनिए, ‘लोकतन्त्र’ से उनका मतलब क्या है ? विकास कार्यों का मखौल, सरकार की लानत-मलामत। कुछ भी कीजिए, उन्हें सन्तोष नहीं। हर काम में खोट। कहते हैं, घूसखोरी हो रही है, बेईमानी हो रही है, भ्रष्टाचार बढ़ रहा है, लूटपाट हो रही है। इसके लिए हम तो जिम्मेदार नहीं। और यह चीज कोई नई भी नहीं है। यह कौन सी बात है कि भ्रष्टाचार है लूटपाट है इसलिए काम ही न करें ? पड़े रहें उन्नीसवीं सदी में।...और देखिए महोदय, भरे घड़े से जब आप बोतल-शीशियों में पानी उँड़ेलेंगे तो पानी बाहर गिरेगा ही। यह भी हो सकता है कि जितना बोतल-शीशी में जाए, उससे ज्यादा बाहर गिरे। इसके लिए तैयार रहना चाहिए उँड़ेलनेवाले को। छोटी-बड़ी योजनाओं को यही समझिए—बोतल-शीशी।’

विपक्ष में किसी को बोलने का मौका न देते हुए अन्त में बिहारी लाल ने धीरे से कहा, ‘यह गद्दी मेरी बपौती नहीं है। आज हम हैं, कल आप में से कोई आ सकता है इस पर। कुछ समझा करें।’

हीरालाल खड़े हुए—

गावत-गावत बिरहा हो गयल बिहनवा
हो कहनवाँ हीरालाल क सुना।
अस्सी से टक्कर का लेही अब जपनवा
कहनवाँ हीरालाल क सुना।

टी.वी. फ्रिज औ कार तो घर-घर
एसी सीडी प्लेयर।
मम्मी डैडी खेत अगोरैं
दुबई घूमै मेहर।
चरस हेरोइन बबुआ फूकैं
बबुई गायँ मल्हार।
बिजली पानी गायब घर-घर
का होइहैं तोहार।
हो कहनवाँ हीरालाल क सुना

रोवैं हीरा जार बेजार,
कइसन बहल बा बयार,
भइया तोहरे दुआर,
कवने देस क हुँड़ार
बाय खड़ा मुँह फार
हीरालाल क सुना।
कहवाँ गइलैं मोर अस्सी क ललनवाँ
हो कहनवाँ हीरालाल क सुना।

तो भइया, क्या नाम बताया ? डॉक्टर गया सिंह ? तो डॉक्टर गया सिंह का यह है पचास रुपैया का इनाम। उनको मेरा बार-बार प्रणाम।...तो शायर क्या बोला ? वहवा ! जियो बेटा बुल्लू, शायर बोला कि अस्सी से अस्सी चला गया। अब हम जहाँ खड़े हैं, बैठे हैं, पान खा रहे हैं, चाय पी रहे हैं, गा-बजा रहे हैं, वह अस्सी नहीं, तुलसीनगर है। यही बोला शायर।

तो आइए, चलिए 'तुलसीनगर' और सुनिए यह आवाज।

चार-पाँच दिन ही बाकी थे नए वर्ष में कि 'तुलसीनगर' के आकाश में साइरन की आवाज।

इस वक्त चौराहे पर पाँव रखने की तिल-भर जगह नहीं थी। दुकानें और सड़कें पटी हुई थीं बच्चों, बूढ़ों और जवानों से ! सबसे अधिक भीड़, गिफ्ट्स, कार्ड्स, प्रजेंट्स, मिठाई और चाट की दुकानों पर थी। महिलाएँ किसी भी माने में पीछे नहीं थीं अलंकार मन्दिरों और वस्त्रालयों में कि इसी वक्त यह कूँथती कराहती हुई-सी मनहूस आवाज।

जैसे चौराहे के ही पीपल के पेड़ों पर बैठी हुई सैकड़ों बिल्लियाँ एक साथ रो रही हों।

जैसे नगर की हर गली के मुहाने पर कुत्तों के लेहड़े एक साथ विलाप कर रहे हों।

जैसे अस्सी घाट पर नगबा के खेतों से झुंड-की-झुंड लोमड़ियाँ आई हों और नगर की ओर मुँह करके फेंकर रही हों।

ऐसी शाम कभी नहीं आई थी अस्सी पर।

अस्सी को 'तुलसीनगर' हुए पन्द्रह-बीस साल हो गए थे लेकिन अब भी इसे 'अस्सी' कहनेवाले जिन्दा थे।

तो साइरन। और उसकी मनहूस आवाज। किसी अनजाने, अनसुने, अनदेखे और अनोखे भय ने पूरे बाजार और पूरे नगर को अपनी चपेट में ले लिया। सब हक्का-बक्का एक-दूसरे को देखने लगे और दूसरों को भागते हुए देखकर भागे—गलियों में, बरामदों में, घरों में फिर खिड़कियों और जंगलों के पास खड़े होकर बाहर देखने लगे। किसी की समझ में कुछ नहीं आ रहा था क्योंकि इस साइरन की आवाज उस साइरन से बिलकुल अलग थी जो हवाई हमले के समय सुनाई पड़ती है। और ऐसे भी न यह युद्ध का मौसम था, न उसकी आशंका थी।

दुकानों के शटर धड़धड़ गिरने शुरू हुए और देखते-देखते चौराहे पर कर्फ्यू का ऐलान करती गाड़ियाँ आ धमकीं। पीएसी की ट्रकों और पुलिस की जीपों के साथ लाल बत्ती वाली कई गाड़ियाँ। एक गाड़ी से नगर मजिस्ट्रेट बाहर निकला। उसने चारों तरफ नजर दौड़ाई—न आसमान में पतंगें थीं, न बिजली के खम्भों पर कौवे, न किसी सड़क पर साँड़। कहीं कुछ नहीं था सिवा ठंड और हवा के। धूप नगर से खिसककर गंगा के पार जा चुकी थी।

अस्सी के जमाने में इसे शाम बोलते थे।

इतनी बड़ी तादाद में जवानों, होमगार्डों और पुलिस अधिकारियों की तैनाती नगर ने पहली बार देखी।

मजिस्ट्रेट ने माइक सँभाला और बोलना शुरू किया, "आधे घंटे का वक्त दिया जाता है। जितनी जल्दी हो, अपने घरों में लौट जाएँ। कोई भी सड़क, मैदान, गली में न दिखाई पड़े। कोई भी सन्दिग्ध आदमी आपके आस-पास नजर आए तो तत्काल इस फोन नम्बर पर सूचना दें।"

लोग घबड़ाए और भयभीत अपने घरों में टी.वी. खोलकर बैठ गए, कौन हो सकता है यह सन्दिग्ध आदमी। कोई आई.एस.आई. का एजेंट ? कोई खूँखार आतंकवादी ? कोई डकैत ? इनामी अपहरणकर्ता ? कोई हत्यारा, लुटेरा, चोर, मानव बम ?

टी.वी. के पचासों चैनल लेकिन किसी पर 'रामकथा' हो रही थी, किसी पर 'सन्त प्रवचन', किसी पर 'भजनों' का कार्यक्रम चल रहा था तो किसी पर 'लग्न' और 'राशि' और ग्रहों की चर्चा, किसी पर मथुरा की 'रासलीला' दिखाई जा रही थी तो किसी पर 'वैष्णो देवी', फिल्म। कुछ पर फिल्में थीं और कुछ पर कहकहोंवाले सीरियल। एक-दो चैनल समाचारोंवाले भी थे लेकिन एक छोटे से नगर की एक छोटी सी कॉलोनी ऐसी कोई खास तो नहीं कि उसका जिक्र हो। उम्मीद थी 'सिटी चैनल' से लेकिन उस पर 'कमल' विषय पर फिल्मी अन्त्याक्षरी चल रही थी। समाचार में अभी देर थी कि बिजली गायब। पता नहीं, यह 'ब्लैक आउट' था या कटौती।

तो हे भइया, जान लीजिए इस 'तुलसीनगर' के बारे में—सबेरा हो और उस 'सन्दिग्ध बाहरी आदमी' के बारे में पता चले इससे पहले उस नगर के बारे में जहाँ अभी-अभी कर्फ्यू लगा है। कर्फ्यू से पहले का नगर।...तो भइया, क्या कहना 'तुलसीनगर' का, अब न वहाँ आलसी थे, न निठल्ले, न निकम्मे। सब व्यस्त, सब परेशान। कोई किसी को नहीं जानता, कोई किसी को नहीं पहचानता। किसी को इतनी फुर्सत ही नहीं कि दूसरे को पहचाने। पूछिए, डॉक्टर गया सिंह कहाँ रहते हैं ? तो, कौन गया, क्यों गया, कैसे गया, कहाँ गया ? और वह भी तब जब जल्दी में न हो। वरना पूछ डालिए घूम-घूम, कोई नहीं बोलेगा। रहते हैं जिन्दगी-भर से इसी नगर में, लेकिन न लेन का पता, न सेक्टर का, न मकान नम्बर का। घर में कत्ल हो जाए, ऊपर या नीचेवाले को चार दिन बाद लाश की बदबू से पता चलेगा। यही नहीं, आपके घर में घुस आए चोर, आप मचाएँ शोर—अगल-बगल के पड़ोसियों की बात छोड़िए, ऊपर या नीचेवाला ही अपने दरवाजे कसकर बन्द कर लेगा कि कहीं उसके घर में न चला आए। आप मचाते रहिए शोर—धरो ! पकड़ो ! मारो !

तो भइया, यह था तुलसीनगर जहाँ सब जल्दी में थे। कारें, बसें, टैम्पो, स्कूटर, साइकिलें, लोगों की टाँगें—सब जल्दी में। जल्दी किसी को ऑफिस की, किसी को घर की, किसी को रोजगार की। अकसर एक्सीडेंट हो जाते थे। घटनाएँ भी होती थीं डकैती की, छिनैती की, लूटपाट की, हत्या की। लेकिन ऐसा नहीं कि मुहल्ला बस, स्कूटर या कार को घेर ले, रास्ता जाम कर दे, कातिल या बटमार को पकड़ ले। इतना फालतू वक्त नहीं है किसी के पास। जो मर जाए या घायल हो—फुटपाथ या मोरी के किनारे जाए। रास्ता दे दूसरों को। खुद नहीं जाएगा तो हम घसीटकर कर देंगे।

लोग पसन्द करते कि बाप या माँ या भाई या बेटा या बीवी—जो बीमार हो, रोगी हो, जिसको मरना हो—अस्पताल जाए। मरे चैन से, हमारी जान छोड़े, खामखाह तंग न करे पूरे घर को। एक बीमार, दस तीमारदार। दवा-दारू करो, दौड़-धूप करो, मरो तो जुलूस बनाओ, लोगों को जुटाओ, 'राम नाम सत्य करो', फूँक के बैठो घाट पर घंटों। कौन पड़े इस झमेले में ? जाओ न 'शवदाहगृह' में। लेटो और फुर्रर।

तो भइया, नगर का पर्यावरण चाहे जिनके लिए बिगड़ा हो, 'तुलसीनगर' हर तरह के खतरे से बाहर। यह जो हवा है, धूप है, ठंड है, पानी है—वाइरस है, फंगस है, इन्फेक्शन है, रोग है लेकिन यही अगर बोतल में है, पोलीथिन में है, डिब्बे में है, पैकेट में है, बिजली के तारों में है तो जिन्दगी है, सेहत है। एकदम प्योर। कोई मिलावट नहीं। जिसे जरूरत हो, जाए ले आए। कहीं से भी। किसी भी दुकान से। इसके लिए सिर्फ पैसा चाहिए, पैसा कमाने की हिकमत चाहिए और यह हिकमत नगर का हर आदमी जानता है। जो नहीं जानते थे, वे जा चुके हैं यहाँ से, छोड़ चुके हैं नगर।

तो, इसी तुलसीनगर में सबेरा हुआ। छुट्टियों में सबेरा बहुत देर से होता था यहाँ। रात-भर लोग चैन से सोए। पुलिस की गश्त और बूटों की 'ठक-ठक' ने उन्हें निश्चिन्त

कर दिया था। नींद टूटी मन्दिरों की घंटियों और लाउडस्पीकरों के भजनों और कर्फ्यू में छूट की घोषणा से।

गंगा कुहरे से ढँकी थी। केवल उजास बता रहा था कि सूरज बहुत पहले निकल चुका है।

सुबह हर घर में अखबार मगर सेन्सर्ड और उन्होंने सारा मजा किरकिरा कर दिया। कर्फ्यू का तुक समझ में नहीं आया किसी के। एक तो वह सन्दिग्ध बाहरी आदमी काफी बूढ़ा, दूसरे न उसके पास ए.के. फाट्टी सेवन, न आर.डी.एक्स.। कहाँ से नगर की शान्ति और व्यवस्था के लिए खतरनाक था वह जिसके लिए कर्फ्यू ? अखबारों ने सिर्फ इतना बताया था कि ''तन पर बंडी, कमर में लुंगी, पैरों में चप्पल। न सिर पर बाल हैं, न मुँह में दाँत। या तो नगर में घुस चुका है या घुसने की कोशिश में है।''

हाँ, एक सूचना और थी—टी.वी. पर भी और अखबारों में भी उस बूढ़े के बारे में—''अपनी धुन में मस्त। चेहरे पर सन्तोष की खनक और होंठों पर बच्चे की-सी हँसी।'' इसका सुराग देनेवाले को एक लाख रुपए का इनाम।

सरकार की इस मूर्खता का किसी के पास कोई उत्तर नहीं था।

दिन बीता, रात आई और मुसीबतें यहीं से शुरू हुईं।

बच्चे जब से पैदा हुए थे, हँसी और कहकहे सिर्फ टी.वी. के पर्दे पर देखे थे, घर में या सड़क पर या बाजार में नहीं। वे अचरज से बेहाल हो रहे थे। कौन जाने, वह बूढ़ा हमारे ही घर में घुस आए। वे चकित भी थे और आतंकित भी। वे खिड़की और दरवाजों की ओर देखते, कभी-कभी बाहर झाँकते और बूटों की आवाज सुनकर 'धड़' से दरवाजे बन्द कर लेते। वे रोमांचित और उत्तेजित भी थे यह सोचकर कि उनके बीच सचमुच का एक आदमी आ गया है जिसके होंठों पर हँसी है।

वे रात-भर न खुद सोए, न मम्मी-डैडी को सोने दिया—अपने उलटे-सीधे प्रश्नों से :

मम्मी, हँसी क्या चीज है ?

पापा, कौन हँसता है ? क्या वह जिसके पास सबकुछ होता है ? फिर सामनेवाले अंकल खन्ना क्यों नहीं हँसते हैं ?

पापा, आदमी हँसता है तो चेहरा कैसा हो जाता है ?

पापा, देखिए ! किताब में क्या लिखा है—''वह दिल खोलकर हँसा !'' दिल खोलकर कैसे हँसते हैं ?

पापा, पाठ सात में सुनिए ''यह सुनते ही वह ठठाकर हँसा !'' क्या मतलब है इसका ?

मम्मी, हँसी का 'कोचिंग सेंटर' कहाँ है ? हम भी एडमिशन लेंगे।

मम्मी-डैडी की अपनी मुश्किलें ! वे भी रतजगा कर रहे थे लेकिन अपने ढंग से ? आखिर क्यों खुश है वह ?

क्या उसका पड़ोसी मर गया है ?

क्या उसकी बीवी ने जहर खा लिया है ?

क्या उसके भाई का कतल हो गया है ?

क्या उसके दुश्मन के घर डाका पड़ा है ?

क्या उसकी कुँवारी बेटी जल मरी है ?

क्या वह पागल हो गया है ?

हँसने या खुश होने की कोई तो वजह होगी ?

वे अपने आपसे पूछ तो रहे थे लेकिन कहीं-न-कहीं उन्हें सन्देह भी था क्योंकि अगर बातें यही हैं तो कर्फ्यू की क्या जरूरत ?

इनके सिवा थे बूढ़े, जिन्हें कोई पूछनेवाला नहीं। उनकी ओर ध्यान गया 'टाइम्स' के पत्रकार का और वह भी दो दिन बाद।

यानी 30 दिसम्बर को।

बूढ़े जमाने से ही नाराज थे हमेशा की तरह। वे घर के किसी कोने में बुक्की मारे पड़े थे और अपनी किस्मत को झंख रहे थे। वे जब तक मर नहीं जाते, तब तक जिए जाने के लिए विवश थे। दो-तीन दिनों से 'धर्मसंघ' में चलनेवाली 'रामकथा' भी बन्द थी और घाट पर चलनेवाला 'सन्त प्रवचन' भी। बेटा-बहू, पोता-पोती—किसी के पास इतना वक्त नहीं कि उन्हें देख सकें या उनकी सुन सकें। वे देख रहे थे कि सभी बूढ़े घर पर नहीं, अस्पताल में मर रहे हैं—डॉक्टरों और नर्सों के भरोसे। मरनेवाले को क्या चाहिए—बस अपनों का प्यार ! और जब यही नहीं तो कहो—मर नहीं रहे हैं, मारे जा रहे हैं। कहाँ की सेवा और कहाँ की टहल ? कहाँ के चार कन्धे, कहाँ की शवयात्रा, कहाँ का हरिश्चन्द्र घाट और कहाँ की नौ मन लकड़ी ? गयाजी में बिठाने की बात छोड़ो, लोकलाज न हो तो पाँच बाभन भी न खिलाएँ।

ऐसे ही तीन बूढ़ों से बात की 'टाइम्स' के पत्रकार ने।

"क्या आप खुश नहीं हैं ?" उसने एक बूढ़े से पूछा। बूढ़ा इतनी ऊँची आवाज में चिल्लाया—कान पर हाथ रखकर कि उसके बेटे-बहू अन्दर से दरवाजे पर आ गए। पत्रकार ने अपना प्रश्न दोहराया। बूढ़े ने एक नजर दरवाजे पर डाली, बगल में रखा सोंटा उठाया और दौड़ा लिया।

दूसरा बूढ़ा थोड़ा शालीन था। उससे पूछा था पत्रकार ने कि याद कीजिए, कब हँसे थे आप आखिरी बार ? बूढ़ा उसे देर तक घूरता रहा और लम्बी साँस लेकर बोला, "बेटा हँसूँगा लेकिन अभी नहीं, चला चली के दिन।"

तीसरे बूढ़े ने काफी वक्त लिया, देर तक चिटकियों में माथा मसलता रहा, फिर याद करते हुए बोला, "हाँ साहब, हँसा था एक बार ऐसा याद आ रहा है। यह कोई पन्द्रह अगस्त उन्नीस सौ सैंतालिस की तारीख होनी चाहिए।"

तो हे भइया, 30 दिसमबर की सुबह ? इनाम लाख से बढ़कर करोड़ हो गया था।

बूढ़े का सुराग देनेवाले या पकड़वानेवाले को एक करोड़ का इनाम। काहे के लिए ?

तो जनता का दबाव। यही हाल रहा तो न 'न्यू ईयर्स ईव' मनेगी, न नया साल। पूरा देश इक्कीसवीं सदी में चला जाएगा, कॉलोनी यहीं छूट जाएगी। इसलिए पकड़ना हो, पकड़ो, नहीं नौटंकी बन्द करो। दूसरी तरफ विपक्ष ने भी तंग कर मारा था। जो सरकार एक बूढ़े को नहीं पकड़ सकती, वह निकम्मी है। जो सरकार निकम्मी है, वह सरकार बदलनी है।

जबकि सरकार ने अपनी ओर से कुछ नहीं उठा रखा था—न उसकी पुलिस ने, न खुफिया ने, न उसके ज्योतिषियों ने। देश के सभी ज्योतिषी किसी-न-किसी टी.वी. चैनल पर चौबीस घंटे भाख रहे थे कि बुढ़वा इस समय किस दिशा में है ? पूरब कि पच्छिम कि उत्तर कि दक्खिन ? कब तक पकड़ में आ जाएगा ? उसकी हँसी देश के लिए शुभ है या अशुभ ? देश की ग्रहदशा कैसी चल रही है ? साढ़ेसाती का क्या हाल है ? जिन ज्योतिषियों को कभी कोई पूछता नहीं था, उनकी तूती बोल रही थी चैनलों पर।

सरकार अलग परेशान। पुलिस पकड़े तो किसे पकड़े ? और कौन किसे पकड़ाए ? कॉलोनी में ही पचासों बूढ़े और लगभग सबके तन पर बंडी, कमर में लुंगी और पैरों में चप्पल। कइयों की नाक पर कमानीदार चश्मे भी। यही धज रही है नगर में रईसों की—जाड़ा हो या गर्मी। कई तो ऐसे कि उनके आगे चर्खा रख दो तो महात्मा गाँधी लगें। लेकिन कहाँ से लाए कोई होंठों पर वह बच्चोंवाली हँसी। और आ भी जाए तो होंठों पर तब तक कैसे बनी रहे जब तक तलाश करती पुलिस न आ जाए। और क्या बच्चे की-सी हँसी किसी के चाहने-भर से उसके होंठों पर आ जाएगी ? और क्या ऐसी हँसी का सम्बन्ध सिर्फ होंठों से है ?

और इस पूरे मामले में सबसे हास्यास्पद बात यह थी कि सरकार कम्प्यूटर से तैयार किया हुआ जो भी चेहरा टी.वी. पर दिखा रही थी; वह महात्मा गाँधी जैसा लगता था।

कॉलोनी के नागरिक परेशान। कॉलोनी की जितनी आबादी नहीं, उससे ज्यादा सड़कों, गलियों, चौराहों, घाटों पर प्रेस रिपोर्टर, फोटोग्राफर, वीडियोग्राफर। देश के भी, विदेश के भी। इसका मतलब कि जितने हलके-फुलके ढंग से इस घटना को लिया जा रहा था, उतनी हलकी-फुलकी नहीं थी। इसे सदी के समाचार के रूप में प्रसारित किया था 'स्टार न्यूज' ने—कई-कई बार : "हँसी धीरे-धीरे खत्म हो रही है दुनिया से। पश्चिम के लिए इसका अर्थ रह गया है—कसरत, खेल। क्लब, टीम, एसोसिएशन, ग्रुप बनाकर निरर्थक, निरुद्देश्य, जबर्दस्ती जोर-जोर से 'हो-हो-हा-हा' करना। इसे हँसी नहीं कहते। हँसी का मतलब है जिन्दादिली और मस्ती का विस्फोट, जिन्दगी की खनक। यह तन की नहीं, मन की चीज है। यह किसी भी सनसनीखेज खबर से कम नहीं कि जम्बूद्वीप में एक ऐसी भी जगह है जहाँ हँसी बची रह गई है।"

सरकार इस समाचार से असमंजस में आई ही आई थी कि अपने संवाददाता के हवाले से बीबीसी की टिप्पणी—"ऐसी हँसी उन सभी हँसियों से अलहदा है जो सिर्फ मुँह खोलकर या होंठ फैलाकर या दाँत दिखाकर की जाती है। इस हँसी में आँख, नाक, कान, गाल—गरज कि आत्मा समेत शरीर के सभी अंगों की हिस्सेदारी होती है। यह भी

कहा बताया जाता है कि इस हँसी का पेट की भूख से कोई अनिवार्य रिश्ता नहीं है।''

और इस टिप्पणी के साथ नगर में तरह-तरह की अफवाहें कि दो दिन पहले 'गंगा प्रदूषण' का अध्ययन करने अमेरिका से अध्ययन दल आ चुका है, कि काठमांडू के रास्ते नगर में कोई 'अन्तर्राष्ट्रीय तस्कर गिरोह' भी पहुँचा है, कि बम्बई से भी माफियाओं के दो अलग-अलग ग्रुप आए हुए हैं। इन्हीं अफवाहों में यह भी एक अफवाह थी कि अमेरिका ने बोल दिया है हमारी सरकार से कि हम अपने खर्चे पर 'महामहोत्सव' करना चाहते हैं तुम्हारे लिए। बशर्ते उस बूढ़े को भी लाओ। हमारे यहाँ सबके पास होंठ हैं, दाँत हैं, गाल हैं, आँखें हैं, कान हैं–सब हैं बस वैसी हँसी नहीं है।

तो भइया, जाने क्या हुआ कि शाम होते-होते सरकार ने 'आपरेशन अस्सी' रोक दिया। रात का कर्फ्यू भी उठा लिया। बिहारीलाल ने तुरन्त जम्बूद्वीप के नाम अपना सन्देश प्रसारित किया–''जैसा आप जानते हैं, वह बूढ़ा पुलिस की गोली-बन्दूक और भीड़-भड़ाके से हड़क गया-सा लगता है और सरेआम सामने आने से डर रहा है।...ऐ मेरे बेटे ! हमें–इस देश को तुम पर वैसे ही नाज है जैसे अजन्ता-एलौरा पर, जैसे खजुराहो और कोणार्क पर, जैसे कि ताजमहल और कोहेनूर पर। बेझिझक सामने आ जाओ, डरने की कोई जरूरत नहीं। छब्बीस जनवरी में छब्बीस दिन की देर है, हम उस पर्व पर तुम्हें देश की जनता और दुनिया के सामने पेश करेंगे।''

तो हे भइया, कर्फ्यू उठ गया, पुलिस हट गई और अब हमारा काम खत्म। गलियाँ जगमग, सड़कें जगमग, मकान जगमग-जगमग। नगर की बाँहें फैली हैं; हसरत से भरी हैं दुनिया की आँखें। काहे के लिए, तो बूढ़े के लिए। होंठों पर बच्चे की-सी हँसी के लिए।

कहाँ है बूढ़ा ? कौन है बूढ़ा ? कब आएगा बूढ़ा मैं नहीं जानता, जानता होगा बिरहिया बुल्लू। तो बुल्लू बेटा। बताओ कि कब आया बूढ़ा ? उठो, गरमाओ महफिल, जमाओ रंग।

जमे क्या खाक चकाचक रंग
चली इक चिलम न गाँजा भंग
भेंज बमभोले !
क्या बिरहा खाक सुनाएँ
जब गला नहीं गरमाएँ
आवाज बैठ जाती है
जब जोर-शोर से गाएँ
सब मजा हुआ बदरंग
क्योंकि पॉकिट है हमरी तंग
भेंज बमभोले !

वहवा...शाब्बाश...क्या खूब। जरा तबला सुनिए। जमाए तबला ऐसा रंग ? कि चाहूँ चिलम न गाँजा भंग। वहवा भइए। देर तक तबले की थाप पर सिर हिलाते रहने के बाद बुल्लू ने शुरू किया—तो भइया, कर्फ्यू काहे लगाया ? इसलिए कि हँसी मुलुक को इक्कीसवीं सदी में जाने से रोक रही थी। फिर कर्फ्यू काहे हटाया ? इसलिए कि अमेरिका ने कहा। वायस ऑफ अमेरिका ने। बीबीसी ने। क्या कहा ? कहा कि हँसी अनमोल रतन। कुदरत का करिश्मा। माने कि तुम्हारे पास अपनी अकल नहीं। अमेरिका—बीबीसी जो कहे सो ठीक।

लेकिन भइया छोड़ो इस बात को, अब आगे की सुनो।

और कोई जानता हो चाहे न जानता हो, कन्नी मजे में जानते थे बूढ़े को। वे क्यों नहीं जानेंगे ? आखिर वह उनका बाप था। बाद के आठ-दस साल छोड़ दिए जाएँ, तो उनका बचपन और उनकी जवानी गुजरी थी बूढ़े के साथ ! हाँ, वे उसकी हँसी नहीं पहचान सके थे। निष्कपट, निष्पाप, निश्छल, निर्मल हँसी। दादुर बसत निकट कमलनि के जनम न रस पहचाने। जिस दन्द-फन्द में वे पड़े थे, उससे दूर होती गई वह हँसी। समझते थे कि जो वे कर रहे हैं, वही कर सकते हैं। यह कभी नहीं समझा कि उनका बाप चाहता तो इतना करता जितना उन जैसे किसी के बस का नहीं। लेकिन क्यों करें ? क्योंकि वैसा करना दूसरे का हिस्सा मारना था, चोट पहुँचाना था, रुलाना था, दूसरे की 'हाय' उसकी हँसी मार देती।

कन्नी परेशान। उन्होंने जिस दिन टी.वी. पर चेहरे का खाँचा देखा था, उसी दिन से परेशान। जब तक कर्फ्यू था और इनाम की रकम एक लाख थी तब तक सिर्फ परेशान लेकिन जैसे ही कर्फ्यू हटा और इनाम की रकम एक करोड़ हुई बेचैन हो गए। बहुत देर नहीं हुई थी इस ऐलान को कि ऐ मेरे बेटे ! हमें—इस देश को, तुम पर वैसे ही नाज है जैसे अजन्ता-एलौरा पर। जैसे खजुराहो और कोणार्क पर। जैसे कि ताजमहल पर, जैसे कि कोहेनूर पर।

यह आवाज उन्हीं के कमरे से आई थी। बहुत पास से। कोने की टी.वी से। और उनके दोनों कानों में घिसे रेकार्ड की तरह बज रही थी। सुई अटक गई थी एक ही शब्द पर—कोहेनूर...नूर...नूर।

दुनिया के लिए नूर मगर कन्नी के लिए पगधूर। बुढ़ऊ का कोई अहसान नहीं था कन्नी पर—सिवा पैदा करने के। अगर यह अहसान माना जाए तो। जाने किस जमाने के थे बुढ़ऊ और जाने किस धातु के बने थे। सारा जीवन यही रटते बीता—यह करो, वह न करो। ऐसा करो, वैसा न करो। अगर न करो तो जियो ही क्यों ? अगर उनका सुना होता तो या तो गलियों में मारे-मारे फिरते या किसी गुमटी में बैठे दिन गिनते रहते। बाप औरों के भी थे; थे क्या, हैं। कभी नहीं सुना जब उन्होंने कहा हो—यह पाप है, यह गलत है, यह अनैतिक है, यह अनुचित है। कन्नी की थियरी थी जीने की—'नो रिस्क, नो गेन।' रिस्क न उठाए होते तो न यह बँगला होता, न कार होती, न बेटे नैनीताल और देहरादून पढ़ते।

कौन ऐसा बाप होगा जो बेटे का घर इसलिए छोड़ दे कि हमें पाप का अन्न नहीं खाना। नहीं खाना तो जाओ, कौन रोकता है ?

हाँ तो भइया, बाप से चाहे तो शिकायत रही हो कन्नी की, माँ से कोई शिकायत नहीं थी कन्नी की। उसे वे खूब प्यार करते थे। जब तन्नी घर छोड़कर जाने लगे तो बुढ़िया ने साथ जाने से इन्कार कर दिया। कहा कि बेटे की बढ़ोत्तरी फूटी आँखों नहीं सुहा रही है तुम्हें। भाड़ में जाओ।

कन्नी खूब प्यार करते थे माँ को। अपने बँगले के पीछे एक 'सर्वेंट्स क्वार्टर' बनवाया था कन्नी ने। गैराज के बगल में। 'सर्वेंट्स क्वार्टर' माने पाखाने से जुड़ी एक कोठरी। उसी में रहती थीं माँ। ताकि उसके पूजा-पाठ, धरम-करम और दिनचर्या में कोई खलल न डाले। इसके लिए कन्नी ने दो मालाएँ खरीद कर दे दी थीं—एक तुलसी की, दूसरा रुद्राक्ष की—एक सौ नौ दानोंवाली। गंगाजी, तुलसी का चौरा, मुहल्ले के देवी-देवता दोपहर तक के लिए थे, उसके बाद के लिए 'धर्मसंघ' की रामकथा, साल-भर चलनेवाली कभी राम, कभी कृष्ण की लीलाएँ। मालाएँ रात के लिए थीं—जितनी बार गिनो, उतना ही फायदा।

इन सबसे मन ऊब जाए तो ये रहे—झाड़ू, पाइप, बाल्टी, पोंछा।

शुरू में ही कन्नी का ध्यान गया माँ की एक खास तकलीफ पर। उन्हें लंच के लिए डेढ़-दो बजे तक और डिनर के लिए रात दस बजे तक इन्तजार करना पड़ता था। और उमर ऐसी कि भूख बर्दाश्त से बाहर। कन्नी ने सारे जरूरी काम छोड़कर चूल्हा, सिलेंडर और एक-एक बोरिया चावल, दाल, आटा रखवा दिया—यह लो, जब मन करे, बनाओ-खाओ और मस्त रहो।

किसी का मुँह जोहने का सवाल खत्म।

माँ ही जाने, वह कितनी मस्त थी।

कर्फ्यू का पता था माँ को। 'धर्मसंघ' जाना बन्द हो गया था लेकिन गंगा नहाने जाती थीं। वहीं सुना था कि कोई बूढ़ा भागा हुआ है, उसकी खोज हो रही है। वह किसी की हत्या करके भागा है और बड़ा खतरनाक है। फिर आज शाम को सुना कि उसने हत्या ही नहीं की है, सरकारी खजाने से कई करोड़ रुपए चुराए हैं। उससे किसी ने बताए नहीं, जो कुछ घाट पर सुना उससे यही नतीजे निकाले। इन्हीं नतीजों में यह भी था कि यह अपना बूढ़ा नहीं हो सकता।

इसके बावजूद जब से बूढ़े की चर्चा उसके कानों में पड़ी थी तब से उसे अपने बुढ़ऊ याद आ रहे थे। उसका न तो खाने-पीने में मन लग रहा था, न धरम-करम में, न पूजा-पाठ में, न माला फेरने में। उसे रात-दिन रोना आता। उसने बड़ी कोशिश की कन्नी से पूछने की, लेकिन उनके पास समय ही नहीं। भेंट ही नहीं हो पा रही थी उनसे। वे, जाने क्यों, इधर कुछ ज्यादा ही व्यस्त हो गए थे। सुबह निकलते तो रात में आते,

रात को निकलते तो भोर में लौटते। कभी बड़े खुश कभी बड़े उदास। कभी उनके कमरे की बत्तियाँ रात-भर जलती रहतीं। जाने कैसे-कैसे लोग दिखाई पड़ते उनके हाता में।

उसने एक बार पूछा भी था कन्नी से—कर्फ्यू और बूढ़े के बारे में। कैसा कर्फ्यू ? कौन बूढ़ा ? वे गाड़ी स्टार्ट करके गैराज से बाहर जा रहे थे। वे हँसकर बोले, "चिन्ता न करो माँ, सब ठीक है।"

उनका इतना कहना माँ को चिन्तित करने के लिए काफी था।

दिसम्बर का जाड़ा। वह नियम से शाम को घाट पर जाती थी। नहाने के लिए नहीं, गंगाजी के दर्शन के लिए, रामजी का नाम लेने के लिए, समय काटने के लिए। वहीं पता चला कि कर्फ्यू खुल गया है। वह कोठरी पर लौट आई थी। कन्नी नहीं थे। बहू को कुछ पता नहीं। बुढ़ऊ बेतरह याद आ रहे थे। वे इतने निरमोही निकलेंगे, उसने सोचा तक न था। यही था तो उसे अपने साथ लिये गए होते। उन्होंने तो कहा था—वही नहीं गई। बेटे के मोह ने उसे कहीं का नहीं छोड़ा था। मन पूरी तरह उचट गया था अब। वह जब से घाट से लौटी थी, बराबर रो रही थी। न खाना पकाया, न खाया, बस बैठी बिसूर रही थी—क्या करें ? कहाँ जाएँ ? किससे पूछें ?

तो भइया, यह तो हाल था बुढ़िया का, अब बेटे का सुनिए। हाँ, वहवा ढोलक। शाब्बाश बेटा।

बाउर भइलैं हंस, चतुर भइलैं कउवा
बभना के बेदवा पढ़ावत बाटे नउवा
सास के पतोह डाहै, बाप के बेटउवा
मलकिन कोंहाइल बाइन बिना ढरकउवा
भइया, सुना कलजुग क बेवहार।

हाँ तो भइया, यह कलयुग की बात है जब पतोह सास को डाहती थी। अब बदल गया है जमाना। दूसरा जुग। यहाँ सास ही पतोह को डाह रही है। कैसे ? तो ऐसे सोचिए, अगर बुढ़िया बुढ़वा के साथ ही चली गई होती या मर-बिलाय गई होती तो कोठरी कितने रुपए माहवार किराए पर उठती ? कम-से-कम पाँच सौ ! साल-भर का कितना घाटा हुआ, ऐसे सोचिए।

यही हाल बाप का है। बेटे को डाहने के सिवा उसे दूसरा कोई काम ही नहीं जैसे। वह बेटे कन्नी को तभी से परेशान कर मारे था जब से कर्फ्यू लगा था।

आधी रात बीत गई थी। आ पहुँचा था साल का अन्तिम दिन यानी इकतीस दिसम्बर।

कन्नी नाइट गाउन पहने अपने बेडरूम में टहल रहे थे—बेचैन। उनके एक हाथ में गिलास था और दूसरे हाथ में टी.वी. का रिमोट। मोबाइल ऑफ कर दिया था, फोन का रिसीवर हटा दिया था और पत्नी से कह रखा था कि अगर कोई आए और पूछे

तो बता दिया जाए कि नहीं हैं। कहाँ गए हैं, पता नहीं। उनकी पत्नी—जिसका नाम लक्ष्मी था और जिसे वे डाली (डार्लिंग) बोलते थे—एक कोने कुर्सी पर बैठी उन्हें समझने की कोशिश कर रही थी। पहली बार वे उसकी समझ से परे हो रहे थे।

"देख रही हो रिमोट। दुनिया इसी से चल रही है आज। कुछ भी करने के लिए हाथ-पाँव मारने की जरूरत नहीं।" कन्नी के हाथ में रिमोट। वे रिमोट से खेल रहे थे। टी.वी. ऑन होता, ऑफ होता फिर ऑन होता, सारे चैनलों पर खट-खट करते हुए फिर ऑफ हो जाता। वे न कुछ देख रहे थे, न सुन रहे थे, सिर्फ खेल रहे थे। डाली उठी और उनके हाथ से छीनकर टी.वी. के बगल में रख दिया।

हालात पूरी तरह से बदल गए थे अब।

जो कल तक नगर का सबसे बड़ा अपराधी था, वह नगर का ही नहीं, मुल्क का सबसे सम्मानित नागरिक हो गया था।

और यह नागरिक कहीं खुद-ब-खुद चलकर सरकार के आगे हाजिर हो गया तो ? तो क्या होगा करोड़ का ?

नगर इसी सवाल के तनाव से गुजर रहा था। हाँ, भइया। सुनिए—

केकर केकर लेहीं नावँ,
कमरी ओढ़ले सगरो गाँव;
का बताईं मितवा,
दुःख देले परछाईं, का बताईं मितवा।
रामराज के सपना में अपना केहु कहीं न बाटै,
उलटि के छुरा भाई अपने भाई क गर काटै;
लागैं चारो ओर चाईं
का बताईं मितवा,
दुःख देले परछाईं, का बताई मितवा।

तो भइया, इस तनाव की झलक देखिए कन्नी और उनकी बीवी की बातचीत में।

'तुम रात-भर पीते ही रहोगे या कुछ करोगे भी ?'

'क्या करूँ, बताओ।'

'अरे, क्या करो यह हम बताएँ ? अगर चुपके से हाजिर हो गए, और किसी को हवा तक न लगी तो सारी दौड़-धूप धरी रह जाएगी। समझे ?'

'कैसी बेवकूफी की बातें करती हो ? इतना आसान है क्या ? हाजिर हो जाएँगे और इतनी पुलिस, खुफिया, मुखबिर और दूसरे तमाशा देखते रहेंगे ?'

'तो दूसरा कोई भले ले जाए एक करोड़, तुम नहीं लेना चाहते ?'

'हाँ, सही समझा तुमने। मैं नहीं लेना चाहता। मैं नहीं चाहता कि लोग सारी जिन्दगी थूँकते रहें कि यही है वह बेटा जिसने पैसे के लोभ में बाप को पुलिस के हवाले किया।'

डाली अवाक् कन्नी को देखती रही। फिर यह हफ्ते-भर से खाना-पीना छोड़कर क्यों दौड़ लगा रहा था ? क्यों इसकी नींद हराम रहती थी ? जब रकम कम थी तो वह हाल था, अब क्या हो गया आखिर ? इसे निश्चिन्त और स्थिर होना चाहिए लेकिन ऐसा भी तो नहीं लग रहा था। बोतल लेकर बैठा है शाम से। घंटों मोबाइल पर जाने कहाँ-कहाँ फुसफुसाता रहा और अब ?

'जरा वह बोतल लाओ।'

डाली ने कन्नी के हाथ से गिलास छीन ली—'अच्छा तो मेरी सुनो। अब रहने ही दो तुम। मैं किसी और को नहीं लेने दूँगी, आखिर मेरे ससुर हैं वे—मेरे पति के बाप। दूसरा कोई कैसे ले लेगा ?'

'शाब्बाश।' कन्नी ने पीठ थपथपाई उसकी और मुस्कुराने लगे—'क्या करोगी ?'

'करेंगे क्या ? जाएँगे—कहेंगे कि अब कै साल की जिन्दगी रह गई है आपकी ? साल-दो साल और क्या ? जीते जी तो कुछ किया नहीं, दिया नहीं; मरने से पहले ही कुछ तो कर जाइए कम-से-कम। और आपको तो कुछ देना भी नहीं है, देना है दूसरे को। बस करें इतना ही, कि चलें तो साथ ले लें।'

कन्नी वैसे ही मुस्कुराते रहे—'जाओगी कहाँ ?'

'वहीं, घसियारी टोला—जहाँ वे बच्चों को हँसना सिखाते हैं।'

'हँसना नहीं, जीना। वे हँसने को ही जीना बोलते हैं। लेकिन वे हैं कहाँ वहाँ ? उस टोले को तो जाने कब का छोड़ चुके हैं और निकले हैं इक्कीसवीं सदी की अगवानी के लिए।'

'कहाँ हैं इस समय ?'

'क्या करोगी जानकर ?' कन्नी रहस्यपूर्ण ढंग से मुस्कुराए—'यह तो मुझे भी नहीं पता लेकिन कल कहाँ होंगे इसका आइडिया है।'

''कहाँ होंगे ?'

कन्नी ने नहीं सुना और उनकी नजर सहसा दीवाल घड़ी पर गई। तारीख बदल चुकी थी। 31 दिसम्बर, रात एक बजे। सहसा उन्हें कुछ याद आया और कपड़े पहनने लगे—'तुम एक काम करना, हैप्पी न्यू ईयर की तैयारी जोर-शोर से रखना। इसमें कोई कोताही नहीं।'

'कहीं जा रहे हो क्या ?'

'टोकते नहीं ऐसे वक्त।' टाई की गाँठ ठीक करते हुए कन्नी बोले, 'यह बताओ, जिस माल की कीमत इंडियन करेंसी में करोड़ है, उसकी कीमत सोचो, इंटरनेशनल मार्केट में कितनी होगी ?'

'मुझे क्या मालूम ?'

'और माल भी ऐसा-वैसा नहीं, कोहेनूर।' वे खुश होकर हँसने लगे—'तो सुनो डाली, अगर मैं करोड़ भी ले लूँ और डालर भी तो; कोई हर्ज है ?'

'मत जाओ, तुमने ज्यादा चढ़ा ली है।' डाली ने उन्हें अविश्वास से देखा।

कन्नी जूते के फीते बाँध रहे थे। उन्होंने सिर उठाया—'नशा नहीं होता मुझे, जानती हो। शाम से कमरे में बन्द मैं झख नहीं मार रहा था। मैंने कहा था न तुमसे ? रिमोट...'

''एक का ही ठिकाना नहीं और रिमोट।'' व्यंग्य से डाली बोली।

ओवरकोट पहनने के बाद आगे बढ़कर उन्होंने डाली के गाल थपथपाए—'विश करो।' उन्होंने ऐसे कहा जैसे लड़ाई के मोर्चे पर जा रहे हों और डाली को कमरे में छोड़ बरामदे में आ गए—झटके से; फिर मुड़े वापस और धीरे से कान में बोले—'वे हर इकतीस दिसम्बर को कहाँ जाते हैं, याद है तुम्हें ? बहरी अलंग।'

मित्रो, कन्नी मोर्चे पर रवाना हों, इसके पहले एक छोटा सा ब्रेक।

'बहरी अलंग' बनारस के जीवन से जुड़ी एक ऐसी परम्परा है जो उसकी अपनी संस्कृति है।

'बहरी अलंग' माने वह जगह जहाँ बस्ती न हो। यहाँ की भाषा में 'निछद्दम' यानी सन्नाटा। निर्जन। जहाँ दिगम्बर होने और कुछ भी बकने की आजादी हो। बहरी अलंग की शौक में भाँग छानना, निपटना, साफा लगाना, टीका लगाना, पान घुलाना, गमछा पहनना खास है।

पिकनिक से यह इस माने में अलग है कि इसमें साथ 'परिवार' नहीं, मित्र जाते हैं। आजादी के बाद से गंगा पार का इलाका ही बहरी अलंग रह गया है।

तो बाबू लोगो, कन्नी पत्नी से विदा लेकर बाहर आए—बरामदे में। बाहर घुप अँधेरा। उनके यहाँ तो जेनरेटर था लेकिन बाहर ऐसी ठंड कि हिम्मत छूट गई। कँपकँपाती हवा ऊपर से। उन्होंने सिर और गले में मफलर लपेटा और हथेलियाँ रगड़कर बदन में गर्मी पैदा की। वे इतनी रात को क्यों जा रहे हैं, कहाँ जा रहे हैं—किसी को नहीं पता।

बाहर हल्की-हल्की बूँदा-बाँदी। कहना मुश्किल कि अँधेरा ही था या धुँध भी थी। एकदम फिल्मी माहौल। दौड़कर गाड़ी में बैठे, स्टार्ट की और जैसे ही हेडलाइट जलाई कि आहि रे दादा। यह तो माँ है। ''माई क जियरा गइया अस, बेटवा क जियरा कसइया जस' कहनेवाली माँ। कन्नी कसाई नहीं थे। वे तुरन्त उतरे और बोनट के पास खड़ी माँ को सहारा दिया। वह रोते-रोते थक गई थी शायद। लम्बी-लम्बी हिचकियाँ ले रही थी। पूरा बदन थर-थर काँप रहा था—पता नहीं, हिचकियों से या ठंड से या दोनों से। बुढ़ापे ने उसे सिकोड़कर ठिगना कर दिया था—गठरी की तरह।

कन्नी उसे अँकवार सँभाले हुए बिस्तरे पर ले गए, लिटाया, रजाई उढ़ाई। देखा, हाथ और पाँव बर्फ हो गए थे उसके। उन्होंने उसकी हथेलियाँ रगड़ीं, तलवे रगड़े और जैसे ही माथे पर हाथ रखा—माँ फिर फफककर रो पड़ी।

जैसे हँसी संक्रामक, वैसे ही रोना भी। कन्नी भी पत्थर नहीं थे। माँ के साथ-साथ वे भी रोते रहे।

गाड़ी की हेडलाइट की रोशनी में रात दो बजे यह अद्‌भुत दृश्य।

जुगों-जुगों बाद जैसे किसी माँ को उसका बेटा मिला हो और बेटे को उसकी माँ।

'माँ, आँखें बन्द करो और सो जाओ।'

'नींद नहीं आती है बेटा, क्या सोऊँ ?'

'कोशिश तो करो, आ जाएगी।'

माँ ने कोई जवाब नहीं दिया। थोड़ी देर बाद बोली, 'बुढ़ऊ एक जिद्‌दी हैं, नहीं आएँगे। क्यों परेशान हो रहा है ? ऐसा कर, मुझे ही ले चल उनके पास।'

'कहाँ ले चलें, पता चले तब न ?'

'उनके सारे ठिकाने तो पता हैं तुझे ?'

'हाँ माँ, लेकिन वे नहीं हैं वहाँ।'

'मिठाई लाल से पूछो। सूरदसवा से, वह जरूर जानता होगा।'

'वह तो उन्हीं के साथ होगा, कहीं नहीं दिखाई पड़ा।'

माँ चुप हो गई और सोचने लगी। इस बीच कन्नी उसका सिर सहलाते रहे।

'तूने बहरी अलंग देखा ? जाते थे कभी-कभी ?'

कन्नी हँसने लगे—''इस जाड़ा-पाला में ? क्या बात करती हो माँ ?'

'एक बार देख लेने में क्या हर्ज है ? कह तो मैं भी चलूँ ?'

'कहती ही है तो देख लूँगा लेकिन तू कहाँ चलेगी इस मौसम में ?'

और लगभग भोर में कन्नी माँ को लेटा छोड़कर निकल पड़े तलाश के अभियान पर।

तो भइया लोगो, सवेरा हो गया, कन्नी नहीं लौटे।

दोपहर हो गई, कन्नी नहीं लौटे।

शाम ढल गई, कन्नी नहीं लौटे।

डाली ने कुछ उठा नहीं रखा था 'हैप्पी न्यू ईयर' के लिए। 'खनेजा एलेक्ट्रिकल्स' ने पूरा दिन लगा दिया था बँगला सजाने में। बिजली की झालरों से तरह-तरह की डिजाइनें बनाने में। 'झंकार' दोपहर बाद ही आ गया था 'डेक' के साथ। सामने की तरफ दो स्पीकर लगा दिया था और पूरा हाता गुनगुनाने लगा था। 'फूल बाजार' से डेकोरेटर आया था और गेंदे, बेले और गुलाब के फूलों से गेट पर अर्द्धचन्द्राकार 'वेलकम हैप्पी न्यू ईयर' लिख गया था। 'होटल इंडिया' से फिश, चिकेन के खास प्रिपेयरेशन ऑर्डर देकर मँगा लिये गए थे और फ्रिज में पड़े थे।

बँगला खुश था लेकिन डाली चिन्तित थी।

चिन्तित कन्नी को लेकर नहीं—क्योंकि गाड़ी वातानुकूलित थी इसलिए ठंड लगने का सवाल नहीं था; उसमें 'गंगा' की या बिसलरी की चार-पाँच बोतलें पड़ी रहती थीं,

खाने के लिए फल और दूसरी चीजों के डिब्बे भी रहते थे, वक्त-जरूरत के लिए गैर-लाइसेंसी रिवाल्वर भी था, चिन्तित इस बात के लिए भी नहीं थी कि देखा जाए तो कन्नी सचमुच मोर्चे पर गए थे—एक तरफ प्रदूषण अध्ययन दल, दूसरी तरफ तस्कर गिरोह, तीसरी तरफ माफिया और डान, चौथी तरफ सरकारी मशीनरी और इन सबके बीच अकेले कन्नी लेकिन इन सबकी ओर से बेफिकर थी वह। उसे चिन्ता थी तो यह कि ऐसा न हो कि कन्नी दो के चक्कर में जो मिल सकता है, वह भी गँवा बैठें।

यह पहला मौका था जब पूरा दिन बीत गया और एक बार भी कन्नी का फोन नहीं आया। मोबाइल उनके साथ ही रहता था और जब कभी कहीं जाते थे, दो-तीन घंटे में एक बार 'हलो' जरूर बोल देते थे। लेकिन आज ? जाने क्या हो गया था कि शाम आ गई। दोपहर बाद से ही उसने खुद कई बार कोशिश की थी। जब भी फोन करती या तो मोबाइल ऑफ या सूचना कि कोई सम्पर्क नहीं। किसी दूसरे से पूछ नहीं सकती थी क्योंकि जब उसे ही नहीं मालूम कि कब गए, क्यों गए, कहाँ गए तो दूसरे को क्या मालूम।

गेट खुश, दरवाजे खुश, दीवारें खुश, लान खुश—बँगले की हर चीज खुश लेकिन डाली चिन्तित।

नहीं चिन्तित थी तो माँ। उसके चेहरे की रौनक लौट आई थी—जमाने बाद। टाँगों में जान आ गई थी। वह दिन-भर कभी माली के पीछे-पीछे, कभी बिजली मिस्त्रियों के पीछे-पीछे घूमती रही। लगता ही नहीं था कि हफ्ते-भर से न सोई है, न खाया-पिया है। अब भी उसकी पलकों पर बेटे की उँगलियों की छुअन थी। वही लाने गया था बुढ़ऊ को और उसी के इशारे पर यह बँगला दुलहन की तरह सज रहा था। रात-बिरात इसी में आएँगे बुढ़ऊ।

डाली नीचे बैठी-बैठी बोर होकर छत पर गई। वह टहलती रही और जाने क्या-क्या देखती रही। वह क्या देख रही थी—सूर्यास्त ? नगर का सिंगार ? कुहरे में निस्तेज चाँद ? कन्नी की वापसी की राह ?

कि इसी बीच रोड पर बच्चों और बड़ों के जत्थों पर नजर गई उसकी—एक के बाद एक जत्थे, कभी आगे-पीछे, कभी अगल-बगल, दो, तीन, चार फिर अनगिन। वे थालियाँ और घंटा-घड़ियाल बजा रहे थे, ढोल मजीरा पीट रहे थे, नाच गा रहे थे। जैसे हड़कम्प और भागमभाग मची हो।

'कहाँ जा रहे हैं ये लोग ?' उसने कुहरे की धुँध में गंगा की धारा पर नौकाओं का पुल देखा जो घाट से शुरू होकर रेत के मैदान तक चला जा रहा था।

वह दौड़ी हुई नीचे गेट पर आई और सीखचों के पास खड़ी हो गई। वे किसी चमत्कारी मुड़कट्टा बाबा का जयकारा लगा रहे थे जो गंगा के कछारों में रहता था और रेतीले मैदान में बालू की झोपड़ी में सोता था। उसके केवल धड़ थी, सिर नहीं। उसका हँसनेवाला सिर यहाँ-वहाँ घूमता रहता था। जब कभी उसे हँसना होता था, सिर खुद-ब-खुद उसकी धड़ से जुड़ जाता था।

वह भागी-भागी ड्राइंगरूम में आई। अपने आप उसकी उँगलियाँ टी.वी. के रिमोट

पर चली गईं। सारे चैनलों से गुजरने के बाद बटन 'सिटी चैनल' पर रुक गया—पर्दे पर सफेद ढँकी चादर के बगल में बैठे मिठाईलाल। उस घटना के अकेले गवाह अन्धे सूरदास जिनके न 'चश्म' थे, न 'दीद'। वे गा रहे थे निरगुन जिसमें डाली की कोई दिलचस्पी न थी। वह भीड़ में कन्नी को ढूँढ़ रही थी।

इसी बीच उसने देखा कि निरगुन पार्श्व में चला गया है और 'स्पाट' पर विशेष संवाददाता प्रगट हो गया है। उसके हाथ में माइक है—'यहाँ का समाचार यह है कि अँधेरे, कुहरे और धुँध का लाभ उठाकर किसी ने बूढ़े का सिर धड़ से अलग कर दिया है। सिर गायब है। खोज जारी है। सीमाएँ सील कर दी गईं हैं। अन्देशा है कि इसके पीछे किसी विदेशी एजेंसी का हाथ है।' इसके बाद निरगुन के साथ फिर मिठाई लाल।

बुल्लू करताल बजाते-बजाते सहसा रुक गए और इशारे से साजिन्दों को भी रोक दिया। उन्होंने साथ के लिए आवाज दी हीरालाल को।

मित्रो, सवेरा जाने कब का हो चुका था मगर भीड़ जहाँ-की-तहाँ और जस-की-तस थी—कान पारे हुए, अवसाद में डूबी हुई और चुप। बाजे-वाजे बँध चुके थे हीरालाल और पार्टी के। बारी खत्म हो चुकी थी उनकी। अब कुछ नहीं रह गया था सुनाने को। इन्तजार था तो बस बुल्लू की ओर से समापन का। लेकिन संकेत पाते ही हीरालाल चंग के साथ चल पड़े और बुल्लू के बगल में खड़े हो गए।

"तो भैया लोगो। बाबू लोगो। आगे क्या बताएँ, क्या न बताएँ; क्या सुनाएँ, क्या न सुनाएँ; क्या गाएँ, क्या न गाएँ—इसलिए कि बुढ़ऊ मिले भी और नहीं भी मिले। मैं उस निरगुन के साथ खत्म कर रहा हूँ जो मिठाई लाल सुना रहे थे—

एक दिन जाना होगा जरूर।
लछिमन राम अमर जो होते, होते हाल हजूर।
कुम्भकरन रावन बड़ जोधा, कहत हते हम सूर।
अर्जुन सा छत्री नहिं जग में, करन दान भरपूर।
भीम जुधिष्ठिर पाँचो पांडो मिल गए माटी धूर।
धरती पवन अकासो जइहैं जइहैं चन्दा सूर।
कहत कबीर भजन कब करिहौ ठाढ़ा काल हजूर।
एक दिन जाना होगा जरूर।

●●●